SERIE PIPER

Zu diesem Buch

Zuletzt sahen ihn zwei Schäfer im Grenzgebiet von Utah, wo er ein paar Tage lang am Rand des Canyons sein Lager aufgeschlagen hatte. An einem Novembermorgen 1934 belud Everett Ruess seine Esel mit Proviant und Büchern, schulterte Staffelei und Leinwand und stieg in die Schlucht hinab, um dem Lauf des Escalante River zu folgen. Seitdem gilt Everett als verschollen. Der rastlose Abenteurer war erst zwanzig, als er für immer in den Canyons verschwand. Everetts Tagebücher und Briefe erzählen von einem überschwenglichen Romantiker auf der Suche nach einem Leben im Einklang mit der Natur. »Der einsamste Weg ist am Ende der beste Weg. Und wenn meine Zeit gekommen ist und ich sterben muß, werde ich mich auf das wildeste, einsamste und verlassenste Fleckchen in dieser Wildnis zurückziehen.« In den Schluchten von Utah und Arizona wurde Ruess zum Mythos und zur Kultfigur für Generationen.

Jenny Niederstadt, geboren 1972, lebt als Journalistin in Frankfurt am Main und schreibt für »Die Zeit«, den »Tagesspiegel« und vor allem für die »Frankfurter Rundschau«. Auf die spektakuläre Geschichte von Everett Ruess stieß sie ganz zufällig und begeisterte sich im Lauf ihrer Recherchen immer mehr für den Mythos um diesen frühen »Aussteiger«.

Der Poet der Canyons
Leben und Legende des Abenteurers Everett Ruess

Herausgegeben von
Jenny Niederstadt

Aus dem Amerikanischen von
Gaby Wurster

Mit 30 Abbildungen

Ein MALIK Buch
Piper München Zürich

Grundlage für diese Ausgabe sind die bei Gibbs Smith in Layton, Utah, veröffentlichten Bücher »Everett Ruess. A Vagabond for Beauty« (hg. von W. L. Rusho, 1983), »Wilderness Journals of Everett Ruess« (hg. von W. L. Rusho, 1998) und »On Desert Trails with Everett Ruess« (1940, 2000).

Ungekürzte Taschenbuchausgabe
Dezember 2002

erschienen im Verlagsprogramm Malik
Umschlag/Bildredaktion: Büro Hamburg
Isabel Bünermann, Julia Martinez/
Charlotte Wippermann, Katharina Oesten
Foto Umschlagvorderseite: Jan Greune/LOOK
Foto Umschlagrückseite: Michael Haase
Satz: Satz für Satz. Barbara Reischmann, Leutkirch
Druck und Bindung: Clausen & Bosse, Leck
Printed in Germany ISBN 3-492-23729-0

www.piper.de

Inhalt

Die Legende

Die letzten Spuren des zwanzigjährigen Everett Ruess verlieren sich in der Wildnis des amerikanischen Südwestens. Es sind nicht viele: Ein Brief an seine Eltern – abgestempelt im November 1934 in Escalante, einer kleinen Mormonenstadt am Rande des Canyon-Labyrinths von Süd-Utah. Ein verlassener Lagerplatz – gut geschützt am Grunde der schwer zugänglichen Davis-Schlucht. Und schließlich eine rätselhafte Inschrift – von Everett in roten Fels geritzt und erst Monate später von einem Suchtrupp entdeckt. Er selbst bleibt unauffindbar.

Noch heute, fast siebzig Jahre später, gibt es keine schlüssige Antwort auf die Frage, was mit Everett damals geschah. Seine Gebeine wurden nie gefunden, sein letztes Tagebuch ist verschollen, die meisten seiner Freunde sind verstorben. Doch die Legende von Everett Ruess lebt. Und jeder Bewohner der Canyons hat seine eigene Version von Everetts Schicksal: Rancher schwören, ihn noch Jahre nach seinem Verschwinden gesehen zu haben. Er lebe zusammen mit einer Indianerin und habe mehrere Kinder. Hobbyforscher führen aufwendige Ausgrabungen durch, entdecken aber keine neuen Hinweise. Und mit jedem in den Canyons gefundenen Skelett verkünden die Lokalzeitungen, Everetts sterbliche Überreste seien endlich aufgespürt worden. Die Richtigstellung folgt wenige Tage später.

Die Legende von Everett Ruess lebt von seinen Reiseauf-

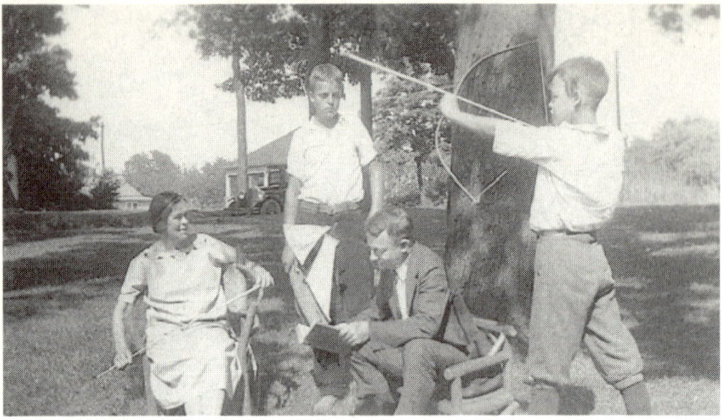

Familie Ruess, 1924

zeichnungen, die typischen Notizen eines Teenagers: mal albern, mal sentimental, euphorisch und verzweifelt zugleich. Ein Bericht über das Leben in Extremen. Stück für Stück setzt sich aus unzähligen Briefen und Tagebucheinträgen, einigen Gedichten und einer Handvoll Fotos eine ergreifende Geschichte zusammen: eine Geschichte vom Erwachsenwerden. Eine Geschichte vom Scheitern. Und eine sehr amerikanische Geschichte – Lagerfeuerromantik mit einem Schuß Kerouac und Anklänge an den »Fänger im Roggen«.

Mit sechzehn zieht Everett zum ersten Mal allein hinaus in die Wildnis. Er ist naiv und neugierig, hat große Pläne und kein Geld. Seiner Euphorie tut das keinen Abbruch. Er will Künstler werden und sucht Inspiration. Er träumt von einem abenteuerlichen Leben in der Natur und vom Ruhm als Maler.

Vier Jahre später ist aus seiner Suche nach Motiven für Gemälde eine verzweifelte Suche nach sich selbst geworden. Tausende Kilometer hat Everett zu diesem Zeitpunkt zu Fuß zurückgelegt, ist in menschenleere Schluchten hin-

Everett und seine Mutter vor dem Auto der Familie, Waldo blickt aus dem Fenster, 1929

abgestiegen, hat reißende Bäche durchwatet, im Dreck geschlafen und tagelang gehungert – immer allein. Sein Leiden an der Einsamkeit treibt ihn im Winter 1933/34 noch einmal zurück in die Städte. Doch Fuß faßt er dort nicht. »Vor ein paar Tagen bin ich wieder zu den roten Felsen und in die Sandwüste geritten und hatte das Gefühl, nach Hause zu kommen«, schreibt er seinem Bruder Waldo im November 1934. Es ist sein letzter Brief.

Das Leben als Nomade kennt Everett Ruess seit frühester Kindheit. Er wird am 28. März 1914 als jüngerer von zwei Brüdern in Oakland, Kalifornien, geboren. Kurz darauf zieht die Familie Ruess nach Fresno und weiter nach Los Angeles. Von dort geht es nach Boston, dann nach Brookline, Massachusetts, und Brooklyn, New York, dann nach Palisades Park, New Jersey, und weiter nach Valparaiso, Indiana, bis sich die Familie 1928 in Südkalifornien niederläßt. Everett ist vierzehn.

Von seiner Mutter Stella, Mitglied in verschiedenen Autoren- und Künstlerklubs, lernt er das Schreiben, Zeichnen und Malen. Erste Gedichte verfaßt Everett im Jahr 1929.

Everett (stehend) und sein Bruder Waldo, 1929

Mit seinem Vater Christopher, einem Verwaltungsbeamten im kalifornischen Strafvollzug, diskutiert er philosophische Fragen. Schon früh kommt Everett mit Künstlern in Kontakt. Schriftsteller und Maler sind bei den Ruess' häufig zu Gast, außerdem gibt Stella Essays, Gedichte und Holzschnitte im Ruess-Quartett *heraus. Auf dem Titelblatt der Textsammlung prangt unter dem Bild einer Sonnenuhr das Familienmotto: »Preise die Stunde«.*

In Los Angeles besucht Everett neben der High-School Zeichenkurse der Otis Art School. Von Hollywood aus bricht er im Jahr 1930 zu seiner ersten Reise auf. Er trampt die kalifornische Küste entlang und ist berauscht von dem Gefühl der Freiheit und von der überwältigenden Schönheit der Natur. Danach verbringt er keinen einzigen Sommer mehr in der Stadt; die folgenden vier Jahre ist er stets auf Wanderschaft. Nur für die Wintermonate kehrt er zurück an die kalifornische Küste. Seine Familie fördert seine Ausbrüche von zu Hause und unterstützt ihn auf seinen Wanderungen finanziell.

Die High-School schließt Everett 1931 ab. Obwohl ihm sein Vater Christopher zu einer bürgerlichen Laufbahn rät, erklärt Everett, er wolle Künstler werden. Inspiration hofft er in der schroffen Landschaft der Canyons zu finden, die er nie zuvor gesehen hat. Er bricht mitten im Winter in Richtung Monument Valley auf. Allein, ziellos, planlos. Ohne Klettererfahrung und ohne Ortskenntnisse, oft ohne Geld und mit nur wenig Proviant.

In den folgenden drei Jahren verschwindet er immer wieder für Monate in den Bergen und Wäldern des amerikanischen Südwestens. Allein durchwandert er rotglühende Felsgebirge und verlassene Täler. Wie ein Gläubiger sucht er dort die Erhabenheit der Natur. Tagelang lauscht er dem Wind, der durch die zerzausten Baumkronen fährt, und beobachtet, wie Wolkenfetzen über die Schluchten hinwegziehen. Er versucht, die faszinierende Landschaft der Canyons in Holzschnitten und Ölgemälden einzufangen, und schreibt Gedichte und Essays über sein Leben in Steilhängen und Pinienwäldern.

Seine Eltern und sein Bruder Waldo, zu dem Everett ein sehr enges Verhältnis hat, erhalten begeisterte Briefe. »Wieder einmal bin ich trunken vor Lebensfreude, Abenteuerlust und dieser unglaublichen Schönheit«, schreibt er, und: »Was für ein wundervolles Land – wildes, weites Ödland, einsame Hochebenen, blaue Berge, die sich aus zinnoberrotem Wüstensand erheben.«

Berühmt werden wollte Everett mit seinen Gemälden – sie sind heute vergessen. Seine Reisenotizen und Briefe aber werden zum Besten gezählt, was je über die Canyons geschrieben wurde. Everetts schwärmerische Naturbeschreibungen werden mit den Werken der amerikanischen Dichter Henry David Thoreau und Walt Whitman verglichen. In Utah und Arizona wird er als Poet der Canyons verehrt. Jugendliche folgen seinen Spuren auf Trekkingtouren und Wildwasserfahrten, Tourismuszentren bieten Wanderungen »auf den Spuren von Everett Ruess« an. Der ewig unverstandene Everett ist ein Idol für Naturliebhaber und jugendliche Aussteiger geworden.

Zu seiner Zeit jedoch war er ein Sonderling. Noch trampten keine Hippies durch das Land, noch standen keine Touristenbusse an den Felsklippen zum kurzen Fototermin. In den 30er Jahren besuchten Fremde die dünnbesiedelte Region rund um Four State Corner selten, und sie wurden mißtrauisch beäugt.

Everett selbst begegnet den Bewohnern der Canyons mit einer naiven Freundlichkeit. Kontakte knüpft er schnell, doch wirkliche Freunde findet er nicht. Wochenlang wandert er allein durch die Wildnis und leidet an seiner Einsamkeit. Gleichzeitig aber flieht Everett vor jeder tieferen Bindung. Auf seinen Wanderungen verliebt er sich zwar, Liebesbeziehungen scheitern jedoch, zumeist weil er über-

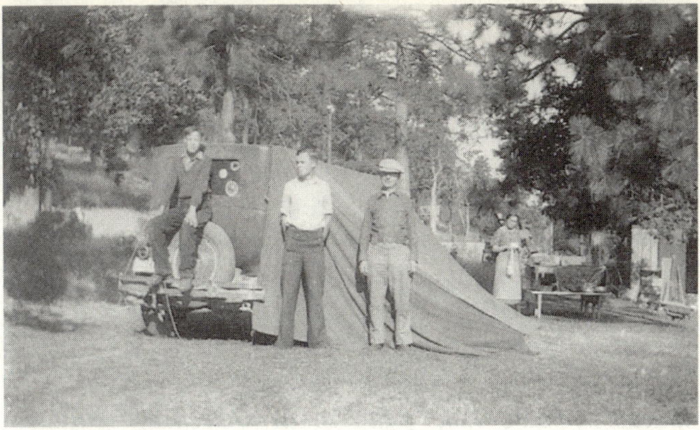

Everett, Waldo, Christopher und Stella Ruess auf einem Campingausflug, 1929

stürzt weiterzieht. So sehr es Everett auch gelingt, tief in die Schönheit der Canyons einzutauchen – seine Beziehungen zu den Menschen, die er in den Tälern und Wäldern trifft, bleiben oberflächlich.

Erst langsam wächst sein Verständnis für ihr hartes Leben in einer rauhen Umwelt. Vor allem Everetts Verhältnis zu den Indianern wandelt sich spät: In den ersten Jahren seiner Wanderschaft begegnet Everett den amerikanischen Ureinwohnern mißtrauisch und voller Vorurteile. Mit den Jahren entwickelt er aber ein Interesse am indianischen Leben; Freunden und der Familie berichtet er voller Bewunderung von den Indianern und ihrem respektvollem Umgang mit der Natur.

Gleichzeitig wächst sein Haß auf die weißen Siedler und Händler der Region, die er als Eindringlinge und skrupellose Geschäftemacher erlebt. In den Dörfern am Rande der Canyons, eingeschworenen Mormonengemeinden, bleibt er mit seinen agnostischen Ansichten ohnehin ein Außenseiter. Die meisten Menschen, die den jungen Tramp kennenlernen, halten ihn für einen ziemlich schrägen Vogel. Er selbst scheint das noch nicht einmal zu bemerken: Er setzt sich unbekümmert zu Cowboys ans Lagerfeuer, nächtigt bei Farmerfamilien und klettert in verlassene Steinhäuser der Indianer. Nach einigen Tagen verschwindet er dann wieder in der Einsamkeit. Von seiner letzten Wanderung kehrt er nie zurück.

Heute sind auch die Spuren dieser letzten Tour getilgt: Everetts Rastplatz und die in Fels geritzte Inschrift sind längst vom Lake Powell, dem riesigen Stausee des Colorado Rivers, überspült. Geblieben sind allein Everetts Texte. Sie bringen uns nicht nur die berückende Schönheit des amerikanischen Südwestens nahe, sondern wecken auch unseren Hunger nach Abenteuer und unsere Sehnsucht nach der Schönheit der Natur.

Einige Anmerkungen zu den ausgewählten Texten:
Aus den Jahren 1930 bis 1934 sind eine Vielzahl von Everetts Briefen erhalten geblieben. Die meisten gehen an seine Eltern und an seinen Bruder, einige an Freunde in Los Angeles. Nur bei wenigen sind die Adressaten unbekannt, oder das Datum, an dem Everett sie schrieb, ist nicht rekonstruierbar.

Tagebücher sind nur aus den Jahren 1932 und 1933 erhalten. Zweifellos hat Everett auch 1934 Tagebuch geführt, dieses wurde jedoch nie gefunden. Die Bände 1932/33 füllte Everett nur auf Wanderschaft; im Winter während seiner Stadtaufenthalte führte er offenbar kein Tagebuch. Die Bücher enthalten tägliche Einträge und haben stark dokumentarischen Charakter. Sie sind nicht so lyrisch wie Everetts Briefe, zumeist notiert Everett nur, welche Route er gewandert ist, was er gegessen hat und wo er schläft. Gleichzeitig sind die nüchternen Tagebücher jedoch wichtige Korrektive der schwärmerischen Briefe. Leider fehlen in den Tagebüchern einige Passagen: Diese hat Everetts Familie kurz nach seinem Verschwinden in Hinblick auf eine eventuelle Veröffentlichung unkenntlich gemacht.

1930: Kalifornien.
Carmel, Big Sur und Yosemite Park

Everett Ruess ist erst sechzehn, als er zum ersten Mal allein in die Weiten des amerikanischen Südwestens aufbricht. Er ist jung und naiv, will Abenteuer erleben und Aquarelle malen. Von seiner Heimatstadt Los Angeles aus trampt er die Küste entlang gen Norden. Unterwegs berauscht er sich an der grüngleißenden Brandung des Pazifiks, entdeckt hoch oben auf den Klippen unerreichbare Pinienwälder und durchwandert die grünen Täler des Hinterlandes. Seinen Eltern schreibt er begeisterte Postkarten und Briefe. Und entnervt berichtet er ihnen von jeder Begegnung mit einem Touristen.

Dabei steht die Entwicklung Kaliforniens zu einem der beliebtesten Reiseziele der USA im Jahr 1930 erst am Anfang. Noch zieht es nur wenige Besucher hierher, an den westlichsten Rand der USA, zu den zerklüfteten Felsen von Big Sur oder an die mediterran anmutende Küste von Carmel. »Das Antlitz der Erde, wie Gott es geplant hat«, schwärmt der Schriftsteller Henry Miller über den Küstenstreifen. Amerikanische Literaten entdecken seinen Reiz in den 50er Jahren. John Steinbeck, im nahe gelegenen Salinas geboren, schreibt über die Gegend; Jack Kerouac läßt sich hier nieder. Kurz darauf siedeln sich erste Hippiekommunen an. Ihnen folgen Touristenströme in bislang unbekanntem Ausmaß. Heute träumen Menschen auf der ganzen Welt von einer Tour durch Kali-

fornien. Everett Ruess war einer der ersten, der diesen Traum lebte.

Von Morro Bay aus erreicht er im Juni 1930 Carmel, die kleine Küstenstadt im Süden der Monterey-Halbinsel. Ein Autofahrer hat ihm erzählt, dort lebe der wohl bekannteste Bewohner der Region, Edward Weston. Everett ist erst zwei Tage in der Stadt, als er beschließt, den schon damals berühmten Fotografen kennenzulernen, und so klopft er kurzerhand bei den Westons an die Tür. Diese teils naive, teils respektlose Art, auf Menschen zuzugehen, soll Everett in Zukunft nicht immer Freunde bringen. Weston jedoch nimmt ihn herzlich bei sich auf. Everett freundet sich mit seinen Söhnen an und findet in den Buchten der Umgebung Motive für seine Mal- und Zeichenversuche.

Im Juli trampt er von Carmel aus nach Big Sur, dann weiter zum Yosemite Park. Dort sieht er zum ersten Mal die imposante Felslandschaft der Sierra Nevada und ist überwältigt. Mit einem 40 Pfund schweren Rucksack wandert er zwei Wochen lang durch den Nationalpark – und beschließt, nie wieder ohne Packesel oder Pferde loszuziehen. Ende August verläßt er die Wälder des Yosemite Parks und steigt hinab in die Dörfer im Tal, zurück in die Zivilisation. Eine »Antiklimax«, wie er seinen Eltern schreibt. Fünf Jahre später, in seinem letzten Brief, wird er dieses Wortspiel noch einmal verwenden – als Ausdruck seiner Liebe zu den Weiten des amerikanischen Südwestens und seines Mißtrauens gegenüber den beengenden Städten.

Zypressenhain, Carmel

Mein Leben soll eine kräuselnde Welle sein

Mein Leben soll eine kräuselnde Welle sein,
Immerzu fröhlich treibt sie übers weite, blaue Meer.
Einmal gleißt sie im Sonnenlicht,
Funkelt und glitzert wie Perlenschein,
Dann läuft sie mit einem plätschernden
Lied in den kühlen, braunen Sand
Und wird blubbernder, milchweißer Schaum.
Und so, gebrochen, zieht sie sich zurück,
Nachdem sie den Strand ein bißchen weicher
Gemacht hat für die nächsten Wellen.

Carmel, 30. Juni

Liebe Mutter,
gestern war es schön. Ich wanderte am Strand auf und ab. Dann setzte ich mich auf einen Felsen im Meer; ich saß wie auf einem Thron. Erst als ein riesiger Brecher mich durchnäßte, bin ich wieder gegangen.

Am Nachmittag marschierte ich durch die Stadt, nun kenne ich mich ganz gut aus. Ich wanderte ungefähr eine Meile zur San Carlos Borromeo Mission und zum Carmel River. Zurück in der Stadt besuchte ich Edward Weston in seinem Atelier und freundete mich mit ihm an. Ein Mann, der mich in der Nähe von Morro Bay mit dem Wagen mitnahm, hat mir von ihm erzählt. Ich habe viele seiner Fotografien gesehen. Er ist sehr liberal gesinnt.

Viele Grüße
Everett

PS
Gestern nacht schlief ich unter Kiefern. Schreib mir postlagernd nach Carmel.

Carmel, 1. Juli

Lieber Vater,
gestern stellte ich beim Spazierengehen fest, daß ich auf dem 17-Mile-Drive war. Also wanderte ich noch circa fünfzehn Meilen weiter und machte nur hin und wieder an einem malerischen Ort zum Zeichnen halt. Gegen zwei Uhr wurde es so düster und neblig, daß ich schon dachte, es sei fünf Uhr. Ich wanderte über die Sanddünen zurück und sah sechs Hirsche, zwei Hindinnen und vier Kälber, die fast feierlich hintereinander herzogen. Sie waren richtig zahm.

Auch zwei große graue Eichhörnchen sah ich. Ich hatte kein bestimmtes Ziel, ich wanderte einfach mal dahin, mal dorthin und entdeckte ein paar interessante Stellen des Landes.

Mr. Weston lud mich zum Essen ein. Ich lernte seine beiden Söhne kennen, zwei nette Jungs. In der Nacht schlief ich in seiner leeren Garage. Am Morgen habe ich gekehrt und aufgeräumt.

Viele Grüße
Everett

Carmel, 2. Juli

Lieber Waldo,
gestern hatte ich viel Spaß mit Neil und Cole, den beiden Söhnen von Mr. Weston; sie sind beide jünger als ich. Er hat auch noch zwei ältere, verheiratete Söhne. Mr. Weston hat ein Haus in Los Angeles, eines im Topanga Canyon und hier hat er drei Häuser gemietet. In einem Haus hat er sein Atelier, im anderen leben Neil und Cole, und im dritten kocht und schläft er selbst. Er hat auch ein Hausmädchen, sie heißt Sonia.

Gestern abend fuhr ich mit Cole auf seinem Fahrrad zum Carmel River, dort trafen wir Neil und einen Jungen namens Sam. Sie hatten schon ihre Fangquote für Forellen ausgeschöpft. Ich machte Pfannkuchen für alle, dazu gab es Forellen und Speck. Danach sind wir alle schwimmen gegangen im Fluß, der an der Mündung in den Ozean richtig breit ist.

Viele Grüße
Everett

Carmel, 4. Juli

Liebe Mutter,
gestern telefonierte ich mit Harry.[1] Wir trafen uns an Point Lobos und malten beide ein Aquarell vom Meer. Dann ließen wir unsere Malsachen liegen und wanderten über die

Klippen. Wir fanden drei Seesterne und eine große Seeanemone, beobachteten Seelöwen auf den Felsen und lauschten ihrem Gebell. Dann warfen wir Steine auf die Felsen unter uns.

Später malten wir noch ein weiteres Bild. Wir sahen eine junge Viper von einer Spanne Länge mit einem leuchtendblauen Schwanz. Dann gingen wir wieder nach Hause. Die Frau, deren Familie Point Lobos gehört, nahm mich mit in die Stadt.

Am Abend aß ich mit den Westons. Wir saßen um den Kamin herum, und Mr. Weston hat uns »Moby Dick« vorgelesen. Als Cole einschlief, sind wir alle ins Bett gegangen.

Heute gehe ich wieder mit Harry zum Malen.

Viele Grüße
Everett

14. Juli

Lieber Vater,
gerade bekam ich Deinen Brief vom Sechzehnten, samt Scheck, für den ich Dir danke. Mit den Holzschnitten konnte ich bis jetzt einen Dollar verdienen, einer soll nächste Woche abgedruckt werden. Zwei Dollar verdiente ich als Caddie, 50 Cent mit Gartenarbeiten. Heute abend säge ich noch Holz.

Am Morgen habe ich meine Wäsche gewaschen. Ich will nach Monterey gehen und meine Schuhe billig besohlen lassen. Ich habe versucht, Mrs. Graham zu erreichen, aber es ging niemand ans Telefon. Nächste Woche, sobald ich vom Big Sur zurück bin, will ich sie treffen.

Was das Essen angeht – ich habe vier Laib Brot, drei Gläser Erdnußbutter und an die zwölf Pints Milch verdrückt, seit ich hier bin. Auch ein paar Dosen Mais und Erbsen und fünf Schachteln Frühstücksflocken habe ich verbraucht.

Schön, daß Mutter für die Holzschnitte einen Preis gewinnen und einen Druck für das Titelblatt der Literaturzeitschrift verkaufen konnte. Mit Kunst kann man Geld verdienen, wenn man weiß, wie's geht.

Gestern war ich mit Leon Wilson [jr.] zum Malen auf den Felsen bei Point Lobos. Im eiskalten Wasser des Pazifik schwammen wir um die ganze Halbinsel herum und erkundeten ein paar Höhlen, einige sind ziemlich groß und haben hohe, gewölbte Decken, andere sind so niedrig, daß man warten mußte, bis der Wasserstand günstig war, und man hineinschwimmen konnte. Eine Welle schwappte auf mich zu, ich schwamm dagegen an, kam aber kein Stück vorwärts, dann rollte die Welle zurück und trug mich zwanzig Fuß ins Meer. Halb erfroren kamen wir schließlich an Land. Wir gingen zurück an den kleinen Sandstrand, wo wir aufgebrochen waren, ich zündete ein Feuer an, und wir trockneten und wärmten uns.

Viele Grüße und viel Glück in finanzieller Hinsicht
Everett

24. Juli

Liebe Mutter, lieber Vater, lieber Waldo,
letzten Sonntag holte ich Harry zu Hause ab und wir gingen angeln. Außer ein paar Seeigeln haben wir jedoch nichts gefangen. Ich las in »Till Eulenspiegel«.

Am Samstag abend hatte mich Mrs. Green zu dem Stück »Over the Fairy Line« ins Forest Theatre eingeladen. Es war ein nettes Kinderstück. Mrs. Green hatte Freikarten, doch ihre Familie hatte keine Lust hinzugehen.

Am Montag morgen brach ich Richtung Big Sur auf. Mit den ganzen Decken wog mein Gepäck an die fünfzig Pfund. Jemand nahm mich vier Meilen von der Brücke über den Carmel River bis zum »Highlands Inn« mit. Von da wanderte ich ein paar Meilen, bis mich ein Holzlaster weitere zehn Meilen bis nach Glen Deven mitnahm. Es war sehr kalt und windig. Die Straße ist bergig und so schmal, daß meistens nur ein Auto Platz hat.

Nach meiner Fahrt mit dem Laster marschierte ich wieder ein paar Meilen und kam zu einer Stelle, wo die Straße eine Schlucht umgehen und eine weite Kurve ins Land beschreiben muß. Auf der anderen Seite konnte ich den ausgehöhlten Fels sehen; ich dachte, es sei die Straße. Unten am Ufer entdeckte ich einen kleinen Strand, dort wollte ich zu Mittag essen.

Ich glitt, rutschte und purzelte also den Berg hinunter ins Tal, wo sich ein Bach entlangschlängelte. Am Ufer lag viel Treibholz, wahrscheinlich von einem Schiffswrack. Ich hockte mich auf die gewölbte Kante einer kleinen Höhle und aß, unter mir schlugen die Wellen an den Fels. Ich sah einen richtigen Wald aus braunem Tang; die Stengel schwangen mit jeder Bewegung der Wellen mit und wanden sich wie die Tentakel einer Krake.

Dann kletterte ich wieder hinauf, es ging fast senkrecht nach oben. Wenn ich aufrecht gegangen wäre, hätte mich mein Gepäck nach hinten gezogen und ich wäre hinuntergefallen. Der Aufstieg war eine Qual, aber schließlich schaffte ich es – doch ich mußte feststellen, daß das, was ich für die Straße gehalten hatte, nur ein Pfad war. Ich wanderte weiter und sah einen großen Schwärmer mit grauem Leib und orangeroten Streifen.

Als ich wieder auf der Straße war, wanderte ich weiter zu einem Tal am Fuß der Schneise des Little Sur. Nach einer Pause stieg ich hinauf und kam in den Wald der Redwoods. Ich sah einen Kran und Straßenarbeiter, einige waren Sträflinge.

Gegen vier Uhr kam ich in den dichtesten Teil des Waldes. Ein Mann aus Monterey, der seine Enkel in Big Sur besuchen wollte, nahm mich mit. Er kannte die Geschichte der Gegend und war ein interessanter Gesprächspartner. Vor hundert Jahren kamen die Spanier und besiedelten die Gegend. Jeder hat damals viel Land bekommen. Bald kamen

Zypressenhain, Carmel

andere Leute nach. Aber jetzt geben all die Nachfahren der ersten Siedler die Ranches und Farmen auf, weil sie nicht mehr davon leben können.

Es war ziemlich schwierig, diese Straße anzulegen. Die ersten Siedler hatten nur Hacken und Schaufeln und keine Vermessungsinstrumente. Es gibt fast kein Wasser, die Küste ist zu felsig. Draußen auf dem Meer konnte ich das Wrack eines japanischen Schiffes sehen, das schon seit drei Monaten dort liegt.

Der Mann ließ mich am Postamt von Big Sur aussteigen, ich ging zum Fluß (der auch Big Sur heißt), schlug mein Lager auf und kochte mein Abendessen. Ich wollte einen Stein für meine Feuerstelle holen – als ich ihn aufhob, lag eine große Schlange darunter. Ich machte eine Dose Erbsen warm, und als ich sie vom Feuer nehmen wollte, verbrannte ich mir die Finger und verschüttete die größte Portion. Kurz danach kroch ich ins Bett und kuschelte mich in meine Decken, da kam ein Mann mit vier Kindern.

Es stellte sich heraus, daß ich mein Lager am falschen Ufer aufgeschlagen hatte, das Land drüben war halböffentlich, hier war Privatgrund. Aber da ich nun schon mal da war, erlaubte mir der Mann, die Nacht über zu bleiben. Bald war ich auch schon unter dem Bergahorn und den Erlen eingeschlafen.

Am Dienstag morgen versteckte ich mein Gepäck hinter einer Eiche und wanderte an der Küste entlang. Über eine weite Strecke waren Rohre von dem Wrack angespült worden, sie waren zerbrochen oder vom Meerwasser durchlöchert, doch das Gummi hatte nicht gelitten.

Ich malte ein Aquarell unter den schwierigsten Bedingungen, die ich je erlebt hatte. Der Wind wehte Sand in meine Farben und auf das Bild, wo er immer noch haftet und einen interessanten Effekt bewirkt. Allerdings glaube ich nicht, daß viel Farbe auf dem Bild bleibt, wenn der Sand abbröckelt.

Später am Tag stieg ich in die Berge hinauf, ich folgte kleinen Schluchten, die mit mächtigen Eichen bewachsen waren, einige habe ich gezeichnet. Es gab auch Haine mit Redwoods und Bergahorn, an vielen Stellen war der Boden mit Disteln übersät.

Einmal blieb ich stehen und wollte einen Kolibri beobachten, der an meiner Nase vorübergeflogen und auf einem Zweig vor mir gelandet war. Am Abend schlief ich oberhalb der Straße in einer kleinen Mulde im Berg.

Mittags war ich wieder zurück in Carmel und ging zu den Westons. Zusammen mit Neil und Cole ging ich an den Strand und begrüßte Mr. Weston, der gerade Tang fotografierte. Wir wanderten an der Küste entlang und sammelten Seesterne – sechzig haben wir in einem Tümpel gefangen, alle Größen, hellrot, dunkelrot, braun, lila, blau, gelb.

Viele Grüße
Everett

5. August

Liebe Familie,
gestern abend bei Sonnenuntergang kam ich im Yosemite Valley an. Das Tal kam mir erst ganz unwirklich vor.

Ich habe Euch noch gar nicht erzählt, daß irgendein Tramp mein Gepäck in Carmel fand und ein Pfund Erdnußbutter und eine halbe Dose Pfefferminzbonbons verdrückte, die anderen Sachen rührte er nicht an.

In Camp Seven fand ich einen Lagerplatz, machte mein Bett und aß zu Abend. Dann ging ich zu einem anderen Lager, wo ein paar Rangers und andere Camper ein Fest feierten. Es waren viele Leute da, wir sangen lustige Lieder und hörten ein paar Stücke auf der Mundharmonika. Ein Schotte spielte Dudelsack, ein Mädchen tanzte dazu. Er kündigte die Lieder immer an, doch in meinen Ohren klangen sie alle gleich. So einen schrecklich monotonen Klang wie einen Dudelsack habe ich wirklich noch nie gehört! Doch er wollte gar nicht aufhören zu spielen.

Als das Feuer ausging, machte ich mich auf den Weg zu meinem Lager, aber ich fand es in der Dunkelheit kaum wieder.

Heute morgen kaufte ich ein paar sündhaft teure Lebensmittel. Ich werde heute wohl nicht viel wandern, nur ein wenig durchs Tal spazieren und mir einen schönen Tag machen. Welch eine Erleichterung, endlich hier zu sein! Der Herbst ist hier meist trocken, doch es ist trotzdem schön kühl und grün hier. Die Wildtiere sind so zahm wie Haustiere, und ich muß aufpassen, daß die Bären nicht meinen Speck wittern.

Viele Grüße
Everett

22. August

Liebe Mutter, lieber Vater, lieber Waldo,

nach einem Frühstück aus Pfannkuchen verließ ich am Montag morgen Glen Aulin und nahm den McGee-Creek-Trail zum Tenaya Lake. Die Granitblöcke und -platten am Gletschersee glänzten wie Spiegel.

Entlang den Wegen des Yosemite Parks stehen abgestorbene Bäume, die oft über den Weg fallen. Niemand räumt sie weg, so daß sich der Weg immer ändert, weil man um sie herumgehen muß. Wenn im Rainier Park ein Baum umfällt, rücken die Rangers sofort aus, sägen ihn klein und räumen den Weg, hat mir jemand erzählt.

Ich hatte den Eindruck, ich würde nie ans Ziel kommen, doch am frühen Nachmittag erreichte ich Tenaya Lake. Als ich gerade am Campingplatz ankam und mein Gepäck ablegen wollte, kam ein Mann auf mich zu und fragte, ob ich hungrig sei. Er wollte alles über mich wissen. Wie sich herausstellte, wollte er mit seiner Familie gerade weiterfahren; bevor sie aufbrachen, luden sie mich zu einem guten Mittagessen ein.

Ich wanderte um den See herum zum Campingplatz von Tenaya Lake. Die Leute, die für die Campingplätze in der High Sierra verantwortlich sind, scheinen alle sehr nett und freundlich zu sein.

Nach einer Nacht unter jungen Tannen am Ufer rollte ich wieder meine Decken zusammen, und nun begann der anstrengendste Teil meiner Wanderung – vom Tenaya Lake zum Little Yosemite über Cloud's Rest.

Ich stieg den steilen Berg über den Forsyth-Trail zum Forsyth Pass auf. Danach ging es leichter, doch bis zum Fuß von Cloud's Rest war der Weg rutschig. Ich wanderte über eine Art Höcker, dann durch eine Mulde und die Bergflanke hinauf. Auf der runden, exponierten Granitkuppe setzte ich mich hin, aß zu Mittag und betrachtete den Horizont in der Ferne. Auf den entfernten Gipfeln waren Schneefelder zu sehen. Hinter mir lag Tenaya Lake und glitzerte türkisfarben in der Sonne. Unter mir lag der verwitterte, abgerundete Half Dome und die enge Schlucht des Yosemite Valley. Ich konnte auch einen Zipfel des Mirror Lake sehen.

Über einen steilen Pfad stieg ich wieder ab. Staub und Steinchen flogen mir in die Augen, doch ich wanderte zwei, drei Stunden weiter, bis ich ganz unerwartet das Little Yosemite Camp in der Nähe sah. An der Tür zu der unordentlichen Hütte warf ich mein Gepäck und meine Decke auf den Boden. Es war gut, wieder zurück zu sein.

Am Abend stieg ich mit Mr. Cuesta und einem anderen Tourist hinter dem Camp die Felsen hinauf bis auf den Gipfel eines riesigen Granitfindlings. Er zeigte uns Mörtelspuren und die Überreste eines alten Indianerlagers. Dann stemmten wir mit aller Kraft zu dritt mit einem Baumstamm einen großen Felsbrocken hoch. Schließlich glitt er über die Kante und krachte in die Tiefe, durch die Reibung schlugen Funken. Dann herrschte einen Moment lang absolute Stille, bis er durch ein paar Bäume und das Gebüsch fiel und unten aufschlug.

Als es dunkel wurde, machten wir uns auf den Rückweg; diesmal stiegen wir über die Vorderseite ab. Es war steil, aber wir hatten Schuhe mit Gummisohlen und kamen alle heil unten an.

Am nächsten Tag las ich drei Bücher: »O Ranger!«, ein Buch über die Nationalparks, »Legenden und Verlockungen des Yosemite Parks« von Herbert Wilson und »Yosemite-Pfade« von J. Smeaton Chase.

Mr. Cuesta erzählte mir von seinen Reisen nach Brasilien, Kuba und Jamaica. Ich machte ein paar Pfeilspitzen, die ich mit einem Knochen festdrückte. Es ist nicht so schwierig, wie man denkt, aber die Pfeilspitzen brechen normalerweise, wenn man halb fertig ist, und man muß aufpassen, daß man die Obsidiansplitter nicht ins Auge bekommt.

Am nächsten Morgen nahm ich meinen Packen auf den

Rücken und machte mich auf den Weg ins Tal. Es war eine Antiklimax, nach der Einsamkeit in den Bergen wieder im Tal voller lärmender, unsensibler Touristen zu sein und in die Stadt mit ihren schmutzigen Gebäuden und Geschäften zurückzukommen.

Ich konnte es wirklich nicht mehr hören, daß jeder zu mir sagte, ich hätte so viel Gepäck. »Sag mal, ist das nicht zu schwer?« oder »Sieh mal, welche Last der Junge trägt!« und so weiter und so weiter bis zum Erbrechen. Also ging ich zur Waage im Camp Curry und wog mein Gepäck. Zu meiner Überraschung war es 48 Pfund schwer! Und dabei hatte ich nur noch ein Pfund Lebensmittel dabei. Ich bin also doch nicht so schwach, wie ich immer gedacht habe.

Trotzdem wäre es gut, einen Esel zu haben, wenn ich das nächste Mal so eine Wanderung unternehme. Sie kosten $ 1.50 am Tag, für $ 15 oder noch weniger kann man sogar einen kaufen.

Ich ging in die Bücherei und las »The American«, während meine Absätze gerichtet wurden. Das letzte Paar Schuhe hat mehr als 200 Meilen gehalten.

In der Nähe meines Lagers lernte ich eine interessante College-Schülerin kennen, die einen Abschluß in Soziologie hat.

Mein Abendessen, Reisauflauf, ging leider daneben. Ob ihr es glaubt oder nicht – heute abend werde ich eine indianische Spezialität ausprobieren: gebackene Grashüpfer. Wenn sowohl Chinesen als auch Indianer das so gerne essen, muß ja wohl was dran sein.

Viele Grüße
Euer Everett

1931: Arizona und Utah.
Monument Valley, Canyon de Chelly, Grand Canyon, Zion Park

Überglücklich kommt Everett von seiner Tour durch die Sierra zurück nach Los Angeles. Noch im Winter plant er einen weiteren mehrmonatigen Trip durch den Südwesten. Zunächst muß er allerdings die High School beenden. Das Abschlußzeugnis erhält Everett im Januar 1931. Seine Noten sind nicht gut; trotzdem ist er überzeugt, daß er zu Großem berufen ist – er will Künstler werden, Schriftsteller oder Philosoph. Im Haus seiner Eltern bereitet er sich auf seine Tour durch Arizona und Utah vor. Dort will er Motive für seine Malerei und Anregungen zu Essays über die Natur suchen.

Sein erstes Reiseziel ist das Monument Valley. Eine ungewöhnliche Wahl für die damalige Zeit – die rote Steinwüste ist unfruchtbar und deshalb für die Weißen völlig uninteressant. Von den markanten Tafelbergen existieren gerade mal eine Handvoll Fotos und Zeichnungen; nur einige Rancher und die Navajo-Indianer leben in diesem Gebiet. Kaum ein Amerikaner hat je von dem Tal gehört, und noch sind die unverwechselbaren Steinformationen des Monument Valley nicht aus Western-Filmen und Werbespots bekannt. Erst 1938 gibt John Wayne hier sein Debüt in dem Film »The Stage Coach«. Und begründet damit die Karriere des Tals als Filmkulisse. Im Jahr 1931 aber interessieren sich die wenigen Filmcrews, die Everett auf seinen Wanderungen trifft, für andere Täler.

Per Anhalter erreicht er die Stadt Kayenta am Rande des Monument Valley – allein und ohne Geld, mit nur wenig Proviant und mitten im Winter. Er ist schlecht ausgerüstet, hat keinerlei Erfahrung im Klettern und kennt sich in der Gegend nicht aus. Anfangs hofft er noch, durch den Verkauf seiner Bilder ein wenig Geld zu verdienen. Doch dazu sind sie offenbar zu schlecht: Kaum jemand will seine Holzschnitte und Aquarelle sehen, geschweige denn kaufen. So verdingt er sich als Hilfsarbeiter bei Ranchern und Farmern. Dafür erhält er zwar kein Geld, aber etwas zu essen und ein Dach über dem Kopf.

Seinem unverwüstlichen Optimismus tut das allerdings keinen Abbruch. Ganz gleich, ob er sich verläuft oder tagelang kaum etwas zu essen bekommt: Everett ist begeistert vom Leben in der Wildnis. Auf seiner elfmonatigen Tour vom Monument Valley zum Canyon de Chelly und weiter zum Grand Canyon und Zion National Park versucht er sich als Maler und Zeichner, schreibt Essays und Gedichte. Und als Zeichen dafür, daß mit dem Aufbruch in die Wälder sein neues Leben begonnen hat, legt er sich wechselnde Künstlernamen zu: zuerst Lan Rameau (l'âne, frz.: *Esel), dann Evert Rulan. Seinen Esel nennt er Everett – in Erinnerung an die Person, die er einmal war.*

Programm der Künstler- und
Abenteurerexpedition von 1931

Leitender Künstler und Abenteurer: Lan Rameau (Eskeebi Killy)
Offizielles Erkennungszeichen: das grüne Seidentuch
Beauftragter für den Transport von Vorräten: Everett, der Ehrenwerte
Offizielles Aufenthaltsbestimmungsgerät (getragen zur Nacht): Silberglocke

Offizielle Überzeugungsstrategie: ein spitzer Stock von 28 Zoll Länge (der eigentlich nie gebraucht wird und nur zu zeremoniellen Zwecken zum Einsatz kommt)
Offizielles Siegel:
Offizielle Freudenbezeigung: Schwanzwedeln, gefolgt vom Setzen des Siegels
Tellerwäscher: Lau Ramean
Wasserträger: Ran Lameau
Eseltreiber: Nal Uaemer
Geldgeber: Cherchez l'homme
Schuhputzer: Lar Nameau
Koch: Lagerfeuer
Türhüter: Hat sich verspätet. Uns allen fehlen seine Dienste unsäglich.
Dichter: Nar Lameau
Sekretär: Aln Armeau
Schatzmeister: überflüssig
Musikbegleitung: Chor der Kojoten
Gefolge, Lagergehilfen u. ä.: streunende Hunde, neugierige Streifenhörnchen, plündernde Bussarde und geplagte Mistkäfer im Gefolge der Expedition
Offizieller Schrei: 3 Eselsschreie und 1 Hohnschnauben
Zu begehendes Gelände im Jahr 1931: der wilde Südwesten Amerikas

Offizielles Lied:

Whoopy, kleiner Esel, kiyi yo yell,
Schwing deine Hufe, schwing sie ganz schnell.
Je flinker du trabst,
Desto früher bist du da.
Whoopy, kleiner Esel, kiyi yo yell,
Schwing deine Hufe, schwing sie ganz schnell.

Kayenta, Arizona, Hauptpost,
13. Februar

Lieber Bill [Jacobs, Everetts bester Freund aus Los Angeles], jetzt bin ich endlich da, wo vor zehn Jahren die Grenze war. Ein indianischer Postbote nahm mich von Flagstaff aus mit. Auf dem Weg traf ich keinen einzigen Menschen, der meiner Meinung nach erschossen gehört hätte.

Ich feilschte mit ein paar Navajo um einen Esel; acht Dollar mußte ich löhnen. Die meisten Navajo sprechen kein Englisch, und man braucht einen Dolmetscher. Alle Esel sind nun bei den Schafherden. Im Sommer kann man sehr viel leichter ein Tier kaufen.

Als ich mit einem älteren Herrn und seinem Hund Jerry in einem alten Buick Eight mit 75 Meilen pro Stunde nach Needles fuhr, wehte es mir den berühmten Bergarbeiterhut vom Kopf. Ich trug die meiste Zeit die Wollmütze, es gab ja keine Sonne, vor der ich mich schützen mußte.

Auf einem Kartoffellaster fuhr ich nach Oatman. Dort lud ich eine Tonne Kartoffeln ab und verdiente mir mein Mittagessen, doch bevor ich zum Essen kam, nahm mich ein Freund des Fahrers mit nach Kingman.

Kurz vor Kingman stieg ich bei ein paar Hartgesottenen aus Long Beach ein, die in einem Dodge auf dem Weg nach New York waren. Da sie kein Geld hatten, saugten sie mit einem Schlauch Benzin aus anderer Leute Wagen. Es wurde sehr dunkel in der Nacht (!), die Fahrt war schwierig, weil sie keine Scheinwerfer hatten. Zehn Meilen weit fuhren wir im Schein eines anderen Autos, doch dann blieb der Wagen zurück, und wir wären fast im Graben gelandet. Wir rissen ein paar Zaunpfähle aus, machten ein Feuer und warteten, bis der Mond aufging und uns den Weg beleuchtete. Wir machten ständig Witze über den Mond – er ging erst gegen vier Uhr am Morgen auf, wir hockten am Feuer und warteten. Einer der Männer schlief schräg am Hang neben dem Feuer, die Arme hatte er auf der Brust verschränkt. Die Schwerkraft forderte ihren Tribut, und alle paar Minuten fiel ein Arm herunter und ans Feuer. Als es ihm zu heiß wurde, legte er ihn langsam wieder über seine Brust. Doch irgendwann wachte er auf, weil er sich verbrannt hatte.

Als der Mond schließlich aufgegangen war, fuhren wir weiter durch Seligman nach Ash Fork, wo wir mit leerem Tank ankamen. Ich gab den Jungs fünf Dollar, und sie erbettelten dort noch ein paar Cent von mitfühlenden Leuten. Fünfundzwanzig Meilen vor Flagstaff war der Tank schon wieder leer. Sie nahmen einen Tramp mit, der ihnen aber nur einen Vierteldollar gab. Dann holten sie zu Fuß Benzin an einer Tankstelle, die eine Meile entfernt war, und wir fuhren weiter, bis der Tank acht Meilen vor Flagstaff wieder leer war. Ich stieg aus und ging den Rest zu Fuß.

Im Coconino Forest schlief ich auf Kiefernnadeln. Ich wollte Schnee schmelzen, um etwas zu trinken zu haben, aber das Wasser schmeckte rauchig und war völlig ungenießbar. Am nächsten Tag gab es in Flagstaff keine Esel zu kaufen, also wanderte ich weiter und schlug in der Nähe des Mount San Francisco mein Lager auf.

Am Morgen schneite es. Ein Indianer nahm mich mit nach Kayenta. Wir hielten an ein paar Handelsstationen auf dem Weg. Über eine sehr unwegsame Straße fuhren wir durch Painted Desert und kamen an der Stelle vorbei, wo der Film »Der letzte Amerikaner« gedreht wurde. Die Berge sind rot und rosa. Außer Pinyonkiefern gibt es dort keine Bäume.

Sobald ich den Esel habe und sobald es aufhört zu schneien, werde ich ein paar Ruinen besichtigen. Ich schlafe nun in einem Hogan [einer indianischen Hütte]. Es fehlt nur, daß Du kommst und meine Hütte mit Schneebällen bombardierst!

Dein Freund
Lan Rameau

Say-kiz-y Pass, Kayenta, Arizona,
9. März

Lieber Bill,
soeben habe ich Deinen Brief erhalten sowie einen Brief meiner Familie, der herzzerreißende Neuigkeiten enthält. Stell Dir vor, salzige Tränen liefen mir übers Gesicht, als ich einen Zeitungsausschnitt der »Times« in Händen hielt, in dem mitgeteilt wird, daß mein Plakat für die Foreign Trade Weeks, das ich in der Los Angeles Day School gemalt habe, den ersten Preis gewonnen hat! Fünfundzwanzig Dollar! Das Blatt scheint sich zu wenden.

Ich mußte den Artikel ein paarmal lesen, bis ich es glauben konnte. Und dabei mußte mein Lehrer seine ganze Überzeugungskraft aufbieten, daß ich überhaupt ein Plakat malte! Ich mußte es in atemberaubender Geschwindigkeit beenden, denn der Kunstunterricht war am Nachmittag, und die älteren Schüler mußten nicht hingehen.

Was mein Pseudonym angeht – es ist wirklich ein Künstlername. Ich bin immer noch ganz aufgewühlt, doch ich denke, daß ich allen Mißverständnissen und falschen Aussprachen heldenhaft trotzen kann. Ich muß nun ein Doppelleben führen. Falls Du ein paar tolle Vorschläge hast, will ich sie in meine Überlegungen einbeziehen; ich glaube, ich bin noch nicht ganz abgehoben. Kommentar zwecklos. Der Name schreibt sich LAN RAMEAU. Der Freund, der mir geholfen hat, ihn auszusuchen, fand ihn sehr wohlklingend und unverwechselbar. Ich jedenfalls fand alles besser als »Ruess«, aber ich kann mich auch irren. Warum Du in Deinem Brief »San« aus »Lan« gemacht hast, ist mir schleierhaft, es ist ein »L«.

Ich belade jetzt den Esel und mache eine Tour durchs Monument Valley zu ein paar Felsen, von denen ich gehört habe. Ich werde jeden Seitencanyon erkunden und ein paar Felssiedlungen[2] entdecken. Lach nicht! Vielleicht denkst Du, daß sie alle schon entdeckt sind, aber das stimmt nicht. In dem Gebiet, das ich begehen werde, wurden zwar Fels-

Felssiedlung im Mesa Verde National Park

siedlungen gefunden, aber sie wurden noch nicht untersucht. Der größte Teil des Landes ist unberührt. Nur die Navajo waren dort, und die sind alle abergläubisch. Falls ich nichts finden sollte, male ich eben und suche mir ein paar schöne Lagerplätze.

Es gab ein paar Schneestürme und Wolkenbrüche, doch Wasser ist hier rar, es sammelt sich nur in Gumpen.

Ich freue mich, daß jemand Deine Meinung über meine Bilder teilt, doch von Versprechen allein kann man nicht leben. Trotzdem stellten mir zwei indianische Händler Decken der Navajo in Aussicht, falls ich zwei Bilder male, die ihnen gefallen. Einen Holzschnitt konnte ich schon gegen eine alte indianische Schüssel tauschen, aber die trage ich nicht mit mir herum.

Manchmal habe ich mich im Wagen mitnehmen lassen, aber jetzt bin ich unabhängig (wenn auch nicht finanziell).

Ich habe zwei Beine, und mein störrischer Esel hat vier. Der Esel sieht lustig aus, er hat ein schwarzes Fell, ein weißes Maul, weiße Brauen, die Spitzen der Ohren fehlen. Der Indianer wollte zwölf Dollar, doch ich konnte ihn auf sechs runterhandeln.

Mit dem Malen habe ich noch nicht richtig angefangen. Ich habe schon ein paar Versuche unternommen, doch in Zukunft erwarte ich bessere Ergebnisse. Es wäre toll, wenn Du mein Bild verkaufen könntest, aber gib so ein Meisterwerk (?) nicht für ein Nasenwasser her!

Einen Leibgürtel für das Geld habe ich nicht. Ich hatte die Scheine im Schuh, doch dann ist die Farbe verblichen, und ich stecke es in die Tasche. Jeden Tag komme ich der fragwürdigen Tugend der Armut näher. Ich habe jedoch genügend Proviant für einen Monat und bin ausreichend ausgerüstet, um eine Ewigkeit hierzubleiben. Solange ich also am Leben bin, lebe ich auch wirklich. Ich hoffe, auch Du lebst so intensiv wie möglich.

Das mit dem Hut hast Du mißverstanden. Er flog weg, aber ich habe ihn wieder geholt. Die Wollmütze, die Du so unmännlich fandest, trage ich, weil sie mir die Ohren wärmt. Frage: »Hat sich meine Ausrüstung als unzulänglich erwiesen?« Antwort: »Ja.« Mein ganzes Geld steckt darin.

Ob du es glaubst oder nicht – ich kann jetzt kochen. Ich habe Kekse ohne ein Stäubchen Mehl gebacken, und auch meine anderen Gerichte sind schmackhaft, wenn auch nicht ganz so kompliziert. Mein Kocher und ich – wir kriegen alles hin.

An Wild sah ich bisher nur Eselhasen, Kaninchen und Präriehunde, doch ich will künftig alle Tiere auflisten. Bis jetzt habe ich keinen einzigen Schuß abgefeuert. Meiner Meinung nach ist das Jagen ein veralteter Sport, der nie mehr wiederbelebt werden kann. Vor langer Zeit tauschten die Weißen mit den Indianern Gewehre gegen Pelze, und nun gibt es keine Hirsche mehr, keine Antilopen, keine Büffel. Die Schafe fressen das ganze Gras, und es gibt nur noch wenige Eselhasen. An Vögeln leben hier nur Krähen und Wüstensperlinge.

Ich mußte eine aufreibende Suche nach meinem Esel starten. Die Fesselstricke hatten sich gelockert, und ich mußte einem indianischen Reiter vier Münzen geben, damit er ihn mir zurückbrachte. Der Esel war auf dem Weg nach Hause, nach Kayenta. Zur Zeit bin ich in Utah, am Saykiz-y Pass in der Nähe von Monument Valley.

Die Händler hier verspotten die »Indianerliebhaber«, die mit dem Wagen durch das Gebiet fahren und Artikel darüber schreiben, wie idyllisch das Leben der Indianer sei und wie ungerecht sie behandelt würden. Sie werden nicht schlecht behandelt, doch sie versuchen, einen übers Ohr zu hauen, und sie leben im Dreck. Das Tuberkulosesanatorium hier ist immer voll. Bis zur nächsten Schule sind es in jede Richtung 100 Meilen, deshalb sprechen die Indianer hier kein Englisch.

Schade, daß Du unter einem Dach schlafen mußt und in der Nacht die Sternschnuppen nicht sehen kannst, die vom Himmel fallen. In ein paar Tagen ist Vollmond. Nachts war mir sehr kalt, bis ich mir die Plane zulegte. Fast jede Nacht friert es. An einem Lagerplatz neben einem Fels konnte man das Echo einer Bohne hören, die aus einer Spanne Höhe auf einen Teller fiel, es hörte sich an wie ein Feuerwerkskracher (ohne Übertreibung).

Das Wetter bietet hier tolle Spektakel. Unter anderem erlebte ich einen Sandsturm, der in einem Umkreis von einer Viertelmeile alles verdunkelte.

Ich lege Dir ein paar Tonscherben bei.

Wahrscheinlich hältst Du mich für geschwätzig, doch ich habe Dir nicht mal die Hälfte von dem erzählt, was ich hier erlebe. Ich fühle mich in diesem Land ganz zu Hause. Nur ein treuer Freund fehlt mir, mit dem ich Freud und Leid teilen kann, und gute Musik, aber auch in der Stadt hört man ja nicht allzu oft gute Musik.

Schreib mir ausführlich und kritisiere meinen Namen, soviel Du willst.

Dein Freund
Lan

San Juan River, Utah, 21. März

Liebe Familie,
heute haben wir den Einundzwanzigsten, doch ich bekam erst jetzt Eure Briefe vom 9. und 10. März, die Ihr offenbar vor Erhalt meines dritten Briefs geschrieben habt. Es stimmt, daß die Wege zu den Briefkästen weit sind. Ich bin praktisch am abgelegensten Ort Amerikas, der nächste Briefkasten ist 45 Meilen entfernt in Kayenta; das liegt 250 Meilen von der nächsten Stadt, Flagstaff, entfernt. Dazwischen gibt es nur Handelsstationen. Hier in Utah ist die nächste Stadt 100 Meilen entfernt. Die Post wird nur einmal die Woche von Kayenta ausgeliefert.

Euren Plan, mich hier mit Dorinda [dem Auto der Familie Ruess] aufzuspüren, halte ich für unsinnig. Der Wagen würde im Sand versinken, auf den Steinen so durchgeschüttelt werden, daß er in Stücke bricht, und in den Flußläufen steckenbleiben, er würde über die Felsplatten rutschen, oder meilenweit von einer Tankstelle entfernt würde das Benzin ausgehen. Es gibt allerdings eine Straße zum Camp, ich habe geholfen, sie anzulegen. Doch persönlich ziehe ich einen Saumpfad und einen Esel vor.

Everett, mein Esel, hat Gewicht zugelegt und ist nun etwas lebhafter und folgsamer. Als ich ihn zum ersten Mal beladen hatte, trottete er eine Meile lang dahin, doch dann legte er sich mitten auf den Weg. Aber ich glaube, das hat er sich nun abgewöhnt. Wenn man ihn gut behandelt, ist er ein richtig lustiger Geselle mit seinem weißen Maul und seinen strubbligen Ohren. Hin und wieder schnaubt er und schüttelt den Kopf, und dann wackeln seine Ohren hin und her. Er dreht und stellt seine Ohren auch einzeln auf. Am Anfang wußte ich nicht, was ich mit ihm anstellen sollte, doch nun kann ich wohl zwanzig Meilen am Tag aus ihm herausholen.

Nicht nur Waldo ging am Sonntag nachmittag schwimmen. Auch ich planschte mit ein paar jungen Leuten vom Camp ausgelassen im San Juan River.

Nun werde ich Euch mal beschreiben, wo ich seit einer Woche bin und wie ich hierherkam. Am Tag, nachdem ich Euch den letzten Brief schrieb, machte ich mich auf den Weg ins Monument Valley, wo ich zwei Tage blieb; ich malte, las, kochte. Die Kojoten heulten nachts in meiner Nähe, und der Esel machte lange Wanderungen.

Am nächsten Tag ging ich in ein paar Seitencanyons, in denen es Felswohnungen gibt. Doch nach kurzer Zeit rutschte die Ladung vom Sattel. Ich verzurrte sie besser und stapfte weiter, bis ich am Spätnachmittag zum Fuß eines großen Canyons kam. Ein Sturm kam auf, der Esel setzte sich hin. Dann erreichte ich einen Gumpen, in dem ich Wasser erwartet hatte, aber er war völlig ausgetrocknet. Ich ging immer weiter in die Schlucht hinein, fast bis ans Ende, wo ich an eine düstere Stelle kam, die nicht von der Sonne erhellt wurde. Dort wollte der Esel nicht weitergehen. Ich lud das Gepäck ab und ging über ein paar kleine Erhebungen bis ans Ende der engen Schlucht, wo zu beiden Seiten steile Felswände aufragten. Dort hinten war ein keilförmiger Tümpel mit schlammigem Wasser und grünem Schaum. In der Nacht fielen vier Zoll Schnee. Zwei Tage später kam ich wieder an den Pfad zurück und war froh, den Gloom Canyon hinter mir zu lassen. Nach einer kurzen Wanderung sah ich ein paar solide gebaute Felssiedlungen; in der Nähe schlug ich mein Lager auf. Ich fand schöne Tonscherben mit unterschiedlichen Mustern. Beim Malen stellte sich mir ein neues Problem: die Wasserfarben froren. Am nächsten Tag verließ ich das Monument Valley, nachdem ich noch ein paar weitere Ruinen besichtigt hatte, und machte mich auf den Weg zur Handelsstation von Oljeto, was »Mondschein auf dem Wasser« bedeutet. Alle Siedlungen, die ich besichtigt habe, waren schon erforscht worden.

Nach Sonnenuntergang ging ich weiter, ich wollte zu einem alten Hogan der Navajo, von dem ich gehört hatte. Ich band den Esel an einen Baum und lief in der Dunkelheit in den Sandhügeln herum, bis ich den Hogan fand. Dann konnte ich den Esel nicht mehr finden! Und als ich Everett schließlich wiedergefunden hatte, fand ich den Hogan nicht mehr. Nach zwei weiteren Suchaktionen nach Hogan und Esel schlug ich mein Lager auf. Ein Funke brannte ein Loch in meinen Rucksack. Und irgendwie kam mir auch mein Messer abhanden.

Am nächsten Tag erreichte ich Oljeto, von dort aus wanderte ich zwei Tage bis zum Camp am San Juan River, wo ich eine Gelegenheitsarbeit zu finden hoffte. Fünf Männer und ein paar Navajo arbeiteten an der Straße. Ein paar Bergarbeiter bereiten sich hier vor, aber die ganze Sache geht ziemlich langsam vonstatten. Ich glaube nicht, daß ich hier Arbeit bekomme, aber inzwischen habe ich mir ja so oft meinen Schlafplatz verdient, ich habe kochen gelernt und viele wichtige Erfahrungen gesammelt. Ich habe Steinmauern gebaut, Holz gesägt und gehackt, Straßen freigeschaufelt, Rohre über Flüsse getragen, Geschirr gespült und abgetrocknet, Wasser geholt, Esel geritten, gemalt, bin gewandert und habe von Leuten aus der guten alten Zeit Ratschläge bekommen. [John] Wetherill ist endlos durch die Canyons gewandert und ist berühmt dafür, er hat die Rainbow Bridge und Mesa Verde entdeckt.[3] Hier im Camp sind zwei dicke Männer, die ganz schön ins Schwitzen kommen, und ein junger Bursche namens Shelby McKauley, aber wir nennen ihn Mack. Die Dicken heißen Johnny und Austin. Insgesamt ist es ein nettes, interessantes Grüppchen, drei davon sind nicht viel älter als ich.

Ich muß jetzt Schluß machen und einem Fahrer den Brief mitgeben. Hoffentlich ist er nicht schon weg!

Ein schöner Gedanke – die brennende Kerze.

Mehr in Kürze.

Viele Grüße
Euer Lan

Kayenta, Arizona, 2. April

Liebe Familie,
mein Hogan ist aus Baumstämmen gebaut und mit rotem Lehm überzogen; es sieht aus wie ein Bienenkorb. Der Wind bläst so stark, daß Staub und Sand durch die Ritzen dringen und sich in den Ecken sammeln. Oben im Dach ist ein viereckiges Loch, der Rauchabzug. Mein Bett steht gegenüber der Tür, auf einer Seite habe ich Feuerholz gestapelt, auf der anderen Seite meine Lebensmittel und meine Ausrüstung. In der Mitte ist die Feuerstelle, wo ich gerade einen Topf Bohnen koche. Der Hogan steht auf einer Kuppe oberhalb von Kayenta, und ich wohne nun schon drei Tage hier.

Ich muß meinen Bericht mit dem 22. März beginnen, ein Tag nach meinem letzten Brief an Euch. Ich war damals am San Juan River. Früh am Morgen wusch ich meine Wäsche und schwamm ausgiebig im Fluß, der kalt und schlammig war. Ich las in »Der Tanz des Lebens« das Kapitel »Die Kunst der Moral«. Zwei der Jungs im Camp versuchten am Abend mit dem alten Trick, mich hinterrücks einzufangen, doch ich konnte sie austricksen.

Am Montag überquerte ich den Fluß und wanderte auf der anderen Seite an einem schönen klaren Bach entlang. Unter einer Baumwollpappel mit jungem knospenden Laub aß ich zu Mittag und verfolgte im Bach das Spiel der Sonnenstrahlen, die durch Wasserbläschen gebrochen wurden und sich auf dem Grund wie Sterne widerspiegelten. Ein Wasserkäfer jagte Elritzen.

Mr. Wetherill hat für mich eine Karte der Felsensiedlungen gezeichnet, die ich besichtigen will.

Nachdem keine Aussicht auf einen Job bestand, machte ich mich wieder marschbereit. Am Mittwoch hatte es die ganze Nacht und auch einen Großteil des Tages geregnet. Wir packten alle mit an, um einen Kamin im Haus zu bauen, und verputzten die Wände mit Schlamm. Ich habe mir den Finger gebrochen, als ich eine große Steinplatte trug. Am Abend saßen wir um den Kamin herum und hatten viel Spaß.

Am Donnerstag morgen backte ich Pfannkuchen auf einem flachen Stein, belud den Esel und machte mich auf den Weg. Um ein paar Meilen abzukürzen, nahm ich einen steilen Pfad durch die Schlucht. Kaum zu glauben, daß irgendein Wesen außer einer Ziege diesen Aufstieg meistern kann, aber vor mir und meinem Esel hatten es schon andere Packtiere versucht. Die Ladung rutschte zweimal ab, der Esel sprang über große Felsblöcke und rutschte hinunter ins Tal. Auf der anderen Seite kamen wir an ein drei Fuß hohes Sims, und ich konnte ihn nicht zum Weitergehen bewegen, so sehr ich es auch versuchte. Also lud ich ab, trug die Ladung hinauf und belud ihn oben wieder.

In allen Richtungen zeigten sich wunderschöne Farben, aber es zogen Wolken auf, und es wehte ein rauher Wind, der ein paar Schneeflocken mit sich trug. Am Copper Creek schlug ich früh mein Lager auf und kochte zum Abendessen »Gefleckten Hund« (Reis mit Rosinen).

Am nächsten Morgen stellte ich beim Packen fest, daß von meinen Wasserfarben zwei Riegel Schwarz und ein Riegel Zinnoberrot zerbröckelt waren und die Körnchen an allen anderen Farben klebten. Drei Navajo zu Pferd hielten an meiner Feuerstelle und sahen mir beim Packen zu.

Bald kam ich an eine Biegung des Canyon, von dort aus konnte ich die Wüste und den nahen Organ Rock sehen. Ich suchte vergeblich nach einer Abkürzung. Man kommt hier nicht geradewegs zum Ziel, denn man muß viele Schluchten durchqueren.

Am Nachmittag hatte ich Blick auf die schneebedeckten Berge im Norden, später sah ich auch El Capitan, diese eindrucksvolle, zerklüftete Zinne in der Nähe von Kayenta.

Am Abend kam ich in den Schatten eines Bergs und verließ ihn erst kurz vor Sonnenuntergang wieder. Im Abendrot wanderte ich noch eine halbe Stunde weiter und schlug dann mein Lager auf, während die Kojoten heulten. Kurz darauf kam ein indianischer Schafhirte, der ganz unheimlich johlte und sang. Im benachbarten Canyon war ein Hogan; seine Bewohner feierten, weil sie genug zu essen hatten und weil es ihnen allgemein ganz gut ging. Ein Indianer schrie lauthals erst in die eine, dann in die andere Richtung, es war halb ein Bellen, halb ein Singen, und man konnte fast meinen, seine Stimme würde überschnappen.

Am nächsten Morgen kam ein gebildeter Indianer vorbei, und wir plauderten eine Weile am Feuer. Das war am 28. März, meinem 17. Geburtstag. In Oljeto mußte ich feststellen, daß außer einem Päckchen meine gesamte Post nach San Juan geschickt worden war. Das Päckchen machte ich beim Mittagessen auf. Ein tolles Geburtstagsfest!

Nach dem Essen trottete ich mit meinem treuen Esel glücklich weiter durch Schatten und Sonne. Ich fand eine zerbrochene Pfeilspitze am Weg. Beim Wandern dichtete ich ein Lied über das Risiko und eines über das Leben an sich.

Am nächsten Morgen lagen ein paar Zoll Schnee, und es schneite immer noch. Am Vormittag erreichte ich El Capitan, diesen mächtigen Felsen – ein Orientierungspunkt in der Landschaft. Je länger ich ihn betrachtete, desto besser gefiel er mir. Wenn ich reich wäre, würde ich dort oben ein Schloß bauen.

Ich schlug mein Lager früh in einem verlassenen Hogan auf und aß Zwieback und Soße, dann stieg ich auf einen Hügel und betrachtete den Sonnenuntergang.

Am Montag, den 30. März, überquerte ich den Fluß und kam nach Kayenta. Mein Esel mag kein Wasser und scheut immer, wenn er seine Hufe in einen Bach setzen muß. In Kayenta wartete Eure Geburtstagskarte und das Geld. Mit Mutters Dollar erstand ich ein glänzendes grünes Seidentuch, vom Rest kaufte ich Lebensmittel und Ausrüstungsgegenstände. Hier kostet alles doppelt, ja manchmal dreimal soviel wie in der Stadt.

Den Esel nenne ich Everett, um mich an den Menschen zu erinnern, der ich einmal gewesen bin. Ich versuche, ihm nicht zu widersprechen, denn mit seinen achtzehn Jahren ist er älter als ich. Doch er ist immer noch lebhaft und kann ganz schön ausschlagen, wenn er will. Mit seinem schwarzen Fell, dem weißen Maul und den weißen Brauen sieht er so würdevoll aus wie ein Puritaner. Ich habe ihn schon ein paarmal gemalt. In der Abendsonne, wenn die Strahlen ganz flach einfallen, schimmert sein Fell manchmal schokoladenbraun, doch meistens ist es schwarz.

Ich habe nichts gemalt, aus dem sich ein guter Holzschnitt herstellen ließe, aber ich nehme es mir vor. Wenn ich Gelegenheit habe, möchte ich auch ein paar Ölbilder malen.

Ich konnte den Hogan nicht verlassen und malen gehen, weil die Navajo meine Sachen gestohlen hätten. Sie halten sich für gerissen, wenn sie andere Leute bestehlen, und lachen nur, wenn sie erwischt werden. Meinen gebrochenen Finger habe ich verarztet, und in ein paar Wochen werde ich ihn wieder gebrauchen können wie früher, doch nun hindert er mich beim Schreiben.

Ich mache nun, Freitag, Schluß, damit die Post noch mitgeht. In der letzten Nacht froren die Wasserpfützen ein.

Auf meinen Brief vom 1. März habe ich bis jetzt noch keine Antwort bekommen. Ich schreibe Euch noch mehr Briefe, schicke sie aber erst mit der nächsten Post. In der Nähe von Betatakin und Keet Seel will ich ein paar interessante Canyons erkunden. Nach Mr. Nurimbergers Schilderungen ist es eine ungewöhnlich malerische Gegend mit klarem Quellwasser, Bäumen, Wiesen und Schluchten. Sie liegt sehr abgelegen, und kaum ein Indianer verirrt sich je dorthin. Kann sein, daß ich einen Monat lang alleine bin.

Grüße an alle
Lan

Kayenta, Arizona, 16. April

Lieber Bill,

auf meinen letzten Brief habe ich noch keine Antwort erhalten, ich vermute, daß sie bei der Postauslieferung dabei ist, die im südlichen Utah liegengeblieben ist. Gestern kam ich aus dem Land der Tsegi, wo ich die berühmten Ruinen von Betatakin und Keet Seel besichtigte. Kein Mensch war in diesem Tal, nicht einmal ein Indianer, obwohl ich dort Sachen der Navajo entdeckte. Irgendwann kamen drei College-Schüler und wollten Betatakin anschauen; diese Ruine ist leichter zugänglich.

Everett und ich mußten immer wieder über ziemlich beschwerliche Wege gehen. Einmal steckten wir im Treibsand fest, und ich mußte alles daransetzen, Everett herauszuziehen. Meine Schuhe blieben im Schlamm stecken. Ein anderes Mal, als wir über einen schmalen, spitzen Grat gingen, brach der Boden weg, und Everett rutschte 25 Fuß ab, dabei verlor er jedoch nicht einmal die Ladung. Everett hat mein Taschentuch gefressen – und da ich mein Handtuch nicht mehr finden kann, nehme ich an, daß es denselben Weg genommen hat. Heute morgen schrie er zum ersten Mal, seit ich ihn habe. Ein Hund biß ihm immer wieder in die Fessel, Everett schlug aus, traf ihn aber nicht; dann schüttelte er verdutzt den Kopf, sah mich mit jämmerlichem Blick an und stieß einen langgezogenen Schrei aus, der aus den tiefsten Urgründen zu kommen schien. Everett ist ein Jahr älter als ich (der ich gerade siebzehn geworden bin), und ist ein ehrwürdiger, alter Esel.

Tiere sah ich bis jetzt noch nicht sehr viele – Krähen, Raben, Bussarde, Uhus, Blauhäher, Drosseln, Zaunkönige, Goldspechte, Rotkehlchen, Kolibris, Königsvögel, Eselhasen, Kaninchen, Präriehunde, Streifenhörnchen, ein großes Stachelschwein, Eidechsen, Tausendfüßler, ein fünf Zoll großer Skorpion, eine Milchschlange, Pillendreher, Spinnen, Ameisen, Kaulquappen, Frösche und ähnliches.

Was die Kunst angeht, war ich nicht sehr produktiv, ich habe nur ein Dutzend Bilder, die es aufzubewahren lohnt. Trotzdem halte ich sie für das Beste, was ich jemals gemalt habe; die Farbe ist viel klarer.

Irgendwie habe ich gerade gar keine Lust, zu schreiben oder mich zu unterhalten. Beides scheint mir überflüssig. Wenn Du hier wärst, würdest Du das verstehen; vieles kann man nicht in Worte fassen. Und wenn ich bei Dir wäre – aber das ist undenkbar ... Zwischen uns liegt der Raum und die Zeit. Ich bin nicht mehr der Junge, der vor ein paar Monaten Hollywood verließ. Ich habe mich sehr verändert, und ich bin reifer geworden.

Vielleicht findest Du diesen Brief launisch und widersprüchlich. Denk an das Sprichwort: »Besser allein als in schlechter Gemein«. Die Gedanken schwirren mir durch den Kopf. In ein paar Stunden bin ich wahrscheinlich schon wieder in einer anderen Stimmung, und der nächste Brief wird ganz anders klingen. Wenn Du bald schreibst, kann ich vielleicht noch antworten, bevor ich weiterziehe. Ich weiß noch nicht, wohin ich gehe, aber ich werde ein Weile lang nur wandern und nirgendwo bleiben.

Hoffentlich erzählst Du mir in Deinem nächsten Brief nicht, daß Du immer noch das gleiche, öde Leben führst.

Dein fröhlicher
Lan

18. April

Lieber Bill,
mein Leben nimmt einen wunderbaren Gang. Die Zeit fern von der Stadt war wohl die glücklichste in meinem Leben. Wie ein schöner Traum; manchmal ruhig, manchmal fast unwirklich, und es gab immer genügend Leid und Qual, um die schönen Momente danach richtig zu genießen. Aber auch das Leid war fast unwirklich. Mein Traum war voll warmer und kalter, aber vollkommener Farben, und wäh-

rend ich hinter meinem Esel hertrottete, konnte ich mich an der Schönheit erfreuen. Eine Liebe für alles und jeden ist in mir gewachsen, die nur in meinen Bildern ihren Ausdruck findet.

Musik war in meinem Herzen und Poesie in meinen Gedanken. Alleine, in der offenen Wildnis, habe ich Lieder voll wilder, ergreifender Freude und Melancholie geschrieben. Die Welt erschien mir schöner als je zuvor. Ich liebe die roten Felsen, die knorrigen Bäume, den roten Sand, den der Wind mit sich führt, die langsam dahinziehenden Wolken, die in der Sonne schimmern, den Mondschein auf meinem Lager. Ich war eins mit der Welt. Ich war so froh, unterwegs zu sein, umherzuziehen. Tief im Inneren fühlte ich eine große Erhabenheit, ich schaute in die Glut meines Lagerfeuers und sah weit durch sie hindurch. Meine Arbeit macht mich glücklich, meine Existenz macht mich jubeln. Ich genieße das Leben.

Doch abgesehen von dem laut schreienden Götzen, dem schnöden Mammon, gibt es noch einen Makel – die Kunst braucht ein Publikum, sonst stirbt sie, wie auch die Welt aufhört zu existieren, wenn niemand da ist, der sie betrachtet. Ich hatte so viele erhebende Erlebnisse, die ich mit einem anderen Menschen wohl kaum gehabt hätte, aber es gab auch Situationen, die durch die Anwesenheit eines verständnisvollen und aufmerksamen Freundes vielleicht doppelt so schön gewesen wären. In diesem ganzen Land traf ich nur einen einigermaßen intelligenten Mann, doch er ist durch und durch sarkastisch, und ich lernte nur eine gastfreundliche Familie kennen, doch mit der Vertrautheit kam auch die Verachtung. Aus diesem Grund und auch wegen der zerstörerischen Wirkung von Geld habe ich den Kontakt zu den Menschen abgebrochen und will ganz für mich allein sein. Trotzdem sind die Menschen voneinander abhängig, und oft fehlt mir ein richtiger Freund. Das ist alles. Das kannst Du verstehen, wie Du willst.

Und so ziehe ich mit meinem Esel – und mit einem kleinen Hund, wenn ich einen finde – weiter und weiter, bis wir früher oder später einmal am Horizont ankommen.

Dein *alter ego*
Lan

19. April

Lieber Waldo,
in den drei Päckchen, die ich Dir schicke, sind unter anderem eine antike schwarzweiße Indianerschüssel, eine neue schwarze Schüssel der Pueblo-Indianer, ein wertvolles Schmuckstück aus Perlmutt, das ich in Keet Seel fand, ein Stück eines menschlichen Kieferknochens mit Zähnen, ein paar Maiskörner, die mehr als 1200 Jahre alt sind, und viele Tonscherben.

Doch nun die Neuigkeiten: Meine Familie ist auf drei Mitglieder angewachsen. Das neue Mitglied verfolgt gerade eine Ameise, die über den Boden des Hogans wuselt, und will wohl herausfinden, was es mit diesem Insekt auf sich hat. Jetzt nagt er knurrend an einem Seil, als wäre es ein wildes Tier, das ihn angreift. Es ist ein tapsiger Welpe mit flaumigem weißen Fell und graubraunen Flecken am Kopf und am Hinterteil. Er hat blaue Augen und eine kurze Schnauze. Ich habe ihn gestern nacht gefunden, er war verlassen und winselte um Hilfe. Als ich ihn im Dunkeln streichelte, lud sich sein Fell so auf, daß die Funken sprühten.

Ich habe mich noch nicht für einen Namen entschieden, aber wegen seines gerollten Schwanzes nenne ich ihn vielleicht Curly. Wenn er groß genug ist, werde ich ihm beibringen, hinter dem Esel zu gehen, ihn von Zeit zu Zeit in die Fessel zu beißen und anzutreiben.

Es macht Spaß zuzusehen, wie er schnüffelt und buddelt und die Welt inspiziert. In ein paar Tagen will ich weiterziehen. Wenn ich in zehn Tagen wieder nach Kayenta komme, hole ich die Post ab und mache mich auf den Weg zum

Canyon de Chelly. Zurück wandere ich durch die Hopi-Reservation zum Grand Canyon, dann nach Norden nach Kaibab und Zion.

Zu dumm, daß Du keine gute Arbeitsstelle gefunden hast! Bestimmt sind Deine 40 Dollar schon lange weg. Aber Du wirst das Leben trotzdem genießen, auch wenn Du es nicht voll ausschöpfst. In Anbetracht dessen, was manche Menschen schon in jungen Jahren vollbringen, scheint unsere Jugend vergeudet zu sein. Nun, es ist eben das Schicksal des Menschen, unvollkommen und unzufrieden zu sein. Bei meiner Wanderung durch Arizona traf ich keinen Menschen, den ich um sein Leben beneidet hätte. Ich fühle mich hier viel freier und bin glücklicher als in der Stadt, was nicht allein der Umgebung zuzuschreiben ist, sondern meiner veränderten Einstellung.

Meine kleine Familie ist jetzt ganz friedlich. Der Welpe döst, der Esel grast in der Nähe im Beifuß. Die Luft ist klar, Schäfchenwolken ziehen über den Himmel, kein Laut ist zu hören außer dem Kratzen meines Stifts. Ich hoffe, zu Hause ist nichts Schlimmes passiert, und ich hoffe auch, daß Du Dich nicht allzu sehr von den blöden Umständen verdrießen läßt, die das Leben Dir beschert hat.

Viele Grüße von
Lan

Kayenta, Arizona, 2. Mai

Bill, Du alter Hypochonder!
Endlich habe ich einen Hund! Es ist ein wenige Wochen alter Welpe eines Navajo-Hundes. Ich fand ihn eines Nachts vor ein paar Wochen – ein weißer Pelzball mit blauen Augen und je einem mausgrauen Fleck am Kopf und am Hinterteil. Wegen seines Schwanzes habe ich ihn Curly getauft.

Eine junge Navajo-Squaw versuchte, ihn zu entführen. Sie nahm einfach den winselnden Hund und lief weg.

Ich wollte sie zurückhalten und packte sie an den beiden Perlenschnüren, doch sie blieb nicht stehen, und die Ketten rissen. Selbst dann mußte ich noch weiter handgreiflich werden und ihr die Finger aufstemmen, damit sie Curly losließ.

Vor ein paar Tagen half ich einem Rancher, ein Kalb zu schlachten, dafür gab er mir das Leder. Ich habe eine Reitpeitsche daraus geflochten, um den Esel anzutreiben.

Du fragst, warum ich keine Hirsche jage. Es gibt keine – das ist der Hauptgrund. Die Hirsche sind hier schon lange ausgerottet, überall im Land der Indianer ist das Wild inzwischen rar. Außerdem gibt es nicht viel Wasser für die Tiere.

Heute morgen wollte ich zum Canyon de Chelly aufbrechen, doch ich schlief lange und schrieb dann stundenlang Briefe, und jetzt schreibe ich Dir. Ich nehme mir immer Zeit für die Briefe. Jetzt regnet es, wie so oft in den vergangenen zwei Wochen.

Hast Du, wie versprochen, Deine Badewanne und die Dusche schadenfroh genossen? Ich beneide Dich nicht. Hautärzte behaupten, ein heißes Bad sei schlecht für die Haut. Ich jedenfalls finde das Waschen belebender, wenn ich draußen im Wind und in der Sonne schwimmen, baden und herumplanschen kann. Das letzte Bad nahm ich auf einem Felsen in einer Gumpe, die ein Yard im Durchmesser hatte und drei Zoll tief war. Ich wollte mich mit Yucca abreiben, doch das war keine gute Idee.

Ich habe wieder meinen Namen gewechselt, nenne mich jetzt Evert Rulan. Die Leute, die ich kennenlernte, fanden meinen alten Namen verrückt und so affektiert französisch. Es ist gar nicht einfach, einen Namen zu finden. Jedenfalls kann man Evert Rulan leicht aussprechen und buchstabieren, er ist ziemlich unverwechselbar und leicht zu merken. Den Esel habe ich natürlich auch umgetauft, ich habe mich für »Pegasus« entschieden.

Schreib mir vorerst nicht oder warte mit dem Abschikken, bis Du wieder von mir hörst, weil ich von nun an unterwegs sein werde und mir die Post von Kayenta aus nicht nachgesandt werden kann.

Dein Freund aus alten Zeiten
Evert

2. Mai

Lieber Waldo,
Dein letzter Brief war wunderbar, in jedem Wort klang Deine Persönlichkeit durch. Ich finde, Du hast eine bessere Stelle verdient als die, die Du gegenwärtig hast. Manche Leute vertreten ja die Meinung, daß jede notwendige Arbeit ehrbar und schön sei, weil sie eben getan werden muß, doch mit dieser Einstellung kann ich nichts anfangen. Ich jedenfalls brauche Deine Arbeit nicht, ich bleibe auch ohne »Fleischmanns Hefe« gesund und nehme sie auch nicht für Bier und Brot, weil ich weder das eine noch das andere verzehre. Ich vermute, Onkel Alfred und seine Familie konsumieren das Zeug auch nicht.

Ich für meinen Teil laufe lieber den ganzen Tag hinter dem Esel her, als zwei Stunden in einem Auto zu sitzen. Wie sehen Deine Zukunftspläne aus? Siehst Du Dich nach einem besseren Job um? Oder schenkst Du Deinen eigenen Bedürfnissen keine Beachtung und überläßt Dein Leben dem Zufall? Beides ist nicht verwerflich, aber ich weiß, daß Du Dir kaum vorstellen kannst, in zehn Jahren immer noch dieselbe Arbeit zu machen.

Irgendwie bin ich froh, daß ich nicht zu Hause bin; das Leben in der Zivilisation zwingt einen, immer und überall nur ans Geld zu denken. Mit ausreichenden Vorräten kann ich den verfluchten Zaster – oder die heilige Penunze – tage-, ja wochenlang vergessen.

Deine Rüge in bezug auf die Beschaffung von Ausrüstungsgegenständen für mich war berechtigt – vergiß aber nicht, daß ich nicht um Geld gebeten habe und daß ich die

Sachen brauche, sie hier aber nicht bekommen kann. Bürste, Schuhe, Kleider, Tagebuch, Glocke, Packsattel, Papier, Teller und vieles andere brauchte ich dringend. Ich habe schon viele Versuche unternommen, Arbeit zu finden, doch die Zeiten sind hier genauso schlecht wie anderswo, und im Land der Indianer muß die Regierung alle verfügbaren Arbeitsstellen den Indianern zuteilen. Trotzdem denke ich, daß ich in naher Zukunft irgendwie zu Geld kommen werde. Ich will meinen eigenen Weg gehen. Jeder Tag, den ich mit stumpfsinniger Arbeit zubringen muß, ist für mich ein vergeudeter Tag. Wir scheinen beide etwas schüchtern zu sein, offenbar sind wir nicht in der Lage oder willens, uns selbst zu »verkaufen«.

Abgesehen von glücklichen oder unglücklichen Zufällen, mit denen ich immer rechnen muß und die mich da und dort zu Änderungen zwingen, ist mein Leben in groben Zügen durchgeplant. Nach dem Grand Canyon, Kaibab und Zion will ich für den Winter in den Süden gehen. Vielleicht mache ich halt in Mesa, wo ein Freund von mir Verwandte hat. Nach einem Arbeitsaufenthalt im Kaktusland des südlichen Arizona will ich wieder Richtung Norden durch New Mexico, den Rocky Mountains National Park und den Yellowstone nach Glacier wandern. Aber das ist natürlich noch Zukunftsmusik. Auf jeden Fall will ich ein, zwei Jahre draußen leben und malen. Vielleicht habe ich dann wieder den Wunsch, in die Stadt zu ziehen und meine alten Freunde wiederzusehen, sofern es sie noch gibt. Aber dazu müßten sich die Dinge unbedingt zum Besseren wenden, und ich müßte genügend Mittel haben, um in größerem Stil malen zu können. Ich brauche ein Atelier oder ein großes Zimmer für mich allein, wo ich Ölbilder und Aquarelle machen, meine früheren Arbeiten verbessern und auf dieser Grundlage neue und bessere Bilder malen kann. Ich will es in der Kunst zu etwas bringen. Wenn ich eine große Sammlung von Bildern habe, die ich so gut wie nur möglich gemalt habe, werde ich den schändlichen Versuch unternehmen, sie auszustellen und zu verkaufen. Wenn das nicht hinhaut, dann verschenke ich die Bilder an Freunde, denen sie gefallen.

Dann will ich ein ganz zivilisiertes Leben führen, möchte eine Menge gute Musik hören, neue Bücher lesen und Umgang mit Menschen pflegen. Ich will neue Freunde finden, die es wert sind, daß man sich mit ihnen abgibt, will weiterhin malen und vielleicht auch schreiben.

Wenn ich dann eine Weile ein intensives Leben in der Stadt (nicht Hollywood) geführt habe, will ich ins Ausland gehen. Europa interessiert mich allerdings nicht, weil es viel zu dicht besiedelt ist; eher irgendein abgelegener Ort in der Südsee. Australien reizt mich im Moment nicht besonders. Alaska ist zu kalt, und Mexiko ist wie fast ganz Südamerika größtenteils Ödland. Ecuador interessiert mich, mit den schneebedeckten Vulkanen, dem Dschungel und der abwechslungsreichen Landschaft. Wie ich dort hinkommen und wie ich dort leben werde, wird sich noch herausstellen.

Ich möchte mein kurzes Leben mit interessanten Erlebnissen und schöpferischer Arbeit füllen. Philosophische und ästhetische Betrachtungen reichen da nicht aus. Ich habe vor, alles zu unternehmen, um meinen Erfahrungshorizont zu erweitern und meine Persönlichkeit aufs vollste zu entwickeln. Wenn ich das erreicht habe und bevor mich der körperliche Verfall einholt, möchte ich noch einmal einen letzten Trip in die Wildnis unternehmen und einen Ort aufsuchen, den ich kenne und liebe, und dort werde ich bleiben.

Viele Grüße von Deinem Bruder
Evert

Chin Lee [heute Chinle], Arizona, 10. Mai

Lieber Vater, liebe Mutter, lieber Waldo,
ich habe einen Kanon gedichtet, habe aber niemanden, mit dem ich singen kann:

Stups, stups, stupse deinen Esel
In sein Hinterteil,
Kriecht, kriecht, kriecht er doch so langsam
Wie ein Schneckelein.

Viele Grüße
Evert

Chin Lee, Arizona, 10. Mai

Lieber Bill,
da ich vermute, daß Du seit Deinem letzten Brief doch noch nicht Professor für Seelenwanderung geworden bist, greife ich zum Stift, um Dir wieder einmal meine Gedanken, meine Sehnsüchte und meinen Verdruß mitzuteilen.

Für die etwa 80 Meilen von Kayenta nach Chin Lee brauchte ich vier Tage. An einem Tag ging ich ganze 25 Meilen, doch am Nachmittag hat Pegasus [Everetts Esel] seine Schwingen gefaltet und ist nur noch sehr langsam vorangetrottet.

Am ersten Tag kamen zwischen zwei Schauern gleichzeitig zwei Regenbögen hervor. Ich betrachtete sie lange. Drei Tage lang sah der Himmel wundervoll aus mit den Wolken, dem Regen, dem Blitz. Der Donner grollte.

Ich traf einen jungen, sehr intelligenten Engländer, der mit dem Auto haltmachte und sich während des Regens eine Weile mit mir unterhielt. Er ist Cambridge-Absolvent und war auch schon in Kalifornien. Er will nach London und weiter in den Orient, wo er als Geologe arbeiten will, doch er nimmt nur eine Stelle an, wenn er sechs Monate im Jahr Zeit für seine Erkundungen hat. Er war schon zweimal in der Arktis, mag gute Literatur und Lyrik.

Curly, mein kleiner Hund, reitet die meiste Zeit auf der Ladung, weil er so schnell müde wird.

In Chin Lee traf ich ein paar sehr interessante und sehr großzügige Leute. Auch hier sind die Zeiten so schlecht wie überall, und ich konnte keine Arbeit finden. Die Indianer sind hier nicht sehr nett. Als ich heute morgen nach dem Esel sah, mußte ich feststellen, daß die Glocke und das Seil (von seinem Hals) gestohlen worden waren. Offensichtlich haben sie Peg auch mißhandelt, seine Läufe sind ganz aufgeschürft. Er stand hinter einem kleinen Hügel. Erfahrene Händler sagen, daß die Navajo so lange deine Freunde sind, wie du dich ihnen gegenüber freigiebig zeigst. Kein Indianer wäre in die Kirche gegangen, wenn die Missionare ihnen nicht Essen und Kleidung gegeben hätten. Die Missionare sind ein neugieriger, überflüssiger Haufen, sie quasseln und machen nur Ärger, egal, wie hehr ihre Absichten sind.

Die Navajo helfen sich gegenseitig nicht. Wenn ein Indianer eine Pferdeherde in den Korall treiben will und die Tiere entwischen und rennen an einem anderen Indianer vorbei, dann wird der nur lachen und keinen Finger rühren. Sobald ein Navajo hilflos und schwach ist, wollen die anderen nichts mehr mit ihm zu tun haben. Die Regierung unterstützte diese Leute früher mit wöchentlichen Lebensmittelrationen, doch die Zeiten sind hart, und nun bekommen sie nur noch einmal im Monat Proviant. Die Folge davon ist, daß die alten Indianer nun die Weißen anbetteln. Ich habe selbst gesehen, wie eine Frau ihren Mantel auszog und ihn einer alten Squaw gab.

Morgen will ich mich auf den Weg hinauf zum Canyon de Chelly und zum Canyon del Muerto machen. Nach allem, was ich gehört habe, und den Bildern nach zu urteilen, die ich gesehen habe, muß es dort phantastisch sein. Ich werde ungefähr zwei Wochen unterwegs sein und habe vor, meine Selbstbeherrschung einem Test zu unterziehen.

Ich freue mich auf den Grand Canyon.

Überall werden Leute umgebracht und überfahren, sie sterben und begehen Selbstmord. Vielleicht sind ja wir die nächsten. Schreib nach Chin Lee, sobald Du diesen Brief bekommst, damit Deine Antwort auf mich wartet, wenn ich von den Canyons zurückkomme. Wenn Du versuchst, meinen neuesten Namen zu verballhornen, indem Du falschgeschriebene Sirs und Esquires hinzufügst, wird Dein Beiname im nächsten Brief auch ziemlich leiden.

Gruß und Kuß

Immer Dein
Evert

PS:
Der Bergarbeiterhut sieht inzwischen abenteuerlich aus (er löst sich auf). Aber der Schlafsack ist immer noch ganz.

Wenn ich das Geld dazu hätte, würde ich das Gewehr nach Hause schicken, es ist nur eine unnötige Last für den Esel. Nur einmal habe ich es benutzt und ein Streifenhörnchen erlegt, das aber zu klein zum Essen war. Präriehunde würden einen ausreichend großen Braten abgeben, aber darauf verzichte ich gerne, wenn ich dafür nicht den ganzen Tag lang das Gewehr mit mir herumschleppen muß.

Dein Freund
Evert Rulan

Tad Nichols und Pat Jenks, zwei Teenager aus der Nähe von Flagstaff, sind mit ihrem Pickup-Truck auf dem Weg nach Hause, als sie einen Jungen mit Esel und Hund überholen – Everett mit Pegasus und Curly. Es ist ein heißer Junitag, und Everett schleppt sich sichtbar erschöpft neben seinem langsam trottenden Esel die Straße entlang. Pat und Tad halten an, um ihm etwas zu trinken anzubieten. Everett versteht die beiden jedoch zunächst falsch und denkt, sie hätten Durst. Ohne zu zögern greift er zu seinen Kanistern, um ihnen etwas von seinem wertvollen Trinkwasser anzubieten. Berührt von dieser Geste fragt Pat Everett, ob er für ein paar Tage bei ihm wohnen will, um sich zu erholen. Everett bleibt fast zwei Wochen bei Pat in den Bergen.

8. Juni

Lieber Vater, liebe Mutter, lieber Waldo,
diesen Brief schicke ich Euch aus der Nähe von Flagstaff – nicht vom Grand Canyon. Gestern mittag war ich am Little Colorado River und wollte nach Westen gehen, da überholten mich vor dem Pueblo Hotevilla zwei Jungs in einem kleinen Lastwagen, einem Ford; sie interessierten sich sehr dafür, was ich machte. Der eine wollte mich, den Esel und Curly mit zu seiner Ranch im Coconino Forest zwischen den Gipfeln der San Francisco Mountains nehmen. Ich war sehr überrascht und hielt den Plan für undurchführbar, doch er war überzeugt, daß es sich machen ließe.

Also bugsierten wir den Esel zu dritt mit einigen Manövern auf den Wagen und zurrten die Ladung auf dem Dach fest. Pegasus wankte und torkelte von einer Seite auf die andere, doch er konnte das Gleichgewicht halten. Wir fuhren durch die Wüste und durch die Wälder, immer hing der Schatten des Esels über uns. In der Dämmerung kamen wir bei ihrer Schule an, wo es fünf Lehrer und fünf Schüler gibt. Heute nachmittag gehe ich zur Ranch und bleibe eine Woche oder länger. Ich denke, ich kann dort gut malen und ein paar Holzschnitte machen. Der Berghang ist mit Espen bewachsen, es gibt reichlich Tiere. Einer der beiden Jungs, Randolph Jenks, interessiert sich für Ornithologie. Er will mein Bild von der Klippensiedlung kaufen, wenn er das Geld auftreiben kann. Ihr seht, es ergibt sich immer wieder etwas.

Am ersten Tag nach Chin Lee ging die Dose mit Erdnußbutter auf und das Zeug lief über die Papiere in meinem Gepäck. Wegen irreführender Schilder streifte ich ein paar Tage abseits des Wegs umher, aber die Landschaft war interessant. Jeden Tag oder alle zwei Tage fand ich Wasser. Der Pueblo Walpi war eine ziemliche Enttäuschung. Das Nebeneinander von alten Steinbauten und Zäunen aus alten Bettgestellen paßte einfach nicht.

Everett und Pat Jenks laden den Esel Pegasus auf den Lastwagen, Juni 1931

Ich wanderte auch durch Old Oraibi und Hotevilla. Hitze und Staub waren dort unerträglich. In der Nähe des Blue Canyon traf ich ein junges Paar; sie sagten, der Canyon sei ausgetrocknet, und gaben mir eine Gallone Wasser. Doch ich stellte fest, daß sie sich geirrt hatten; im Schatten einer Felsnische fand ich einen wunderbaren Swimmingpool mit kaltem, grünem Wasser unter hoch aufragenden Wänden. Die Gumpe war sehr tief. Auch Curly ging schwimmen. Ich war ganz erschrocken, als ich unter dem nassen Fell sah, wie dünn er ist. Die Hälfte seines Umfangs ist nur Fell. Den Hundekuchen hat er verschlungen. Jeder, der ihn kennenlernt, liebt ihn.

Am nächsten Tag sah ich eine phantastische Szene: den Tanz der Steppenläufer. Eine kleine Windhose nahm die Büschel mit und schleuderte sie in großen Kreisen herum. Sie segelten langsam zurück auf die Erde und hüpften wieder in die Höhe. So tanzten sie in irren Spiralen durch die Luft.

Am nächsten Tag kam ich durch das Dorf Moenkopi, auch eine Hopi-Siedlung. Die Felsen dort sind hellrot, und es gibt die schönsten Schwarzpappeln, die ich je gesehen habe. Ein Skorpion wollte zwischen meine Decken kriechen, aber ich konnte es noch rechtzeitig verhindern.

Die nächsten zwei Tage machte ich Pause an einem Bach und ließ den Esel ausruhen. Ein paar Indianer kamen auf einem Planwagen vorbei, der von sechs Pferden und Mulis gezogen wurde.

Die beiden nächsten Tage wanderte ich durch Painted Desert zum Little Colorado. Was dort passiert ist, wißt Ihr ja. Von Chin Lee war es eine Strecke von 170 Meilen.

Viele Grüße
Evert

Mitte Juni startet Everett von Pats Ranch aus in Richtung Grand Canyon, den er nach 300 Meilen Fußmarsch Ende Juni erreicht. Er bleibt fast einen Monat dort, erkundet die Seitentäler und steigt auf den Grund des Grand Canyons hinab.

Grand Canyon, 16. Juli

Lieber Vater,
Deine letzten beiden Briefe habe ich gelesen und das Paket ausgepackt. Ich wußte gar nicht, daß Motten auch Hundekuchen fressen – die haben eine schlimme Schweinerei gemacht. Wenn Du das Trockengemüse nicht schon gekauft hast, laß es! Es schmeckt nach nichts, egal, wie man es zubereitet.

Danke für die 6,50 Dollar, ich werde den Scheck bald einlösen.

Eine Woche lang war ich tief in der Schlucht. Einmal war es sogar über 140°F [60°C] heiß. Ich folgte undeutlichen Wegen und freute mich an der Erhabenheit der zerklüfteten Felsen und den prächtigen Sturzfluten des Colorado

Rivers. Dann band ich eines Abends dem Esel das Gepäck auf und stieg den langen, steilen Pfad wieder hinauf. Im Sternenlicht wanderte ich ein paar Stunden. Ein warmer Wind wehte durch den Seitencanyon und sang in den Pinyonkiefern. Über mir war der dunkelblaue Himmel, gesprenkelt mit Sternen, neben mit die Felsen, die die aufgestaute Hitze des Tages abstrahlten, unter mir der schwarze Abgrund, vor mir der Esel, der sich vorsichtig seinen Weg über den kaum erkennbaren Pfad suchte, hinter mir Curly, ein tanzender weißer Fleck.

Morgen breche ich in ein einsames Gebiet des Grand Canyons auf. Auf dem Rückweg werde ich wahrscheinlich über den North Rim wandern.

Mein Leben nimmt den Lauf, den ich mir wünsche. Ich habe zwei neue Freunde kennengelernt, mit denen ich anregende intellektuelle Gespräche führen und meinen geistigen Horizont erweitern konnte. Beides sind Männer von gutem Charakter. Ein Freund ist wirklich ein wundervoller Schatz.

Ich würde mir wünschen, daß Du meinen letzten Brief noch einmal liest und mir auf meine Fragen antwortest.

Eine Wolke ist vor die Sonne gezogen und taucht mein Lager in Schatten. Fetzen von Wacholderrinde flattern im Wind. Der Esel wälzt sich gerade auf dem Rücken und genießt sein Bad im Staub. Nun hat sich der Wind gelegt, kein Laut ist zu hören. In alle Richtungen dehnt sich der stille Wald aus.

Viele Grüße
Evert

Im August wandert Everett durch die Wälder des Kaibab-Plateaus zum Zion National Park. Dort erkrankt er schwer: Acht Tage lang liegt er mit schweren Hautreizungen in einem örtlichen Hospital, weil er mit dem im Südwesten weit verbreiteten Giftefeu (poison ivy) in Berührung gekom-

men ist. Über den Klinikaufenthalt schreibt er seinen Eltern nichts, offenbar um sie nicht zu beunruhigen. Nur Bill Jacobs, seinem besten Freund aus Schulzeiten, berichtet er von seinem Elend.

Zion National Park, Utah, 27./28. August

Lieber Bill,
sechs Tage leide ich nun schon an der halbjährlich wiederkehrenden Sumach-Vergiftung, und ich bin alles andere als über dem Berg. Zwei Tage lang wußte ich nicht, ob ich tot oder lebendig war. Ich krümmte und wand mich in der Hitze, während Schwärme von Ameisen und Fliegen über mich krochen und mir das Gift aus allen Poren trat und auf Gesicht, Armen und dem Rücken verkrustete. Ich konnte nichts essen, ich konnte nichts tun, als alles in stillem Leid zu ertragen.

Gestern morgen gelang es mir, meine Lippen so weit zu öffnen, daß ich etwas essen konnte. Ich dachte, meine Augen würden völlig zuschwellen, aber es geht noch; es sind gerade noch zwei Sehschlitze in meinem aufgedunsenen Fleisch.

Erinnerst Du Dich, wie ich letztes Jahr Gegengift gespritzt bekam und glücklich auf Reisen gegangen bin? Nach ein paar Tagen hatte ich einen deprimierenden Rückfall. Die einen sagen, man muß Salzwasser nehmen, die anderen raten zu Benzin, wieder andere meinen, Tomatensaft helfe sicher. Doch nichts, was ich in der Vergangenheit genommen habe, konnte den Schmerz lindern. Die Präparate, die verkauft werden, sind meist Salben, die man sich ins Gesicht schmiert, bis man noch schrecklicher aussieht als zuvor. Ich hatte mich gerade von einer Eichenvergiftung erholt, als ich auf diese Wanderung ging.

Es erwischt mich jedesmal, aber ich lasse mich nicht aus den Wäldern vertreiben. Mein Gesicht brennt wie Feuer, während ich Dir schreibe. Heute morgen konnte ich ein Bild von einem Gipfel malen, der mir gut gefiel. Wenn es mir bessergeht, muß ich es noch einmal versuchen, dann schicke ich Dir die beste Version.

Ich habe nur wenige Freunde, weil ich ziemlich launisch bin und nur wenige Menschen meine Interessen teilen. Ich wandere allein, weil ich niemanden finden konnte, der zu mir paßt, und Du weißt ja, daß es besser ist, allein zu sein, als jemanden zu haben, dessen man schnell überdrüssig wird. Ich mache vieles allein, weil ich nie Leute finde, denen die gleichen Dinge wichtig sind wie mir und die dafür Unannehmlichkeiten in Kauf nehmen. Doch wenn man einen richtigen Gefährten hat, ist geteiltes Leid halbes Leid und geteilte Freude doppelte Freude.

Ich kann wirklich sehr gut allein sein, dann bin ich glücklich. Oft war ich sogar froh, daß ich allein war. Ich freue mich auf morgen und auf meinen neuen Ausflug, weil er mich wieder in die Einsamkeit führen wird. Nur ein wirklicher Freund wird einem nicht lästig.

Ich schlage mich so durch. Meinen Eltern habe ich gesagt, daß sie mir kein Geld schicken sollen, aber sie haben es trotzdem getan. Der Nationalpark dehnt sich aus, die Bauern müssen umziehen. Einem half ich, sein Haus abzureißen, aber bei der Hitze wurde ich krank, und dann kam der Giftsumach. Trotzdem würde ich lieber verhungern, als daß ich mich für Lohn abrackere. Ich habe es mir zur Regel gemacht, mich nicht um den schnöden Mammon zu kümmern, bis es nicht mehr anders geht.

Während ich krank war, hörte ich das Krachen der Bretter, die herausgerissen, und das Knirschen von Nägeln, die herausgezogen wurden. Der Bauer hier ist Mormone, der Bischof des Bezirks. Seine drei Töchter heißen Velate, Merle und Leda. Er und seine Frau haben 25 Jahre hier gelebt. Die Regierung will nun alle Spuren der Besiedelung beseitigen, sie läßt die grünen Felder brachliegen, und die Obstgärten verdorren aus Wassermangel. Einige Angestellte des Nationalparks hatten Blumen im Garten gepflanzt, doch der Landschaftsplaner zwang sie, sie wieder herauszureißen, weil sie nicht hierherpassen.

Freut mich, daß Dir das Bild gefällt – ich habe Dir ja schon einmal gesagt, daß ein Künstler nicht nur für sich alleine malen kann, er muß auch jemanden finden, der seine Werke gut findet.

Auf meiner ganzen Wanderung traf ich niemanden, der sich wirklich für Kunst interessiert, nicht einmal die paar Touristen, die selbst Künstler sind.

Am Tag, bevor ich krank wurde, habe ich angefangen, ein Gedicht zu schreiben, hier sind die ersten vier Zeilen:

Ich, der ich die Wildnis liebte,
Wanderte und strich durch das Gebirge.
Ich, der ich dem Klang des Meeres lauschte,
Sang mein Lied, wenn der Wüstenwind pfiff.

Evert

Nach seinem Klinikaufenthalt erkundet Everett den Zion Nationalpark. Im September wandert er zurück in den Süden. Durch den Kaibab Forest erreicht er erneut den Grand Canyon.

Kaibab Forest, 30. September

Lieber Bill,
vielen Dank für den Kompaß und den Beutel. Ich kann beides gut gebrauchen.

Acht Tage lang wanderte ich von Zion zum North Rim und legte auf meinem Weg 150 Meilen zurück. Könntest Du nur sehen, was ich sah! Aber Du hast es nicht gesehen. Doch ein Bild ist so gut wie tausend Worte, also schicke ich es Dir, sobald ich am South Rim bin.

Dort oben habe ich einen Sonnenuntergang erlebt, der mir immer im Gedächtnis bleiben wird.

Es war nach einem harten Tag – heftiger Hagel prasselte im wilden Wind auf mich herab wie endlose Peitschenhiebe, der Sturm toste erbarmungslos. Ich schlug mein Lager auf einem Grasflecken im Salbeigestrüpp auf. Die von der untergehenden Sonne violett gefärbten Hochebenen erstreckten sich weit nach Norden und nach Osten. Wolkenbänke bauschten sich am Himmel und zogen in langen Streifen über den Horizont. Die Wolken nahmen unendlich viele Formen an, einmal sahen sie aus wie Rauchwirbel, dann wie Dampfwölkchen, dann drang ein Sonnenstrahl mitten durch eine niedrig hängende Wolkenbank, die Mesas schimmerten goldbraun und zinnoberrot.

Schließlich bekamen die baumlosen Hügel im Westen orangerote Ränder, die sich bald grün, bald dunkelblau färbten. Ein frischer Wind strich mir übers Gesicht, und der Vollmond wälzte sich durch die Wolken. Das gespenstische Heulen eines Kojoten, dann Stille und Schlaf.

Der Winter steht kurz bevor, der Ahorn färbt sich dunkelrot, jeder Windstoß wirbelt Büschel von gelbem Espenlaub auf. An vielen Hängen sind die Blätter schon braun geworden, und die Bäume stehen kahl und still. Bald wird es schneien, aber dann werde ich nicht mehr hier sein.

Morgen gehe ich durch die Schlucht, in einer Woche oder in zehn Tagen bin ich am South Rim. Danach? Das weiß nur Gott. Aber ich wandere Richtung Süden ins Kaktusland. Es kann sein, daß ich wieder einmal einen Monat lang keine Postadresse habe. Vom South Rim schicke ich meinen Eltern die meisten meiner bisherigen Bilder, ein paar Fundstücke und ein paar Kuriosa. Ryall soll sie begutachten.

Dein Freund
Evert

Grand Canyon, 9. Oktober

Lieber Waldo,
es hat mich gefreut, gestern wieder von Dir zu hören. Ich hatte Dich fast schon abgeschrieben und gedacht, daß ich Dich langweile. Ich wollte eigentlich gestern schreiben, aber ich rechnete mit einem einschneidenden Wetterumschwung, der dann doch nicht eingetreten ist. Die Jahreszeiten wechseln, ein kalter Wind pfeift drohend, und es herrscht immer wieder eine bedeutungsschwere Stille. Ich rechne auch mit einer Veränderung in meinem Leben.

Ich bin froh, daß Du es nicht lästig findest, mir zu schreiben. Du hast recht, daß wir uns trotz unserer Verschiedenheit sehr nahe stehen. Wenn ich an Dich denke, schätze ich mich glücklich, einen Bruder wie Dich zu haben.

Ich habe zwar keine Badewanne mehr gesehen, seit ich Hollywood verließ, trotzdem bin ich immer sauber. Wenn ich mich schwach fühle oder deprimiert bin, bade ich in einem eiskalten Bach, nehme eine Dusche unter einem Wasserfall oder plansche in kleinen Gumpen in den Schluchten, den Wäldern oder in der Wüste. Wind und Sonne trocknen meine Haut – das hilft immer gegen Niedergeschlagenheit.

Ich habe oft extreme körperliche Anstrengungen durchgemacht, aber ich habe mich immer wieder ziemlich schnell erholt. Nur einmal war ich zu erschöpft, um zu essen, obwohl ich hungrig war.

Mexikaner treffe ich nur selten. Die meisten Schafhirten sind Basken. Ich habe auch ein paar Worte Navajo gelernt. Der Latein- und Französischunterricht von der High School war mir noch nie von praktischem Nutzen.

Müßte ich wählen zwischen meiner einsamen Wanderung und der Rückkehr nach Hause, so würde ich mich für ersteres entscheiden. Ich könnte niemals zurückgehen, jedenfalls nicht als Besiegter. Im letzten Brief hatte ich Dich gebeten, Vater zu sagen, daß er mir kein Geld schicken soll; ich wünschte, Du hättest ihm das klar und deutlich gesagt.

Das hätte mir mehr Unannehmlichkeiten erspart als die Tatsache, daß ich wenig Geld hatte.

Es ist ungerecht, daß Du zu Hause festsitzt, besonders wenn es zum Teil meinetwegen ist. Doch ich fühle mich nicht schuldig – in mehr als acht Monaten haben mir Vater und Mutter nur 52 Dollar geschickt.

Vielleicht interessiert dich meine Bilanz:

Ich hatte zu Anfang \$ 50, die Eltern schickten mir \$ 52, \$ 35 waren Preisgelder, und \$ 15 habe ich aus anderen Quellen beschafft.

Insgesamt habe ich \$ 136 ausgegeben, davon ging wesentlich mehr als ein Drittel für die Ausrüstung drauf, der Rest für Lebensmittel. Daß ich mir Dutzende und Aberdutzende Male mein Essen erarbeitet habe, muß ich Dir nicht sagen.

Bei Gott – oder beim Teufel! – ich kann kein einziges Bild verkaufen! Die Welt will keine Kunst, nur die Künstler wollen Kunst. Natürlich habe ich Holzschnitte im Wert von vielleicht sechs Dollar verkauft und eine Skizze gegen ein Schaffell getauscht und eine andere für ein Essen, aber das ist unerheblich.

Überflüssig wahrscheinlich auch zu sagen, daß es fast unmöglich ist, Arbeit zu finden.

Auf meinem Weg durch den Canyon nahm ich den Tonto Trail. Dieses Jahr wurde er noch nicht begangen. Der Weg war schon immer beschwerlich, doch Erdrutsche und Unterspülungen machten ihn doppelt so schwierig. In einem Seitencanyon, der sich tief in die Hochebene schnitt, fand ich mitten auf dem Weg das Skelett eines Bergschafs. Ein Horn war abgebrochen, doch das andere habe ich mitgenommen und schicke es Euch nach Hause. An jenem Abend wanderte ich noch nach Einbruch der Dunkelheit weiter. Immer wieder kam der Esel vom Weg ab, zweimal an gefährlichen Stellen. Wir wanderten eine Felskante entlang, und ich konnte kaum sehen, wohin ich meine Schritte setzte. Ich sah nur einen weißen Fleck auf Perry [dem Esel

Pericles]. Als ich am Hermit Camp ankam, war der Platz beleuchtet. Ein paar Angestellte von Fred Harvey richteten das Camp als Kulisse für einen Fox-Film her – *»The Rainbow Trail«*; auch dieser Film beruht auf einem Roman von Zane Grey. Gestern lernte ich den Regisseur und seine Frau kennen, sie hatten ein paar gute Ratschläge für mich.

Wie so oft war ich auch gestern pleite. Da traf ich einen jungen Burschen, der auch fast pleite war. Er stellte sich als ein sehr netter, intelligenter Kerl heraus. Ich zeigte ihm den Canyon und kochte ihm die erste richtige Mahlzeit, die er seit langer Zeit zu sich genommen hatte. Ich richtete es auch so ein, daß er nachts ruhig schlafen konnte. Er war von zu Hause fortgegangen, um seiner Familie nicht länger auf der Tasche zu liegen.

Zur Zeit sitze ich hier ohne Transportmöglichkeit für mein Gepäck fest. Meine Kleider sind auch schon ziemlich abgetragen. Sobald ich zwei gute Esel besorgen kann – was gegenwärtig meine größte Sorge ist –, ziehe ich Richtung Süden.

Ich wollte eigentlich die meisten Bilder von hier aus nach Hause schicken, doch die besseren behalte ich lieber bei mir und sende nur den Ausschuß. Trotzdem vermitteln die Bilder einen Eindruck davon, was ich gesehen und getan habe. Eines gefällt mir am besten, es zeigt den Grand Canyon vom North Rim mit Brahma Temple und Zoroaster Temple.

Everett

Als sich in Nord-Arizona der Wintereinbruch ankündigt, trampt Everett nach Süden, in die Region östlich von Phoenix.

Superior, Arizona, 23. Oktober

Liebe Mutter,
heute abend mache ich mich mit zwei neuen Eseln auf den Weg zum Apache Trail.

Die letzten beiden Tage verbrachte ich in Superior, einer Siedlung mexikanischer Bergarbeiter. Hier gibt es Dutzende von Eseln, die die Mexikaner für den Holztransport hernehmen. Die zehn Dollar reichten nicht für die beiden Esel, also habe ich Dir telegraphiert, daß Du Geld schicken sollst. Es kam heute mittag an, und es geht mir schon viel besser. Zum ersten Mal auf meiner Wanderung habe ich Dich explizit um Geld gebeten, weil ich es brauchte. Gute Ausrüstungsgegenstände zu finden ist schwieriger, als Lebensmittel aufzutreiben, dabei ist es so wichtig, daß man gute Ausgangsmöglichkeiten hat. Weder Pegasus noch Perry waren gute Esel, sie waren zu alt und litten unter der Ladung. Ich mußte immer mit leichtem Gepäck wandern und zum Teil die Sachen selber tragen.

Ich bin kein Feilscher, das ist nicht meine Art. Wenn ich Spanisch könnte und eine Woche hierbleiben würde, könnte ich die Esel zu dem Preis kaufen, den sie wert sind, aber das kann und will ich nicht. Die beiden Esel haben $ 11.50 gekostet ($ 8 und $ 3.50 für einen Packsattel). Als ich heute losziehen wollte, brach der kleine Esel unter der Last zusammen. Ich bekam $ 1.50 zurück und kaufte ein anderes Tier für $ 7. Damit war das meiste Geld wieder weg, aber da jeder Esel $ 10 kosten sollte, habe ich $ 5 gespart. Ich kaufte Filme und Lebensmittel und ließ meine Schuhe reparieren, und jetzt habe ich noch 12 Cent. Nur ein Esel ist beschlagen; Hufeisen sind in der ganzen Stadt ausverkauft. Hoffentlich kann ich dadurch noch einen Dollar zurückbekommen. Der eine Esel ist graubraun, hat ein weißes Maul, je einen braunen Strich an der Schulter und braune Bänder an den Beinen, der andere ist schwarz, mit weißem Maul und weißer Brust. Den schwarzen habe

Everett, 1931

ich erst vor einer Stunde gekauft und ihnen noch keine Namen gegeben.

Es verletzt mich, daß Du denkst, ich sei egoistisch, weil ich noch einen zusätzlichen Esel will. Das Gepäck ist für einen Esel zu schwer. Außerdem habe ich hier in Superior die einmalige Gelegenheit, unter vielen Eseln zu wählen, und die konnte ich nicht verstreichen lassen. Die Leute in der Gegend leben nur von der Baumwolle; für diese Arbeit werden Männer gesucht. Aber stell Dir vor, wie es ist, 100 Pfund Baumwolle für 60 Cent zu pflücken!

Ich will ein paar Tage in einem kleinen Canyon verbringen. Im Kaktuswald werde ich sicherlich Interessantes zu sehen bekommen. Schreib mir nach Mesa, ich werde in drei, vier Wochen wieder dort sein. Bis dahin kann ich wahrscheinlich keine Post bekommen. Ob Du mir wohl mein kleines Zelt nach Mesa schicken könntest, das ich letztes Jahr dabei hatte? Ich könnte es sehr gut gebrauchen.

Everett und Curly erholen sich in Los Angeles, 1931

Es würde Dir gefallen zu sehen, wie die mexikanischen Kinder mit den kleinen Eselfohlen spielen!

Vom Grand Canyon nahmen mich zwei Touristen mit nach Mesa, ein Mann, der sechseinhalb Fuß groß war, und seine Frau.

Viele Grüße
Everett

Bis in den späten Dezember hinein bleibt Everett im südlichen Arizona, dann kehrt er für die Wintermonate nach Hause zurück. Elf Monate war der Siebzehnjährige allein unterwegs in der Wildnis.

1932: Arizona, New Mexico, Colorado.

Superstition Mountains, Canyon de Chelly, Mesa Verde

Sein drittes Wanderjahr wird für Everett zur bitteren Erfahrung. So muß er erkennen, daß seine Leidenschaft für die Schönheit und Einsamkeit des Südwestens selbst für Freunde unverständlich ist. Zudem zeigen die Canyons Everett gegenüber ihre ganze Härte: In keinem anderen Jahr hat er so heftig mit den Naturgewalten zu kämpfen. Mitten in der Wildnis verliert er eines seiner Pferde; das zweite entgeht nur knapp einem schweren Unfall. Darüber hinaus kommt Everett wieder mit der heimtückischen Steppenpflanze Giftsumach in Berührung und kämpft tagelang mit schweren Hautreizungen. Aufgrund seiner einseitigen Ernährung – er lebt vor allem von Bohnen und Speck – wird er außerdem mitten im Hochsommer von einer Vitaminmangelkrankheit heimgesucht. Tagelang fühlt er sich zu schwach, um weiter zu wandern – und das, obwohl seine Vorräte zur Neige gehen.

Vor allem seine Tagebuchaufzeichnungen machen deutlich, wie einsam und entmutigt Everett im Jahr 1932 auf seiner Tour durch Arizona, Colorado und New Mexico ist. Erstmals zweifelt er auch an seinen Fähigkeiten als Maler. Dabei beginnt das Jahr vielversprechend: Die Wintermonate 1931/32 verbringt Everett in Los Angeles. Dort plant er mit zwei Schulfreunden, Bill Jacobs und Clark (Nachname unbekannt), eine gemeinsame Tour durch das südliche Arizona. Im März erreichen die drei Roosevelt.

Bill Jacobs und Everett auf dem Weg nach Arizona, März 1932

Von dort aus erkunden sie knapp zwei Monate lang die Superstition Mountains im Nordosten von Phoenix. Endlich kann Everett seine Begeisterung für die Welt der Schluchten, Wälder und Steppen mit Freunden teilen. Doch sein Enthusiasmus soll nicht lange halten.

Nur zwei Briefe sind aus dieser Zeit erhalten. Sie klingen fröhlich und lassen nichts ahnen von den Streitigkeiten, die es zwischen den drei Jungen gegeben haben muß.

Briefkopf von Everett

Roosevelt, Arizona, 30. März

Lieber Vater, liebe Mutter, lieber Waldo,

falls Ihr mir für April Geld schicken wollt, so ist nun der richtige Zeitpunkt. Geld steht auf meiner Liste an erster Stelle, danach kommen Bücher. Vergeßt bitte nicht, mir auf jeden Fall »Der Zauberberg« von Thomas Mann und »Die Brüder Karamasow« von Dostojewski zu schicken, und zwar die Ausgaben der Reihe »Modern Library«, sonst wären die Bücher zu dick. Die beiden Ausgaben will ich unbedingt haben, sie kosten nicht mehr als zwei, drei Dollar. Aber vielleicht denkt Ihr auch noch an »Satyricon« von Petronius, »Gargantua und Pantagruel«, »Candide«, »Mrs. Dalloway« und »Nana«.

Von Roosevelt aus wanderten wir in alle vier Himmelsrichtungen. Einmal in der Nacht, auf dem Weg zu den Siedlungsanlagen von Tonto, kroch eine Klapperschlange an uns vorbei.

Habt Ihr den Film entwickeln lassen, den ich geknipst habe?

Die Hügel hier sind voller Blumen – Lupinen, Mohn, Gilien, Gänseblümchen. Oben in der Baumwollpappel klappert eine Krähe mit dem Schnabel. Wachteln schreien. Ein Kardinalsvogel war auch hier.

Alles Gute
Everett

Roosevelt, Arizona, 20. April

Lieber Vater, liebe Mutter,
ich sitze gerade auf halber Höhe der niedrigeren Seite des Roosevelt Staudamms. Ein steifer Wind pfeift in den Überlandleitungen, wirbelt Staubhaufen auf und raschelt in den Büschen. Die Wolken jagen über den Himmel, das Wasser kommt laut rauschend wie ein Malstrom aus dem Kraftwerk, die Wellen peitschen sich gegenseitig zu Schaum und stürzen in den Apache Lake. Turbinen surren. Die Stürme werden nun heftiger. Der See trägt Schaumkrönchen, die Weiden biegen sich im Wind.

Morgen gehe ich nach Globe, decke mich mit Proviant ein und lasse meine Schuhe reparieren. In ein paar Tagen schicke ich die Bücher zurück, außer »Die Brüder Karamasow«. »Candide« hat mir gut gefallen, »Satyricon« war interessant, schien mir aber kein wichtiges Werk zu sein. Balzac und Dunsany waren gut. Ihr könnt mir »Der Tanz des Lebens« schicken. Clark hat das Buch nicht gelesen, doch ich möchte es vielleicht noch mal lesen. Auch »Der 42. Breitengrad« und »Manhattan Transfer« von Dos Passos, »Der Reiter auf dem Löwen« von Walpole und »Der Zauberberg«. Die Anthologie moderner Poesie möchte ich immer noch.

Gemalt habe ich außer ein paar Skizzen nicht viel, aber ich versuche, künstlerische Fotos zu machen.

Euch alles Gute
Everett

Am 13. Mai trennt sich Everett von Bill und Clark. Die Ursache für das Zerwürfnis ist nicht bekannt. Auch aus den Briefen an seine Eltern geht nicht hervor, warum Everett sich von seinen Kameraden trennt. Allerdings notiert er in seinem Tagebuch (in dem auch der Tag der Trennung dokumentiert ist) mehrfach spöttische Anmerkungen über seine beiden Freunde, insbesondere über Clark. Aus Everetts Tagebucheinträgen wird jedoch auch deutlich, wie sehr ihn der Bruch mit Bill und Clark trifft. Er ist verzweifelt über seine Einsamkeit, schonungslos bezeichnet er sich selbst als verrückt, verschroben und seltsam.

Den Rest des Jahres zieht Everett allein durch die Canyon-Staaten. Von Süd-Arizona aus wandert er erneut zum Canyon de Chelly und von dort weiter zur Mesa Verde. Auch wenn er auf seiner Tour viele kurzfristige Freundschaften mit Ranchern und Mormonenfamilien schließt: Ein melancholischer bis bitterer Ton durchzieht in diesem Jahr seine Briefe.

Freitag, 13. Mai

Um vier Uhr kam Bert Henderson mit Bob McShane[4]. Bert brachte meine Kamera, meine Post jedoch nicht. Mrs. Frazier und Ben waren weg, und der alte Thad wußte nicht, wer mit »Evert« aus den Felswohnungen gemeint war. Nach einer Tasse Kaffee fuhr Bob wieder weg, Bert frühstückte und erzählte uns, er habe beim Tanz im Pumpkin Center ein hübsches Mädchen kennengelernt, dann legte er sich wieder schlafen. Ruby Jay blieb bei Bob Ruth. Howard fragte seinen Vater und Charlie, ob sie Pacer [ein Pferd] nicht gegen meinen jungen Mustang tauschen würden. Charlie war es egal. Howard und ich trieben die Pferde zusammen.

In ein paar Stunden wollte ein Käufer für die einjährigen Fohlen kommen. Die Brüder sattelten schnell ihre Pferde. Als ich Pacer holte, gab mir Howard ein altes Lasso, das an ein paar Stellen verschlissen war. Ich konnte gar nicht so schnell danke sagen, wie sie verschwanden.

Ich nahm meine Feldflasche und meine Kamera, führte Pacer ans Gatter und ritt ohne Sattel zu Wilson. Bill kam mir entgegen und fragte mich, wieso ich nicht auf Curly aufgepaßt hätte, Curly hätte nämlich drei von Wilsons Hühnern gerissen. Ray war auch da. Clark wollte mich auf Pacer galoppieren sehen. Er schoß mit dem Gewehr, aber Pacer warf mich nicht ab. Dann ritt Clark selbst, nach ihm kam Ray an die Reihe. Clark fand eine Beule auf Pacers Rücken.

Es gab einen blöden Streit mit Wilson. Ich habe ihm anderthalb Dollar gegeben und behauptet, mehr hätte ich nicht. Er nahm das Geld und erwartet jetzt, daß ich ihm sobald als möglich die restlichen drei Dollar zukommen lasse.

Ich fragte Bill, was er nun vorhätte. Das hinge von Clark ab, sagte er. Ich halte nicht viel von einem Menschen, der alle Entscheidungen Clark überläßt.

Clark drängte mir einen halben Dollar von Bills Geld auf. Bill hat beim Wettschießen verloren und muß bezahlen, sobald er wieder Geld hat.

Wilsons Hund stieß Bill einen Teller aus der Hand, und Wilson ging auf Bill los, weil er der Meinung war, Bill sei an allem schuld. Bill gab ganz kriecherisch klein bei. Ekelhaft! Gott sei Dank bin ich nicht so ein Egoist und Speichellecker wie diese beiden.

Clark fragte mich, ob ich ihm was geben könnte. Als ob er mich nicht schon genug geschröpft hätte! Dann ging er ins Haus. Bill verabschiedete sich, Wilson wünschte mir Glück. Clark ließ noch eine Abschiedssalve für $ 3,40 los, und ich schüttelte den Staub von meinen Schuhen.

Bei Casuses Haus machte Luther Jackson Pacers Sattelgurt enger. Ich vergaß ganz, ihm zu danken, und noch Stunden danach hatte ich ein schlechtes Gewissen wegen meiner Undankbarkeit. Ich kann mich noch lebhaft erinnern, wie Aaron mir in New York ein Holzschwert bastelte. Als es fertig war, fragte er mich: »Und was meinst du?« Ich mußte an Excalibur denken und war der Meinung, ich sollte dem Schwert einen Namen mit Zauberkraft geben. Nach kurzem Schweigen meinte Paul, ich könne ruhig »danke« sagen. Ich versicherte ihm, das hätte ich die ganze Zeit schon vorgehabt. Aaron meinte, er würde nie wieder etwas für mich tun.

Es wurde früh heiß. Ich ritt am Kanal entlang zur Furt. Dort stieg ich ab, band einen Lederriemen um Curlys Nakken und führte meine beiden Tiere durch den Salt River. Das Wasser ging mir bald bis an die Hüften, und in der Mitte des Flusses war die Strömung so stark, daß ich Curly kaum halten konnte.

Die Hitze wurde immer schlimmer. Meine Schultern brannten und schmerzten. Der schreckliche Husten hört auch nicht auf. Das Wasser in der Feldflasche war kochend heiß.

Kurz bevor mich meine Kräfte verließen, kam ich zu einer Farm. Ein alter Mann bewässerte gerade die Felder. Seine Frau sah aus wie eine Hexe, sie hatte krause graue Löckchen und eine Hakennase. Daß ich so eine große Strecke zurückgelegt hatte, interessierte sie nicht, und sie gaben mir nur Wasser. Während ich erschöpft im Schatten saß, rutschte ich ganz flach auf den Boden. Auf Pacers Rücken sind Beulen. Nach etwa drei Stunden machte ich mich wieder auf den Weg. Die Leute meinten, es seien vier Meilen bis zum Pocket Canyon. Die Landschaft veränderte sich schnell. Wacholderstauden lösten die Kakteen ab, an die Stelle der roten Felsen trat brauner Sand. Oben war die Asbestmine. Es wurde dunkel, bevor wir zum Canyon kamen. Pacer ließ sich nicht zur Eile antreiben. Im Mondschein sah der Canyon mit seinen roten Spalten und den knorrigen Walcholderbüschen richtig unheimlich aus. Auf der anderen Seite zeichneten sich die Four Peaks ab.

Ich fand einen Lagerplatz, nahm Pacer das Gepäck ab und gab ihm Wasser. Dann kochte ich Reis. Ich dachte an Bill und Clark und fragte mich, ob sie mich genauso bemitleiden wie ich sie.

Samstag, 15. Mai

Lange geschlafen. Curly war weg. Ich rief immer wieder nach ihm, doch er kam nicht, und ich suchte auch nicht weiter nach ihm. Ich dachte, er würde mir folgen; das hat er aber nicht getan.

Halt bei einem Laden gemacht. Netter alter Mann, viel

geplaudert. Er gab mir für 50 Cent ein gutes Seil. Speck, Mehl, Milch und Süßigkeiten für 45 Cent gekauft.

Immer noch keine Spur von Curly. Wenn er mich nicht mehr findet, geht er wahrscheinlich zu Wilson zurück, reißt noch ein paar Hühner, und J. C. schreibt an meine Eltern. Am liebsten wäre mir, jemand würde den Hund erschießen. Er ist ungezogen und immer ist er im Weg, er reißt Hühner und klaut Essen. Ich kann es mir nicht leisten, ihn durchzufüttern. Vielleicht ertrinkt er ja im Fluß, aber das ist eher unwahrscheinlich.

Der Packsattel rutschte ab und schürfte Pacers Rücken auf. An einem Bach schlug ich das Lager unter Kiefern auf, backte Maisbrot und las in »Der Zauberberg«. Als es kühler wurde, ritt ich weiter.

Aufstieg zu Petersons Ranch vorbei an Aztec Lodge. Weißtannen, Douglasien, Gelbkiefern, Rottannen. Steiler Weg. Wasserfälle. Rosa Felsen über mir. Pacer kletterte gut. War bei Sonnenuntergang bei Peterson. Er ist Holländer. Keine Chance, Essen für mich und Futter für Pacer zu verdienen. Sie fragten nicht mal, ob ich mitessen will. Da oben gibt es kein Futter. 8000 Fuß Höhe. Keine gute Lagerstellen. Schwefel und Sahne.

Donnerstag, 19. Mai

Spät aufgestanden, die Pferde eingefangen und schnell mein Zeug zusammengepackt. Pearl [ein Rancher, bei dem Everett übernachtet hat] hält mich für einen Trottel, weil ich die Packtaschen dalasse. Ich hätte gerne zwei gute Esel, einen zum Reiten, den anderen als Lasttier. Die arme Cynthia [einer von Everetts Eseln auf der Tour im Jahr 1931]! Hufeisen für Esel kosten nur ein Viertel von dem, was sie für Pferde kosten. Esel sind anspruchslos im Fressen, sie rennen nicht weg und sie gehorchen. Der einzige Vorteil von Pferden ist ihre Geschwindigkeit. Alle sagen, Pacer wird sich schon noch fügen. Doch die Hendersons hätten ehrlich sein sollen. Wie oft habe ich ihnen gesagt, daß ich ein robustes Tier brauche, und sie versicherten mir, daß Pacer kräftig sei.

Pearl ritt auf der Suche nach seinen Kühen ein paar Meilen mit mir. Ich fotografierte ihn, wie er auf seinem Pferd saß und Pacer durch den Cherry Creek führte. Der Schweiß rann mir in Strömen herunter. Pearl zeigte mir zwischen dem Pueblo Canyon und Devil's Chasm einen Lagerplatz, wo es Gras und Wasser gibt. Wieder rosafarbene Felsen. Pearl zeigte mir auch, wie man ein Pferd anbindet, wie man sich ihm nähert und ihm die Satteldecken auflegt. Er sagt, ich schaffe es nie bis nach Colorado.

Ich bin in einer mißlichen Lage. Kein Hund. Nur ein altes, klappriges Pferd. [2 Zeilen gestrichen] Wahrscheinlich kann ich es nicht mal gegen einen Esel eintauschen. Wenn Pacer zusammenbricht, sterbe ich. Ich kann es mir nicht leisten, Futter zu kaufen und ihn beschlagen zu lassen. Vielleicht habe ich nicht genug Geld für einen Esel, vielleicht finde ich ja nicht mal einen Esel zu kaufen. Clark hat meinen Packsattel für den Esel.

Pearl ritt weiter und sucht seine Kühe. Ich entlud Pacer und pflockte ihn an. Nachdem ich ein wenig Dörrfleisch gegessen hatte, ging ich um die Felsen herum zum Rockslide Canyon und stieg zu einer Felswohnung hinauf. Sie sah ganz unbedeutend aus – zwei Stockwerke, eine Tür, ein Fenster –, war aber sehr gut gebaut. Der untere Raum ging weit in den Fels hinein, der obere auch. Darüber war noch ein Raum, der noch tiefer in den Stein geschnitten war, er ging um ein paar Ecken und öffnete sich zur anderen Seite des Felsens hin. Doch die Öffnung lag so hoch oben in der Steilwand, daß ich denselben Weg wieder zurückgehen mußte. Raffinierte Konstruktionen am Randfelsen. Ich fand eine kleine Ruine und eine Quelle, kletterte um ein paar Biegungen, sah aber keine weiteren Ruinen; dabei habe ich mich schmerzhaft aufgeschürft und meine Füße schrecklich zerkratzt. Unter mir in der Schlucht war ein großer alter Bergahorn, an den steilen Felswänden wuchsen Kiefern. Ich ging zurück, führte Pacer zur Quelle und pflockte ihn wieder an. Dann las ich »Die Brüder Karamasow«. Den Reis habe ich verschüttet. Aber ich hatte ja sowieso keine Rosinen dazu. An der Quelle füllte ich die Feldflaschen, band Pacer dort in der Nähe an, stellte die Bohnen aufs Feuer und las weiter über den Einsiedler Sosima. Clark rümpft über »Die Brüder Karamasow« nur die Nase.

Im Leinensack einen Skorpion erlegt. Schnaken und Moskitos. Wieder allein. Der Verrückte ist wieder in die Einsamkeit zurückgekehrt. Pearl sagte, ich soll in den Ameisenhügeln der Navajo-Reservation nach Rubinen suchen. Pacer frißt Fuchsschwanzgras. Vollmond, rund und gelb am fahlen Himmel über den fernen Hochebenen. Kein Curly zum Streicheln. Kein [Wort fehlt] zum Halten. [8 Zeilen gestrichen]

Sonntag, 29. Mai

Lag noch lange im Bett, obwohl ich doch aufstehen sollte. Schließlich rappelte ich mich auf und legte den Eseln Fesselstricke an[5], aß den Rest der Graham-Cracker und packte zusammen. Ein tolles Gefühl, auf Wendy zu reiten und die Welt von meinem luftigen, bequemen Sattel aus zu betrachten! Peggy trug die Lebensmittel und meine Ausrüstung, ich bin völlig unabhängig.

Kein Wasser mehr. Die Landschaft veränderte sich innerhalb von einer halben Meile vollständig. Es gab saftiges Gras, das schimmernde Laub der Espen hob sich vom dunklen Grün der Kiefern ab. Ich wollte zur Ranch 13 reiten, doch es gab eine Abzweigung nach links zum Lake No. 1, der zweieinhalb Meilen westlich lag, also nahm ich diesen Weg. Ich dachte, wir würden nie ankommen!

Lake No. 1 ist größtenteils mit Binsen und Sumpfgräsern zugewachsen, die sich im Wind kräuseln und biegen, die Schwalben gleiten über den offenen Wasserflächen auf und nieder.

Unter einer schönen, hohen Kiefer am Ufer schlug ich mein Lager auf. Sauberes Wasser zu beschaffen war ziemlich schwierig. Für die Esel gab es saftiges Gras. Ich kochte Reis und Rosinen und aß zwei Teller, nebenher las ich im »Zauberberg«.

Eine Familie aus Holbrook kam zum Picknick, sie lud mich zum Essen ein, es war sehr lecker.

Ungefähr eine halbe Stunde studierte ich die Karte und kennzeichnete die Orte, in denen ich gewesen war. Ständig wehte ein schneidender Wind. Ich las weiter in meinem Buch. Ziemlich deprimierend. Es geht um einen jungen Deutschen, der seinen Vetter in einem Sanatorium für Tuberkulosekranke in den Alpen besucht und feststellt, daß er selbst auch krank ist. Dieser Wind hat ziemlich auf meine Stimmung gedrückt. Ich hätte so gerne einen Gefährten, jemanden, der sich für mich interessiert. Ich will, daß mich jemand führt, mich an der Hand nimmt; aber ich glaube nicht, daß es auf dieser Welt einen Menschen gibt, der genug weiß, um mir Ratschläge zu geben. Nirgends finde ich mein Ideal. Ich habe langsam vor mir selber Angst. Zivilisationsfeindlich.

Am Abend die Esel eingefangen, Wendy angepflockt und Peggy den Fesselstrick angelegt, ihnen Brot gegeben, sie gestreichelt und gestriegelt. Schade, daß Wendy nicht größer ist! Ich tausche sie nur ungern gegen einen größeren Esel, denn die beiden sind ein klasse Paar, sie kratzen sich sogar gegenseitig den Hals. Einen Stoß Holz gesammelt, Reiskuchen mit Pfirsichen und Sahne gegessen und dann versucht, mein Hirn mit Lesen, Dörrfleisch und getrockneten Pfirsichen zu betäuben. Wollte Mais dörren, habe aber alles verbrannt.

Dienstag, 31. Mai

Nachts wachte ich auf und sah, daß Wendy weg war. Der Neumond hing niedrig in den Kiefern. Ich zog meine Tennisschuhe an und ging mit der Taschenlampe zum Weg. Spuren fand ich keine, aber ich hörte ein Glöckchen. Ich ging in alle Richtungen, doch ich fand Wendy nicht.

Im Morgengrauen stand ich auf und stellte mich schon auf eine verzweifelte Suche ein, aber Wendy stand ganz in der Nähe.

Frühstück aus Hafergrütze. Wir kamen gut los und machten uns auf den Weg, doch Peggy fing bald an, mir Sorgen zu machen. Sie blieb zurück, zog Wendy mit, dann trabte sie wieder nebenher und keuchte, hustete und grunzte die ganze Zeit. Ich konnte nicht feststellen, was sie hatte, doch es war fast unmöglich, sie noch zu führen, wo sie die ganze Zeit um mich herumtänzelte und fast die Ladung abgeworfen hätte.

Ich ritt eine Weile, aber Peggy galoppierte so schnell, daß sie fast ihre Ladung verloren hätte, und ich mußte sie wieder führen. Die kleine Feldflasche fiel hinunter, ich ging zurück und holte sie. Ich dachte schon, ich hätte mich verirrt, es gab keine Schilder nach Heber. Ich verließ den Wald aus Gelbkiefern und Eichen und kam in eine Landschaft mit Wacholdersträuchern und vereinzelten Kiefern; sieht ähnlich aus wie in Utah. Schließlich kam Heber in Sicht. Peggy bockte und legte sich in den weichen Sand, dabei machte sie fast die Packtaschen kaputt. Sie stand erst wieder auf, als ich ihr die Ladung abnahm. Ich belud Wendy. Fühlte mich kränklich und lud vor dem Krämerladen wieder ab. Hier gibt es keine Esel. Der Händler sagte, meine Esel seien zu dünn. Doch ich konnte nicht feststellen, ob Peggy nur simulierte oder ob sie wirklich erschöpft war. Er riet mir, Wendy zu beladen. Ich kaufte ein paar Lebensmittel. Der Händler hatte auch eine robuste Packtasche und einen »Union«-Kerosinbehälter, den ich zur Satteltasche umfunktionieren konnte. Ich füllte die Feldflaschen, tränkte die Esel an einem Wassertank und ritt auf Peggy weiter.

Auf Peggy sitze ich höher und bequemer, aber sie ist so langsam. Nach anderthalb Meilen legte sich Wendy hin. Peggy machte einen Satz und wollte sie weitertreiben. Ich ritt in eine Senke hinunter und hielt unter einer Kiefer, doch Wendy blieb liegen, wo sie war. Was tun? Mit den frischen Lebensmitteln und dem Wasser war die Ladung 30, 40 Pfund schwerer, die Satteltaschen wogen auch fünf oder zehn Pfund. Doch das alles ist nichts im Vergleich zu der Ladung, die Pegasus und Pericles immer tragen mußten. Glücklicherweise ist der McClelland-Sattel so gebaut, daß man ihn zur Not auch als Packsattel verwenden kann. Ob ich weiterreiten kann? Nach Holbrook sind es noch 47 Meilen, dazwischen gibt es nur eine Wasserstelle, 20 Meilen weiter in Zeniff. Ich kann wegen des Wassers nicht viel Futter für die Esel mitnehmen. Wendy marschiert gut voran und bleibt nicht zurück, aber sie ist kleiner als Peggy. Wahrscheinlich werde ich am Nachmittag beide Tiere beladen.

Ich briet ein bißchen Käse, aß Erdnußbutterbrote und drei Eier, dazu eine Dose Pfirsiche. Las im »Zauberberg« weiter über Biologie. Die Esel ruhten sich im Schatten aus, nun weiden sie. Ich will sie nicht dabei stören, sie müssen dringend Gewicht zulegen.

Als Peggy zusammenbrach, wurde mir ganz mulmig. Ich hatte das Gefühl, meine Wanderung sei zum Scheitern verurteilt und die Melancholie würde mich übermannen, wenn ich an Orte zurückkehre, an denen ich schon einmal war. Heimgehen wollte ich auch nicht, denn das wäre ein Eingeständnis meines Scheiterns gewesen, und ich hätte Bill und Clark nicht mehr ins Gesicht sehen können. [2 Zeilen gestrichen] Wenn doch nur Sam endlich wegen New York schreiben würde! Ich kann einfach nicht glauben, daß er mich im Stich läßt. Ich bin so ganz anders als die anderen Leute, habe mich schon zu weit von den Menschen entfernt. Ich bin einfach anders und will auch anders sein, aber es gibt mir keine Befriedigung. Alle Freuden, die andere Leute haben, sind mir versagt.

Peggy und Wendy sind ziemlich dürr, sie waren von Anfang an sehr mager. Wendy hat einen lockigen Schweif,

Peggys Schweif ist gestutzt. Peggy ist die Schwierigere, Starrköpfigere und auch Hinterhältigere der beiden.

Ich packte mein Bettzeug und die Feldflaschen auf Wendy, den Rest auf Peggy. Vor Einbruch der Dunkelheit kamen wir nicht mehr weit. Peggy schlug mit dem Schweif und keuchte, aber sie hielt durch. Ich habe keine Ahnung, was mit ihr los ist. Unter einer Pinyonkiefer am Rand einer Wiese schlug ich das Lager auf, das Feuer entfachte ich mit Salbeibüscheln.

Mein Abendessen bestand aus Makkaroni mit Käse und Ei. Ich gab den Eseln Mais, legte Wendy die Fesselstricke an und band Peggy an einen spitzen Stein.

In der Packtasche, die ich erstanden habe, wurde einmal ein Schwein transportiert. Ich bin ganz versessen darauf, Dinge wie Satteltaschen und Packsättel zu besitzen. Die Seiten der Tasche werde ich wohl mit Zeichen der Felsbewohner bemalen. Es gefällt mir auch, Esel zu haben, es sind witzige Tiere. Mit ihrem großen, hellgrauen Kopf, dem ernsten Blick und den langen Ohren sah Wendy besonders ulkig aus, als sie in den Feuerschein trat und um Mais bettelte.

Ich las nicht, ich saß nur am Feuer.

Montag, 6. Juni

Tom ging nach Holbrook. Bill fing ein Pferd ein, das lange nicht geritten worden war.[6] Zusammen galoppierten wir umher und trieben die Kühe und Esel zusammen. Tom brachte mir auch die Post – zwei Briefe, die vor Wochen abgeschickt worden waren. Mutter schrieb, daß Bills [Jacobs] Mutter ihn abholen wolle. Was für ein Theater! Ich glaube, Bill und Clark wollen nach Hause, weil sie mit diesem Land hier überhaupt nichts anfangen können.

Ich sagte zu Tom, daß ich morgen weiterziehen will, aber er meinte, daß er mir wahrscheinlich eine sehr viel bessere Ausrüstung, ein Lastmuli und ein Sattelpferd besorgen kann, wenn ich noch bliebe.

Er erzählte mir auch von dem Blutbad in X. Es waren drei Brüder. Sie hatten gesehen, wie eines ihrer Mulis mit dem Strick weglief, und gingen mit ihren Gewehren raus, zwei wurden erschossen, der dritte sagte, es seien Indianer gewesen.

Wir wuschen die ganze dreckige Wäsche, auch meine Kleider. Die Waschmaschine wird mit einem Benzinmotor betrieben.

Seinen ersten Brief nach der dramatischen Trennung von seinen Freunden schreibt Everett an Bill – nachdem er von seiner Mutter erfahren hat, daß dieser nach Hause zurückgekehrt und deshalb seine Sorge, sich vor den Freunden zu blamieren, unbegründet ist.

Zeniff, Arizona, 20. Juni

Lieber Bozo [Bill Jacobs],
ich habe keine Ahnung, wo Du Dich herumtreibst und was Du so machst, aber ich kann mir kaum vorstellen, daß Du in Pinto Creek bist. Aber wo Du auch bist, denkst Du jetzt wahrscheinlich, daß ich eine härtere Zeit hatte als Du; zwar glaube ich das nicht, aber ein paar Leckerbissen habe ich Dir doch ausgewählt.

Abgesehen von den Problemen, die mir Curly bereitete, ist mein Pferd Pacer noch ein zweites Mal nachts ausgerissen, und ich mußte ihm stundenlang im Mondschein nachjagen, bis ich ihn wieder erwischte. Ich hatte zwei leichte Anfälle von Sumachvergiftung, ein paarmal kam ich vom Weg ab und viermal trat ich auf eine Klapperschlange. Im Pleasant Valley tauschte ich das Pferd gegen zwei Esel, einer davon wird bald fohlen.

Ich ritt hinauf zur Asbestmine und warf einen letzten Blick auf den Roosevelt Lake und die Four Peaks. Wie ich da unter den Kiefern und Tannen am Bach saß und las, mußte ich an Dich denken; Pacer mampfte Wildblumen.

Ich ritt über einen sehr steilen Gebirgspfad nach Cherry Creek. An der Flying H Ranch kam ich heraus, doch unterwegs waren die Satteldecken heruntergerutscht, und ich mußte den halben Weg wieder hinaufsteigen, bis ich sie wiederfand. Der alte Pacer hat sich in der Zwischenzeit als ziemlich bockig und durchtrieben erwiesen.

Im Rockslide Canyon fand ich eine sehr interessante Felswohnung. Vom Boden aus sah man nur zwei Räume, doch der untere Raum ging fünfzig Fuß in den Fels hinein, der Raum darüber sogar noch weiter, und noch ein weiterer darüber endete auf der anderen Seite des Felsens in einem Altan. Von dort aus führte kein Weg zum Pleasant Valley. Die Winterstürme hatten die unteren Äste der Bäume abgeknickt.

In der Nähe des Dry Lake freundete ich mich mit einem Rancher an, der versuchte, eine bessere Ausrüstung für mich zu beschaffen. Doch zuerst konnte er keine Mulis finden. Er machte allerdings einen Mormonen ausfindig, der eine Ranch für Touristen betreibt; dort streunt seit fünf Jahren ein Mulifalbe herum. Er sagt, er will ihn für mich einfangen. Also ritt ich hin, und wir wollten ihn einfangen, aber er sprang zweimal aus dem Korall und riß drei Zäune nieder, so daß wir schließlich aufgaben. Der Mormone gab mir dann einen alten Schimmel mit vier Brandzeichen, den er früher zum Kühetreiben genommen hatte, dann kaufte ich noch einen zähen, alten Braunen für sechs Dollar. Der Rancher gab mir auch einen alten Frazier-Sattel und ein paar Hufeisen. Um die Pferde zu beschlagen, mußten wir sie an den Hinterbeinen anbinden.

Ich versuche immer noch erfolglos, mein Gleichgewicht zu halten, im Trab hüpfe ich immer noch im Sattel. Vom Pferd fiel ich seither nur einmal, doch ein Stier hat mich schon zweimal abgeworfen.

Am Mogollon Rim im Nordwesten Arizonas,
Juni 1932

Heute morgen haben wir 200 Kühe gebrandmarkt. Letzte Woche fand ein Rodeo statt, ein Reiter wurde dreimal abgeworfen.

Als ich nach Norden kam, hatte ich ein paar Tage lang nichts als getrockneten Mais und Dörrfleisch, doch hier auf dem Rocking Chair Rancho ist das Essen sogar besser als zu Hause. Fast jeden Tag gibt es hausgemachte Kuchen oder Kekse und nicht immer nur Erdbeeren wie auf fast allen anderen Ranches. Es gibt auch ausreichend Milch und Butter, Maisbrot, Honig, Apfelmus und andere Leckereien.

Hoch oben auf dem Mogollon Plateau gibt es viele Kiefern; aber ich war froh, als ich sie hinter mir ließ, denn nach ein paar Tagen finde ich einen Kiefernwald monoton. Dafür mag ich Espen und das helle, wächserne Grün der Eichen. Wo wir schon von Pinien sprechen – Fletchers »Green Symphony« gefällt Dir bestimmt. Ich lese gerne in meinen Lyrikbänden.

Die schweren Packtaschen habe ich am Cherry Creek gelassen. Ein Weile lang verwendete ich Säcke, dann zimmerte ich zwei leichte Kisten. Bei einem Händler erstand ich eine robuste, kleine Packtasche, mit der einmal ein kleines Schwein transportiert worden war, und einen alten Kerosinbehälter, die der Händler mit Rohlederriemen zusammenband.

Ich weiß noch nicht, wann oder wie ich weiter nach Norden ziehe. Ich habe ein sehr verlockendes Angebot, Genaues werde ich jedoch erst nach dem Rodeo in Holbrook wissen.

Wieder einmal bin ich in der Wüste, die ich kenne und liebe – roter Sand, knorrige Zedern, azurblauer Himmel, ferne Tafelberge und weit im Süden die bläuliche Linie des Mogollon Rim.

Evert

Mittwoch, 22. Juni

Waschtag. Wir holten noch eine Ladung Wasser. Tom ging nach Holbrook. Es war ziemlich viel Arbeit, ich war ganz erledigt vom Wäscheauf- und abhängen. Bill und ich ritten zu Morris' Land und trieben zwei Stiere vor uns her, er auf Ginger und ich auf Star. Die Bullen stießen ein tiefes Grollen aus, senkten ihre Köpfe und scharrten in der Erde, wenn sie einen anderen Stier sahen.

Wir galoppierten zum Postamt. Der Himmel war bedeckt. Star konnte zwar nicht mit dem alten Ginger mithalten, doch wir ritten trotzdem wie der Wind. Ginger ist ein schönes, altes Pferd, um die sechzehn Jahre. Es tänzelte und warf den Kopf auf wie das tollste Schlachtroß! Wir sprachen über Politik und andere blöde Sachen. Seit ich mich von Bill und Clark getrennt habe, habe ich niemanden mehr getroffen, mit dem ich reden kann. Gestern schrieb ich ihnen einen langen Brief; dabei drang wieder mein Gefühl der Überlegenheit durch, das ich nicht unterdrücken kann. Clark sagt, ich muß mich mit jedem messen, und wer mich richtig kennenlernt, kann mich nur abstoßend finden. Vielleicht ist ja was Wahres dran. Ich versuche nicht, Leuten zu gefallen, vor denen ich keine Achtung empfinde. Auch an Cornel [Tengel, ein Schulfreund aus Los Angeles] schrieb ich einen langen Brief. Einen Satz mochte ich besonders: »Ich glaube wahrhaftig nicht, daß Du die Neigung überwunden hast, Dich immer wieder mit Laurence über Themen zu zanken, die es nicht wert sind, daß man ihretwegen die Stille stört.«

Tom brachte meine Post und eine Schachtel Nieten. Ein Paket Bücher war auch dabei, aber das waren die Bücher von zu Hause, nicht die, die ich wollte, außerdem ein Sack ohne Nähte, Socken und ein Brief von Vater. [3 Zeilen gestrichen]

Donnerstag, 23. Juni

Habe alle Decken weggestrampelt. Es ist bewölkt. Bei der Sägemühle holten wir eine weitere Ladung Holz. Wir mußten den Stapel mehrmals umladen und waren erst mittags wieder zurück. Toms Muli, Old Carusoe, wartete schon am Gatter auf uns, wir ließen ihn raus, und er galoppierte neben uns her zum Wasser.

Bill und Tom zimmerten den Boden des Schuppens zusammen, während ich meine Ausrüstung zusammentrug. Ich führte meine Pferde auf die Koppel; der Braune folgte mir am Strick, doch der Schimmel Whitey rannte in die Falle. Ich richtete Peggys Packsattel ein, damit er dem Braunen paßte; als ich fertig war, war es schon fast dunkel. Ich versetzte den Brustgurt und den Schweifgurt, nietete Schnallen auf die Riemen, vier Riemen an den Schweifgurt und zwei an den Brustgurt. Das hört sich gar nicht nach viel Arbeit an, doch ich hatte als Werkzeuge ja nur eine Axt und mein Beil. Tom interessierte sich nicht für das, was ich mache; er scheint sich ja sowieso für niemanden zu interessieren.

Ich bin froh, wenn ich wieder allein bin. Es ist viel zu anstrengend, mit anderen auskommen zu müssen. Gestern lag ich im Bett und starrte an die Decke, die mit zerrissenem, vergilbtem Zeitungspapier tapeziert ist. Die Bäume und der Himmel sehen jedenfalls nicht so schäbig aus. Arbeit nimmt mir meine Sorgen nicht, sie vergrößert sie nur.

Als ich heute morgen so dahinritt, stellte ich mir vor, daß ich einen großen schwarzen Sombrero, ein graues Hemd und ein schwarzgelbes Taschentuch kaufen und mit meinem Packpferd in der Parade reiten würde – und natürlich den Preis gewänne!

Die meisten Sachen habe ich gepackt. In einer Packtasche waren sechs Mäuse, drei konnte ich mit meinem großen Löffel erschlagen. Tom erzählte mir, was Willis für ein Bär sei. Er hatte einen Jungen in Holbrook übers Ohr gehauen, nun hat er Hafturlaub.

im Juni

Lieber Freund,

vor drei, vier Jahren kam ich zu dem Schluß, daß der einsame Weg der beste sei, zumindest für mich, und die Jahre, die darauf folgten, haben mich in meiner Überzeugung bekräftigt.

Sicherlich kann ich die Gesellschaft anderer Menschen genießen und ich kann mich auch anpassen, aber es ist mir zuwider, dabei aggressiv zu argumentieren, wie man es mit einem selbstbewußten Gefährten muß. Ich fand es leichter und auch abenteuerlicher, alleine mit bestimmten Situationen fertigzuwerden. In der Einsamkeit liegt eine herrliche Freiheit, und schließlich gehe ich in die Berge und in die Wüste, um allein zu sein, nicht um Gesellschaft zu haben. Wenn ich alleine bin, kann ich meine Seele furchtlos entblößen. Ich kann nach meinem Gusto arbeiten, denken, handeln oder einfach nichts tun. Nichts steht zwischen mir und der Wildnis.

Trotzdem bin ich immer wieder dankbar, wenn es mir vergönnt ist, zufällig ungewöhnliche, feine Menschen zu treffen, aber ich habe gelernt, nicht zu ungeduldig auf solche Gelegenheiten zu warten. Ich tauche ein in mein Inneres, in Abstraktionen und Vorstellungen, und versuche, alles harmonisch miteinander zu verbinden, doch am Ende nehme ich die Dinge, wie sie kommen.

Dein Everett

In einem Brief vom 9. Juli, der an seine Eltern und an Waldo adressiert ist, zitiert Everett ausführlich aus seinem Tagebuch. Die Einträge schildern seine Erlebnisse in dem Städtchen Holbrook am Little Colorado River und seinen Aufbruch von dort in Richtung Norden. Interessant ist ein Vergleich mit den Originaleinträgen des Tagebuchs. Denn im Brief hat Everett seine Erlebnisse nicht nur etwas ausgeschmückt und Formulierungen geglättet, sondern vor allem seine Verzweiflung und Einsamkeit verschärft. So etwa im Zitat vom 1. Juli. Im Tagebuch notiert er ursprünglich unter diesem Datum: »Die Schönheit des regennassen Landes war überwältigend. Aber ich war nicht glücklich, denn es war niemand da, mit dem ich diesen Anblick teilen konnte. Aber immer noch besser, als in der Schule dem Regen an den Fenstern zuzusehen.« Im Brief an seine Eltern erhält dieser Eintrag einen interessanten Zusatz:

Ganado, Arizona, 9. Juli

Lieber Vater, liebe Mutter, lieber Waldo,
morgen früh mache ich mich auf den Weg nach Chin Lee, wo ich in zwei oder drei Tagen ankommen und hoffentlich Post vorfinden werde. Hier sind ein paar Seiten aus meinem Tagebuch:

»25. Juni

Männer, Buben und Mädchen stellten sich auf dem Rücken von Pferden und Eseln zur Schau. Die Städter stolzierten herum wie Mannequins. Wer nur normale Kleidung trug, wollte durch sein Verhalten anzeigen, daß er etwas Besseres ist. Ich traf die Jungs wieder, die ich am Lake No. 1 kennengelernt hatte, sie fuhren mit ihrem bockigen Ford durch die Stadt. Nach der Vorstellung kaufte ich Dörrobst und setzte mich kauend auf die äußere Absperrung des Rodeoplatzes. Bald leistete mir ein Junge aus Winslow Gesellschaft; wir verstanden uns sehr gut. Er erzählte mir von seinen Pferden, wir rauchten und sahen zu, wie sie Kälber mit einem Lasso am Hinterbein einfingen, Stiere bei den Hörnern packten, wilde Kühe molken, Mustangs ritten und auf Ponys galoppierten. Vom Mustang wurde keiner abgeworfen, aber auf den Stieren blieb keiner sitzen ... Ein Clown führte Kunststückchen mit seinen Mauleseln vor.

Danach eilte ich zum Postamt, wo ein Brief von Mutter und die Fotos warteten, die ich am Cherry Creek geschossen hatte. Dann ging ich zu Tom zurück, aber er war betrunken. Er ritt auf Old Nig, ein alter Freund saß hinter ihm, und beide hatten sie eine Flasche in der Hand. Er fluchte über die Einheimischen, über die Cowboys, die Navajo und die Mormonen. Jemand hatte seine Brieftasche mit Papieren und sieben Dollar geklaut. Er stritt mit Ed Hennessy, dem Viehtreiber, stieß ihm den Hut vom

Kopf, leerte ihm Bier über den Kopf und hielt ihm eine Predigt, von wegen wer sein Freund sei und wer nicht.

Ed zerriß Toms Hemd, und Tom zerriß Eds Hemd. Ed versuchte, Tom vom Pferd zu ziehen, und wollte ihn rausschmeißen. Tom ritt betrunken im Kreis und grölte, er würde Ed nach Hause bringen. Alles endete damit, daß sie sich gegenseitig Freundschaft schworen. Tom sagt, Ed würde ihm gegenüber nie die Beherrschung verlieren, egal, was er tut. Er unterhielt sich ein paarmal mit mir. Offenbar schämte er sich, nach Hause zu seiner Frau zu gehen, nachdem er zum ersten Mal in fünfzehn Jahren betrunken war.

Ein Sandsturm verdunkelte eine Zeitlang die Stadt. Ich ging dann zu Crosby, holte meine Zügel und den Futterbeutel, spazierte unter dem Grat entlang und hielt Ausschau nach meinen Cayuse-Ponys. Ich fand sie bei den Rodeo-Pferden und ritt auf Whitey zurück. Nachdem ich sie getränkt hatte, brachte ich sie wieder auf die Koppel.

Ich sprach mit Virgil. Er ist Boxer. Doch er hat eine Blinddarmreizung, und sein Mädchen konnte ihm das Versprechen abringen, daß er nicht mehr boxt. Er schreibt schöne Gedichte. Ich zeigte ihm meine Sachen. Seine Familie billigt sicherlich nicht, was ich tue.

26. Juni

Mr. Crosby lud mich am Sonntag zum Frühstück ein; es gab Pfannkuchen, Eier und Getreideflocken ohne Zucker. Ich hatte kaum fertiggegessen, da fing er schon an, nach meiner religiösen Erziehung und meinem Glauben zu fragen. Er lud mich zur Sonntagsschule ein. Er rasierte mich, und wir gingen in diese komische Kirche im Hinterzimmer einer Reinigung. Ich wurde dem Pastor Mr. Brown vorgestellt, seiner Frau und den drei Töchtern; die älteste ist ziemlich hübsch. So war ich nach Jahren zum ersten Mal wieder in der Sonntagsschule, doch mein früherer Unterricht war nicht umsonst gewesen. Ich konnte den Vers von

Paphnalius oder so ähnlich erst nicht finden. Ich las die schöne Stelle im Buch Ruth: ›Dränge mich nicht, dich zu verlassen und umzukehren. Wohin du gehst, da gehe auch ich …‹ Die Bergpredigt las ich auch. Die Lieder der Gemeinde sind aus der Erweckungsbewegung. Mr. Brown und Mr. Crosby glauben, daß die Welt jeden Moment untergehen kann und daß sich die Zeichen der Zeit mit den Prophezeiungen in der Offenbarung des Johannes decken. Daß die Bank of America gerade pleite gemacht hat, erfüllt sie mit Genugtuung. Es waren nicht so viele Leute da – nicht so viele wie gestern abend im Gefängnis. Eine von Mr. Browns jüngeren Töchtern sprach extra ein Gebet für ein paar abwesende Schwestern, damit sie nicht in die Hölle kommen, weil sie lieber zum Rodeo gegangen sind als zur Kirche. Wir sangen Lieder über das Jüngste Gericht, das Abendmahl und ›Royal Telephone‹: ›Telephone to Glory, Oh what Joy Divine; I can feel the current coming down the line, sent by God the Father to his blessed own, I can talk to Jesus on the royal telephone …‹

Dann mußten wir Bibelzitate deklamieren. Ich nahm: ›Ich hebe meine Augen auf zu den Bergen, woher kommet mir Hilfe?‹ Insgesamt war es ziemlich interessant; Mr. Crosby dachte bestimmt, für einen Ungläubigen sei ich ganz in Ordnung. Das Abendessen war sehr gut. Mr. Crosby findet es weltlich, zu einem Rodeo zu gehen, und ich finde es sowieso ziemlich langweilig. Also lehnte ich mich für ein paar Stunden im Sessel zurück, schrieb einen Brief und brachte ihn zur Post. Das Rodeo war gerade vorbei.

In der Bibelstunde beteten wir für den kleinen Sohn einer der Frauen. Er hatte sich den Arm gebrochen, und sie war ganz krank vor Angst, daß der Arm steif bleiben könnte. Auch für eine Frau beteten wir, die uns singen gehört hatte und wollte, daß wir für ihren Mann beteten, weil er so betrunken war, daß er sich nicht mehr rühren konnte. Eine Frau weinte untröstlich, weil ihr Sohn nicht in die Kirche ging und zur Hölle verdammt war. Mrs. Brown und die Mutter bekamen einen hysterischen Anfall, dann aber frohlockten sie, weil ihr Gebet erhört wurde und der Junge geheilt war. Mr. Brown sagte mir, daß er kein Holy Roller sei, daß er sich nie auf dem Boden gewälzt hätte, daß er aber nicht an die offizielle Kirche glaube. Er warnte uns vor der Christian Science, dem Universalismus und dem Unitarismus. Dann sang er mit seiner warmen, sanften Stimme »Das Gastmahl Belsazars«. Wir diskutierten über den Sinn des Gebets. Bevor ich ging, gab mir Reverend Brown noch ein paar Schriften und das Johannes-Evangelium.

1. Juli

Es hatte leicht geregnet, und der Himmel war ganz schwarz. Ein alter Indianer führte mich zu meinen Pferden. Ich legte Whitey das Zaumzeug an, das ich gestern gemacht hatte.

Wir trabten fröhlich singend den Hügel hinauf. Wir kamen an einer Indianersiedlung vorbei und überquerten die Brücke über einen tiefen *arroyo.* Dann fing es an zu regnen. Ich zog meinen Poncho an, der den ganzen Sattel bedeckte. Lastwagen fuhren an uns vorüber, der Regen fiel stetig. Ich machte eine Skizze und ein Foto von einem Hügel. Die Schönheit des regennassen Landes war überwältigend. Aber ich war nicht glücklich, denn es war niemand da, mit dem ich diesen Anblick teilen konnte. Aber immer noch besser, als in der Schule oder zu Hause auf meinem trübseligen Zimmer zu sitzen und dem Regen an den Fenstern zuzusehen. Mein Problem ist, daß ich zu keiner Gruppe von Menschen passe.

Am ersten Tag da draußen fühlte ich mich wie ein Held, weil ich einen Hut hatte. Nun ist er ein Teil von mir.

Neben den Indian Wells traf ich zwei Männer auf einem von Mulis gezogenen Karren. An der Handelsstation kaufte ich Zucker, Milch und Hafer. Wir umrundeten einen Hügel von wunderschönem rotschwarzen Gestein und kamen an eine Quelle. Da sah ich zwei Hogans und einen Korall. Die Hogans waren leer, ich blieb am größeren Hogan stehen und führte die Pferde zum Grasen. Dann stieg ich den Hügel hinauf und betrachtete den Regenbogen, die roten Hügel und die mit Zedern bewachsenen fernen Tafelberge. Ich las, kochte und sah ins Feuer.«

Ich habe nur noch zwei Dollar und wenige Lebensmittel. Sobald ich wieder mehr Geld habe, kaufe ich für drei, vier Dollar eine Satteldecke der Navajo, die ich zu verschiedenen Zwecken gebrauchen kann. In Ganado wohnte ich bei dem Häuptling, ich schnitt Mais für ihn, die Pferde ruhten aus. Seine Tochter ist das schönste Indianermädchen, das ich je gesehen habe. Die Kost der Navajo, Maisbrot, Hammel und Kaffee, schmeckt mir nicht besonders. Dreimal gab es nichts außer Maisbrot und Kaffee. Bald gehe ich zum Postamt und schicke Euch den »Zauberberg« und ein paar andere Bücher. Sobald ich mich entschieden habe, werde ich Euch sagen, was ich vorhabe. Trotz der sengend heißen Tage sind die Nächte kalt.

Viele Grüße
Everett

Auf dem Weg von Holbrook zum Mesa-Verde-Nationalpark durchquert Everett erneut Navajo-Land. In der kargen Felslandschaft, die aufgrund ihrer Farbenvielfalt Painted Desert heißt, übernachtet er mehrfach bei den Navajos und erkundet einige Anasazi-Ruinen.

Sonntag, 10. Juli

Ich ritt querfeldein Richtung Straße, doch dann mußte ich eine Reihe von Zäunen und tiefen Schluchten umgehen. Schließlich habe ich es geschafft. Dabei sang ich:

Hahryroohyah, boom agay
Hahryroohyah, hoosangow,
Hahryroohyah, to tave ut fruh tin.

Das ist die hawaiianische Version von »Hallelujah, born again, give us a hand-out to save us from sin«. Ich entdeckte die Verse in einem Buch von Frederick O'Brien, als ich bei Edward Weston in Carmel herumstöberte.

Dann sang ich das Lieblingslied von Hot Cake [ein Navajo, mit dem Everett einige Tage lang gecampt hatte], »Strawberry Roan«, und Cornels Lieblingslied »Rolling to Rio.«

In Lizard Springs trank ich etwas. Ich hatte nur wenig Wasser, denn ein paar Indianer hatten die Pumpe in Ganado kaputtgemacht. Fünf Meilen die Straße hinauf nach Norden sollte eine Windmühle sein. Ich stieg von der Hochebene ins Ödland ab, die Windmühle lag drei Meilen abseits der Straße und sah geschlossen aus. Ich ritt durch das baumlose Tal zur anderen Seite. Dort stieg ich auf zu einem einsamen Baum am Grat, unter dem ein Dutzend Pferde und Mulis grasten. Ich knipste ein Bild, sie gingen weg, und ich ritt unter den Baum.

Oben im Geäst war ein Falkennest. Ich machte mir Anisbrot und las die Briefe von Mendelssohn, Wagner, Liszt, W. W. Story und Jules Breton. Als ich mich ein wenig erfrischt hatte und die Pferde geweidet hatten, gab ich ihnen Mais und ritt weiter. Der Weg führte oberhalb des Beautiful Valley entlang. Hätte ich das Tal gekannt, wäre ich abgestiegen, aber ich hielt mich immer an der Straße. Mein Wasser war fast aufgebraucht, ich war über die Strecke zum Behikutsosee falsch informiert worden. Ich traf Leute in einem Wagen, sie sagten, es seien noch fünf Meilen zum See. Wasser hatten sie keines. Kurz darauf verließ ich den Weg und »folgte dem Schimmer«. Ich mußte Schluchten und Grate überqueren, schließlich kam ich an einen ausgetrockneten See. Das Salz glitzerte wie Wasser. Der Behikutsosee war gleich in der Nähe. Andächtig blickte ich über die weite Wasserfläche, während die Tiere soffen. Ich war in einem anderen Land. Als ich dahockte und trank, hörte ich, wie am anderen Ufer ein paar Pferde im See planschten. Ich watete ins Wasser, füllte zwei Feldflaschen und führte die Pferde wieder zur Straße. Gras und

Wasser findet man im Land der Schafe niemals gleichzeitig. Eine kleine Schlange wand sich über den Weg. Der Mond ging auf. Auf einer grasbewachsenen Kuppe machte ich halt. Feuerholz gab es nicht, nur ein bißchen trockenes Kraut. Glücklicherweise fand ich die Überreste eines Sommer-Hogans und konnte das Holz zum Feuern benutzen. Gerade als das Essen fertig war, fing es an zu regnen. Ich bedeckte schnell mein Lager. Als ich halb aufgegessen hatte, fegte ein Sturm über mich hinweg. Der Donner grollte, und das Ganze wurde von afrikanischen Dschungelgeräuschen begleitet. Ein paar Stiere brüllten wie die Löwen, in der Ferne schrie eine Ziegenherde wie ein Rudel Hyänen, offenbar hatten die Tiere Angst vor dem Blitz. Es war richtig unheimlich.

Chin Lee, 12. Juli

Lieber Waldo,
[im Mai] überquerte ich den Salt River, stieg hoch hinauf in die Sierra Ancha und schlug an einem Gebirgsbach unter Kiefern mein Lager auf. Am nächsten Abend, nachdem ich Curly gefüttert hatte und gerade dabei war, selbst etwas zu essen, galoppierte Pacer mitsamt seinen Fesselstricken davon. Ich suchte ihn zwei Stunden lang im Mondschein. Als ich zurückkam, hatte Curly mein Essen aufgefressen. Ich bestrafte ihn, und er rannte weg. Am nächsten Morgen rief ich nach ihm und suchte ihn, doch ich konnte ihn nicht mehr finden. Ein Hund ist ein treuer Gefährte, aber Curly hat mich enttäuscht. Ich kann es mir nicht leisten, ihn durchzufüttern, und wollte seinetwegen nicht umkehren, also wanderte ich weiter und hoffte, er würde mir folgen, aber das tat er nicht, und ich habe ihn nie wiedergesehen.

Nachdem ich das Gebiet um den Salt River verlassen hatte, kam ich in eine Gegend, in der die Menschen sehr gastfreundlich, nett und großzügig sind. Ich arbeitete eine Weile auf verschiedenen Ranches und mußte lange kein Essen mehr kaufen.

Körperlich bin ich nicht sehr zäh, ich habe nicht die Kraft eines Tagelöhners. Wenn ich Arbeiten verrichten muß wie graben oder Lasten heben beim Straßenbau, werde ich schnell müde. So bin ich eben gebaut, und so sehr ich mich auch immer wieder bemühe, bin ich für körperliche Arbeit doch nicht geschaffen. Abgesehen davon kann ich aber gut auf mich allein aufpassen; ich kenne meine Fähigkeiten bis zu einem gewissen Grad und bin stolz auf meine Standfestigkeit und meine Offenheit. Ich komme ganz gut mit Menschen aus, aber ich habe die größten Schwierigkeiten, wirkliche Freunde zu finden.

In Ganado lud mich ein gebildeter Indianer ein, bei ihm zu wohnen, damit meine Pferde ausruhen konnten. Ich harkte sein Maisfeld und brachte ihm ein wenig Englisch bei. Er mußte für ein paar Tage zu einem Indianerrat und schlug mir vor, während seiner Abwesenheit bei seinem Schwiegersohn zu wohnen, der sieben Meilen südlich, flußabwärts im Pueblo Colorado wohnt. Er spricht kein Englisch und wohnt allein. Ich half ihm, im Maisfeld Unkraut zu jäten, bis ich fast zusammenbrach. Die ersten beiden Mahlzeiten bestanden nur aus Kaffee und kaltem Maisbrei *(namskadi)*. Ein anderer Indianer kam, Lefty Johnson (mein Gastgeber hieß Sam Johnson), und Sam ging weg, ohne ein Wort zu sagen. Wir schnitten Heu und harkten ein weiteres Maisfeld, zum Abendessen gab es Hammel. Am nächsten Tag harkten wir ein anderes Maisfeld und ein Bohnenbeet, pflügten ein Feld und säten Hafer. Am nächsten Tag brach ich auf. Es war ein Alptraum – die Pferde hatten genügend Futter, doch ich mußte hungern. Ich war froh, wieder mit jemandem Englisch sprechen zu können. Bei der Heuernte sah ich eine Klapperschlange, ich trat ihr auf den Kopf und schnitt ihr die Klapper ab. Das ist die siebte, die ich in diesem Jahr erlegt habe. Es war einfach, keine Schlange ist mir je gefährlich geworden. Das Heu schnitten wir mit Sicheln, es gibt keine Mähmaschinen.

Ich brauchte nur anderthalb Tage für die gut vierzig Meilen von Ganado nach Chin Lee. Das war eine gute Leistung für meine alten Klepper. In der ersten Nacht schlug ich ein paar Meilen hinter dem Behikutsosee mein Lager auf. Ich hätte gerne am See geschlafen, doch Gras und Wasser findet man im Navajoland niemals am selben Ort, weil die Schafe das Gras im Umkreis von zwei, drei Meilen um die Wasserstellen abfressen. Entweder hat man einen trockenen oder aber einen abgegrasten Lagerplatz. Ich war froh, den alten Orientierungspunkt gefunden zu haben.

Mrs. Wetherill, die ich in Kayenta kennengelernt hatte, kam gestern mit Grace [Frances] Gilmore hier an, der Autorin von »Windsinger« und anderer Bücher über Indianer. Mrs. Wetherill will ein paar Indianer finden, die akzentfrei sprechen und in dem Film »Der lachende Junge« mitspielen können, der in der Nähe von Kayenta gedreht wird.

Ich mag dieses Land sehr, auch wenn ich mich manchmal nach dem Meer sehne. Das Land ist wild und von überwältigender Schönheit. Einige Zeit konnte ich nicht malen, aber ich werde noch ein paar Bilder angehen, bevor ich endgültig die Waffen strecke. Was ich hier wie auch anderswo vermisse, ist die Gesellschaft intelligenter Menschen. Irgendwie ist es verkehrt, daß die Menschen sich gegenseitig so wenig bedeuten. Die Welt könnte so schön sein! Doch die verpaßten Gelegenheiten häufen sich inzwischen in den Himmel. Hier draußen habe ich keine klugen Mädchen getroffen. Bevor ich Hollywood verließ, lernte ich eine sehr interessante Polin kennen, aber vielleicht wäre es besser gewesen, ich hätte sie nie getroffen. Ich sehne mich so endlos nach guter Musik, aber wie soll man in den Genuß kommen, wenn man nicht reich ist? In Hollywood kannte ich ein paar Leute – und von einigen mehr hatte ich gehört –, die gute, klangtreue Victrola-Grammophone und Schränke voller Symphonien besitzen, doch diese Leute sind entweder weibisch und schrullig oder sonstwie unerträglich, also habe ich dort auch keine Musik gehört.

Anders als Du muß ich für Benzin und für den Friseur

nichts ausgeben, aber mein Geld geht für Tierfutter und Kleidung drauf, die ziemlich schnell verschleißt. Ich laufe die Schuhe durch, meine Hemden und Hosen reißen. Von Zeit zu Zeit muß ich auch Ausrüstungsgegenstände kaufen. Vor drei Wochen schnitt mir ein Kuhhirte die Haare. In den Reservaten sind die Lebensmittel ausgesprochen teuer.

Mein Leben in Arizona ist sehr viel unsicherer als das Leben zu Hause. Wenn ich niedergeschlagen bin, dann ist es so schlimm, daß ich fast Angst bekomme. Doch ich weiß inzwischen, daß diese Stimmungen auch wieder vergehen, und wenn ich ein paar schöne Momente erlebe, kann ich sie vollständig vergessen.

Es ist schon spät im Jahr, aber ich werde wohl trotzdem über Roundrock, Red Rock und Shiprock nach Mesa Verde weiterziehen und mir Zeit nehmen für den Canyon de Chelly und den Canyon del Muerto. Meine nächste Adresse wird wahrscheinlich in Shiprock, New Mexico, sein. Ich bin noch einen Tag hier, aber diesen Brief wirst Du wohl erst in einer Woche bekommen. Wenn Du mir schreibst, dann vermerke auf dem Umschlag »Rücksendung nach zwei Monaten« oder so etwas Ähnliches, damit sie die Post nicht gleich wieder zurückschicken, wenn ich sie nicht innerhalb einer Woche abhole. Mein Weg geht über hundert beschwerliche Meilen, aber ich werde es wahrscheinlich in einem Monat schaffen, vielleicht sogar schneller. Ich werde die Lukachukai Mountains sehen, die sehr schön sein sollen. Das Hinterland ist weit und wild.

Vorletzte Nacht am See schlug ich im Mondschein mein Lager auf. Tintenschwarze Wolken jagten über den Himmel, heftige Böen pfiffen durchs Schilf, der Blitz fuhr über den Himmel, und der Donner grollte unheimlich. Ein paar Stiere in der Nähe brüllten wie Löwen im tosenden Sturm, und dann glaubte ich fast, ein Rudel Hyänen zu hören, doch es war wahrscheinlich eine Ziegenherde.

Zur Zeit bin ich hier bei Freunden in wunderschöner Umgebung, ich habe ausreichend zu essen und genügend, worüber ich nachdenken muß. Ich hoffe, auch Dir geht es so gut oder sogar noch besser.

Viele Grüße von Deinem Bruder

Everett

PS

Mehr und mehr bekomme ich den Eindruck, daß ich immer ein einsamer Wanderer in der Wildnis sein werde. Mein Gott, wie das Unbekannte mich lockt! Du verstehst sicher nicht, wie es eine so unwiderstehliche Faszination auf mich ausüben kann. Der einsame Weg ist am Ende der beste Weg. Ich hoffe, ich kann gute Pferde und einen besseren Sattel finden. Ich werde nie aufhören zu wandern. Und wenn meine Zeit gekommen ist und ich sterben muß, werde ich mich auf das wildeste, einsamste und verlassenste Fleckchen in dieser Wildnis zurückziehen.

Versprechen an den Wind

Fort in weite, neue Lande,
Durch zeitlose, menschenleere Gefilde.
In uns allen braust und tost
Des Windes Macht ganz ohne Milde.

Er fegt herunter von der Ebene,
Rauh und scharf kommt er vom Berg,
Und nach dem Regen weht er frisch
Und füllt die Seel' mit seinem Werk.

In tiefer Stille unterm blauen Himmelszelt,
Ganz oben auf dem Felsgesims, allein,
Wo die Luft so klar und rein, so kostbar ist,
Dort soll mein Versprechen an die Winde sein:

»Bei der Kraft meines Arms, der Gabe meiner Hand,
Und bei meinem Augenlicht schwöre ich bindend:
Solange das Leben noch in mir wohnt, so lange
Will ich nur folgen der Fahne der Winde.

Will spüren der Winde Kraft, bis ich sterbe,
Will arbeiten in seinem frohen Sinne,
Will seine Reinheit suchen und
Will nur folgen der Fahne der Winde.«

Hier in der größten Stille der Welt,
Ganz oben auf dem Felsgesims, allein,
Wo die Lüfte beben, vom Blitz zerrissen,
Dort gab ich dem Wind mein Versprechen.

Montag, 18. Juli

Wieder lange geschlafen, dann Harry [Price, ein Navajo] besucht. Er zeigte mir eine Felswohnung – *assaze bekin*, dort würde ich Pfeilspitzen finden. Es fing an zu regnen, als ich dort ankam, aber ich war schnell im Trockenen unter dem Fels. Ich kopierte ein paar seltsame Wandzeichnungen. Die Schriftzeichen waren sehr weit oben, der indianische Künstler muß gefährlich an der Wand gehangen haben, um sie anzubringen. Navajo hatten die Wohnung als Schafpferch benutzt. Ich drehte einen Stein um, scharrte im Dreck und fand eine weiße Pfeilspitze; sie war ganz, aber krumm. In einem *kiva* [einem unterirdischen Ritualraum der Pueblo-Indianer] grub ich ein Stück einer Sandale aus, außerdem Maiskörner, Kürbisschalen, Seile und ein Stirnband, das aus Yucca-Fasern gewoben und mit dem Harz der Pinyonkiefer überzogen war. Vom Staub wurde mir ganz schwindlig, bei Ausgrabungen braucht man eine Maske. Sicherlich würde ich vieles mehr finden, wenn ich eine Schaufel hätte, aber was soll's? Ich spazierte den Hang rauf und runter; wenn es regnete, ging ich in die Höhle. Ich fand vier weitere Pfeilspitzen, eine war noch intakt. Dann kam Harry, und wir plauderten eine Weile. Ich ging zurück und kaufte ihm für einen halben Dollar eine Hammelkeule ab.

Den ganzen Nachmittag lang saß ich in meinem Hogan

und las Gedichte, Emersons Essays und Ibsens »Gespenster«. Ich komme mir ganz unnütz vor; ein Leben in Einsamkeit scheint doch nicht so gut zu sein. Wenn ich doch nur die große Liebe finden würde! Mit der Kunst sollte ich nicht weitermachen. Um ein großer Künstler zu sein, muß man ständig arbeiten, dazu habe ich nicht die Kraft. Auch jede andere tägliche Arbeit wäre nichts für mich. Und die Navajo, die den ganzen Tag über Schafe hüten, inspirieren mich auch nicht. Ich bekomme immer mehr das Gefühl, daß ich nicht in diese Welt gehöre. Ich verliere die Verbindung zum normalen Leben. Wozu soll ich malen, wenn ich hier überall von der Natur umgeben bin? Und außerdem kann ich gar nicht malen. Ich will wieder in die Stadt. Aber wie soll ich dort hinkommen? Und wie zurück?

Der Regen ließ den Fluß stark anschwellen. Heute sah ich nicht nach den Pferden. Ich kochte zuviel Reis und aß zuviel. Der Himmel ist wieder klar.

Ungefähr eine Stunde lang las ich mit Hilfe der Taschenlampe laut Gedichte. Es hob richtiggehend meine Stimmung, mit sonorer Stimme Poes schwermütige Zeilen zu deklamieren, Whitmans »Geflüster vom himmlischen Tod«, Robinsons »Der Mann am Horizont« und »J. Alfred Prufrocks Liebesgesang« von Eliot. Es war schön, wieder die Sterne zu sehen.

Donnerstag, 21. Juli

Ich hätte gerne die Schatten skizziert, aber ich schlief zu lange. Als ich gerade dabei war, Reisküchlein zu backen, kamen eine alte Indianerin und ihre hübsche Enkelin mit den Schafen. Sie sprach sehr feierlich in Navajo mit mir. Der Braune hatte seine Fesselstricke abgescheuert und sich im Sand gewälzt. Ich ging ganz ruhig zu ihm, streichelte ihn und legte ihm ein neues Seil an. »Est sa« bekam ein paar getrocknete Apfelringe. Das Mädchen spielte liebevoll mit ihr. Die Alte schimpfte mit mir, weil ich den Hogan als Feuerholzlager mißbrauchte. Dann hatte ich wieder meinen Frieden. Ich las »Ein Traum von John Ball« zu Ende und fing einen Akt »Romeo und Julia« an. Ich kochte Mittagessen und dachte lange nach. Wahrscheinlich habe ich schon zuviel gesehen und zuviel erlebt, so viel, daß ich nun in einem Traum lebe, aus dem ich nicht mehr erwachen kann wie andere Menschen. Ich liebe die Schönheit, doch ich habe nicht mehr den Wunsch, sie in der Kunst neu zu erschaffen. Ehrgeiz widert mich an. Die Bartons hätten mir fast wieder Selbstvertrauen geschenkt, doch die Vertraulichkeit machte dann alles wieder zunichte. Ich hätte Curly bei ihnen lassen sollen. Alle fanden es schlecht, daß ich alleine loszog. Eigentlich habe ich jetzt genug von der Einsamkeit, aber ich will die Unabhängigkeit nicht aufgeben, an die ich inzwischen gewöhnt bin.

Ich fühle mich körperlich schwach. Würde mich nicht wundern, wenn ich wieder einen akuten Anfall meiner perniziösen Anämie[7] hätte. Eine leichte Prellung heilte erst nach drei Wochen. Und mein wunder Zeh wird mich noch lange plagen. Die Ernährung ist ein großes Problem. [5 Zeilen gestrichen]

Ich mußte an Robinsons Vers denken:

»Wer zu weit geht, sein Grab zu finden,
wird meist alleine gehn.«

Am Abend schüttelte ich die Schwermut wieder ab. Ich pflückte Blumen unter den roten Felsen und deklamierte Gedichte im Hogan. Ich hätte gerne geschrieben, aber die Worte wollten nicht kommen. Hin und wieder schrie ein Esel, und der Sand rieselte durchs Dach. Ich saß auf meiner Decke und freute mich klammheimlich.

Den Schimmel will ich »Nuflo« nennen – nach Rimas hämischem Großvater in »Das Vogelmädchen«. Den Braunen habe ich Jonathan getauft, weil er so gutmütig, sanft und freundlich ist.

Freitag, 22. Juli

Die Pferde bekamen viel Hafer, dann trotteten wir die kleine Schlucht unter den überhängenden Felswohnungen hinauf, wo ich im letzten Jahr die Halskette fand. Ich entdeckte den Aufstieg; der Pfad war steil und steinig, und ich dachte schon, ich würde den Canyon del Muerto nun verlassen. Es war so steil, daß ich Nuflo führen mußte, Jonathan mußte ich antreiben. Auf halbem Weg nach oben stürzte er an einer steinigen Stelle, oder er legte sich von selbst hin. Ich schlug ihn, doch er wollte nicht aufstehen, also nahm ich ihm die Ladung ab. Die Milch war ausgelaufen, es war ein heilloses Durcheinander. Als ich Jonathan den Packsattel abnahm, rutschte er den Hang hinunter, überschlug sich dreimal und rappelte sich dann wieder wankend auf. Ich führte ihn zum Pfad zurück und legte ihm Nuflos Sattel auf, belud Nuflo und führte die Pferde langsam wieder hinunter. Ich ritt nicht auf Jonathan, sondern band nur Nuflos Zügel an den Sattel; derart angeseilt wanderten wir weiter. Nachdem wir den Hogan etwa eine halbe Meile hinter uns gelassen und stromaufwärts gegangen waren, zog Jonathan immer wieder zurück. Ich blieb ein paarmal stehen und sah nach, was los war. Nach ein paar weiteren, langsamen Meilen kamen wir zu meinem letzten Lager und machten unter einer Baumwollpappel halt. Ich entlud die Tiere und führte sie ans Ufer, wo nur spärliches Gras wuchs. Ich band Jonathan nicht die Fesseln zusammen; er ging umher, aber er fraß nicht. Als ich die Schnittwunde an seinem Bein auswusch, blieb er ruhig stehen, doch dann wankte er wieder und fiel in einen Kaktus. Wacklig kam er wieder auf die Beine, schwankte und brach schließlich zusammen. Ich mußte mit dem Schlimmsten rechnen und sah auf der Karte nach, wie weit es zu den Eisenbahngeleisen war. Dann sah ich Jonathan wieder an – er war tot. Glasige, grünliche Augen, gebleckte Zähne, Fliegen im Mund.

Canyon del Muerto

Für mich war der Canyon del Muerto wirklich eine Todesschlucht, das Ende des Wegs für meinen lieben, alten Jonathan.

Ich habe beschlossen, den Reitsattel in der Höhlenwohnung zu verstecken, dort, wo ich im letzten Jahr auch das Wickelbrett gelassen habe. Nun muß ich wieder zu Fuß weiterwandern, der alte Nuflo ist mein Lasttier. Am Himmel stehen schwarze Wolken, mieses Wetter ist im Anzug.

Ich sattelte Nuflo und galoppierte zum letzten Mal im Sattel. Dann führte ich ihn ein Stück den steilen Hang hinauf, schulterte den Sattel und kletterte weiter. Als ich an der Felswohnung ankam, war ich ganz erschöpft, der Schweiß rann mir in Strömen herunter. Ich fand das Wickelbrett, breitete meine alten Decken auf dem Boden eines kleinen Lagerhauses aus und legte das Wickelbrett und den Sattel darauf. Zwei der Decken sind vom Grand Canyon, viele Mulis trugen sie schon auf dem Rücken, Cynthia und Percival, Peggy und Wendy und mein Mustang Pacer. Da war noch der Quilt aus Spurlocks und eine Decke, die aus einem Dutzend Jutesäcken aus Superior zusammengenäht war.

Ich schrieb einen Zettel, legte ihn unter den Sattel und stieg wieder bergab. Als ich bei Nuflo war, fing es an, in Strömen zu regnen. Naß bis auf die Haut kamen wir am Lager an. Eine Weile lang stand ich nur da und sah auf den schlammigen Fluß, die Sturzbäche an den Felsen und auf Jonathans reglosen Kadaver. Die Schleusen des Himmels schienen sich noch weiter öffnen zu wollen, also zog ich mir den Poncho über, belud Nuflo und watete am Ufer flußaufwärts. Der Wolkenbruch durchnäßte uns vollkommen, aber wir stapften entschlossen weiter, und bald waren wir in einem unbekannten Land. Der Regen hörte auf. Wir überquerten den Fluß tausendmal. Der Canyon war einmal rot, dann rosa, grau und gelb. Ein paarmal mußten wir über glitschige Steinbrocken klettern, die den Weg versperrten, und durch Treibsand waten. Unten in der Schlucht waren Kiefern und Tannen und ein Espenhain. Die Wände der Schlucht wurden niedriger, aber wir fanden trotzdem nicht hinaus. Da sah ich schließlich Schafspuren und Abdrücke nackter Sohlen. An einer trockenen Höhle hielt ich an, wir waren beide erschöpft. Für Nuflo gab es saftiges Gras. Als ich wieder aus der Höhle herauskletterte, sah ich einen purpurfarbenen Gebirgszug und abgeflachte Hügel – bestimmt die Lukachukai Mountains. Ein Indianer trieb pfeifend seine Schafherde zusammen. Ich fand einen Pfad, der aus der Schlucht hinausführte, und ging zurück zum Lager; es war schon spät. Der Himmel war düster, und ich hatte seit dem Morgen nichts gegessen, also briet ich Hammelfleisch und kochte Brei. Ich las Browning und grübelte. Wie seltsam doch die Wirklichkeit ist! Ich sollte morgen nicht reiten. Ein neues Pferd kann ich wohl auch nicht kaufen, dazu reicht mein Geld nicht, und außerdem genügt ein Pferd. Auf den alten Nuflo muß ich nun etwas besser aufpassen, ich gebe ihm mehr Hafer und binde ihm nicht mehr die Fesseln zusammen. Den Sattelgurt machte ich am Packsattel fest und ließ den anderen in der Höhlenwohnung.

Wenn ich nicht den Aufstieg über den steilen Berg unternommen hätte, wäre Jonathan vielleicht noch am Leben, aber er hatte sich schon seit einigen Tagen so komisch verhalten. Bestimmt werden die Navajo seine Hufeisen stehlen.

Ich sang traurige Lieder, starrte in die Glut meines Lagerfeuers und lauschte dem Lied der Grillen, dem plätschernden Wasser, dem Klingeln von Nuflos Glöckchen *(yo tsoyee)* und seinem Mampfen. Jonathans Tod hat mich komischerweise nicht entmutigt, es geht mir sogar besser, nachdem ich die Herausforderung angenommen habe, ohne ihn weiterzuwandern. Sein Tod war natürlich tragisch. Ich werde nie vergessen, wie er zur Seite taumelte, als wollte er sich irgendwo anlehnen, keine Stütze fand, auf den Boden fiel und sich überschlug.

Den Sattel wird wahrscheinlich niemand finden. Das Wickelbrett war noch dort, wo ich es im Mai letzten Jahres gelassen hatte, nur die Schlaufen waren abgefallen. Was ich auf das Brett geschrieben hatte – »Evert Rulan« und so weiter –, war kaum noch zu sehen. Der Regen hatte meine Spuren verwischt. Der Sattel ist gut versteckt. Die Geister der ehemaligen Höhlenbewohner werden auf ihn aufpassen. Trotzdem glaube ich nicht, daß ich ihn jemals wieder holen werde.

Die Wolken haben sich verzogen. Die Sterne strahlen über den Tannenwipfeln, als ob Weihnachten wäre.

Montag, 25. Juli

Ich las »Wie es Euch gefällt« und »Ein Sommernachtstraum« zu Ende und aß und aß, bis nichts mehr übrig war, dann ritt ich zum Berggipfel, vorbei an dunklen Seen und tiefen, mit Espen bewachsenen Schneisen. Ich sah eine Schafherde und machte kehrt, die blutrünstigen Moskitos vertrieben mich. Zwei Pferde standen bis zur Schulter in einer Gumpe und fraßen Binsen. Ein Wagen der Navajo mit Espenholz und einer weißen Segeltuchplane kam vorbei.

Ich ging schwimmen, machte Popcorn und schrieb einen Brief an Bill. Solange man lebt, hat man Hoffnung. Noch immer denke ich manchmal, daß in der Zukunft vielleicht das Glück auf mich wartet. Na ja, abwarten! Ich habe ja schon drei Jahre gewartet, und es war nicht vergeblich. Ich werde also weiter warten – von mir aus auch nur, um noch mehr Musik zu hören. Ich kann nicht genug davon bekommen!

Gut gegessen. Kein Windchen trübt die Stille. Ich fühle mich wieder wie ein Mann und betrachte den Sonnenuntergang in seiner purpurnen, goldenen und azurblauen Pracht.

Mittwoch, 27. Juli

An Zuhause gedacht. Alle meine Farben gab ich Haskel, der aus ihnen mehr machen wird als ich. Ohne 15 bis 20 Dollar für Material auszugeben, werde ich nicht mehr malen können. Ich werde wohl den Wagen waschen und beim Kochen helfen müssen. Im Radio werde ich gute Musik hören. Vielleicht kann ich mit Waldo etwas unternehmen. Ich würde gerne Tennis spielen. Ich sehe keine Möglichkeit, Taschengeld zu verdienen. Die Bücherei werde ich ausgiebig nutzen. [8 Zeilen gestrichen]

In der Stadt einsam zu sein ist schlimmer, als in der Wüste einsam zu sein; diese Einsamkeit ist härter aufgezwungen.

Meine Beine sind so schwach wie schon lange nicht mehr. Am liebsten würde ich heimgehen. Jeder Schritt schmerzt. Wenn ich es nach Mesa Verde schaffe, kann ich vielleicht einen Touristen aus Kalifornien überreden, mich gegen Geld mit nach Hause zu nehmen. Der Himmel ist schwarz, aber ich glaube nicht, daß es vor morgen regnen wird. Nuflo hat seit unserem Aufbruch zwei Wunden auf dem Rücken, wahrscheinlich hat er sich an den Falten des alten Sattels aufgescheuert.

Meine beiden Khakihosen sind nur noch Fetzen, meine

Tennisschuhe sind voller Löcher, meine Overalls sind an vielen Stellen zerrissen, die Lederriemen sind fast durchgescheuert, meine ganze Ausrüstung hat schon bessere Tage gesehen.

Ich rauchte ein halbes Dutzend Zigaretten, sah den schönen Rauchfäden hinterher, die in einer Spirale aufstiegen, blies Ringe und starrte die Schwammpilze an den Balken an.

Freitag, 29. Juli

In der Nacht traktierten mich die Moskitos gnadenlos. Ich mußte die ganze Zeit an die Zukunft denken und konnte gar nicht schlafen. Ich will durch die drei Carrizos nach Kayenta und zum Monument Valley wandern, zu den Ruinen der Siedlungen Betatakin, Keet Seel und Inscription House, zur Rainbow Bridge und zum Grand Canyon. Ich würde es mir wahrscheinlich nie verzeihen, wenn ich zurückginge, ohne noch mehr vom Westen gesehen zu haben. Es regnete leicht, dann kamen die Sterne wieder heraus. Bis zum Morgengrauen wälzte ich mich hin und her und hatte Angst, Nuflo könnte seine Lederriemen durchbeißen.

Im Dämmerlicht fand ich seine Spur, folgte ihr und ritt zurück zum Lager. Zum Frühstück gab es Brot, dann belud ich meinen weißen Teufel und brach auf, als ein Navajo gerade seine Herde auf die Weide führte.

Der Highway 666 ist die erste Straße, auf der ich seit Holbrook wandere. Sie ist eben und breit und mit Kies bedeckt, der mich an den Sohlen schmerzt. Es kam mir so vor, als wären wir schon stundenlang unterwegs, bevor wir jemanden trafen. Zwei hübsche Mädchen bremsten ab und fuhren langsam neben mir her, die eine war in rotes und schwarzes Samt gekleidet und war sehr schön. Dann war da noch ein Auto aus Louisiana mit einem hochnäsigen jungen Kerl mit schwarzem Schnurrbart und einer langhaarigen schwarzen Schönheit.

Die Mücken und die Hitze waren schrecklich. Dieses Land ist unfruchtbarer als alles, was ich bisher gesehen habe; nicht ein einziger Baum, nur eintönige, ockerfarbene Ebenen und Hügel. Wolken spendeten für ein paar Stunden Schatten. Ich überschätzte meine Geschwindigkeit und war schockiert, daß ich nirgendwo ankam. Von einem Höhepunkt aus sah ich schließlich gelblich-braune Hügel und ein paar grüne Bäume in der Ferne, ich vermutete, es wäre Mancos Creek.

Die Hitze setzte mir schwer zu. Ich machte Mittagspause. Nuflo wollte nicht grasen, er stand nur dumm herum. Dann kamen wir zur Grenze von Colorado und ließen New Mexico hinter uns. Ich nahm den Weg zur Handelsstation von Mancos Creek. Unter einigen Schwierigkeiten fand ich sie auch.

Der Händler war ein lustiger, gutmütiger Mann. Ich kaufte Essen, trank kaltes Wasser und fragte nach dem Weg nach Mesa Verde. Er kannte ihn nicht. Doch dort war auch ein Ute [Angehöriger eines vor allem in Colorado beheimateten Indianerstammes], der mir den Weg einigermaßen beschrieb, aber ich verstand nicht viel. Ich kaufte eine halbe Wassermelone, band meinen Einkauf fest und wanderte flußaufwärts. Nach einer Viertelmeile führte der Weg über einen Sims an einer tiefen Schneise oberhalb des Flusses entlang. Ich hielt den Weg für begehbar – schließlich war es ein Weg. Nuflo ging voran, er schaffte es gerade noch, doch hinter einer Biegung wurde das Felsband noch schmäler. Wir mußten trotzdem weiterwandern. Nuflo ging auch ein paar Yards ganz sicher, aber an einer besonders schmalen Stelle stießen die Satteltaschen an den Fels, und er rutschte. Er machte einen Satz nach oben, doch wieder prallte er mit den Satteltaschen ab. Panisch klammerte er sich an die Kante, und dann fiel er in die schlammigen Fluten des Mancos. Das Wasser war selbst in Ufernähe tief, er strampelte verzweifelt mit den Beinen, doch die Ladung wurde naß, die Packtaschen liefen mit Wasser voll, und er konnte sie nicht mehr heben. Er strampelte und ruderte und driftete ein paar Yards flußabwärts. Aufstehen konnte er nicht mehr, die Ladung war völlig durchnäßt.

Ich stand auf dem Sims, sah nach rechts und nach links und rief: »O Gott! Um Gottes willen!« Dann sprang ich ins Wasser, ich stand bis zur Hüfte in der Strömung und half Nuflo aufzustehen, doch er zappelte noch schlimmer als zuvor. Ich hatte den Brustgurt nur am Nackenriemen verzurrt, weil er eine wunde Stelle an der Brust hat. Der dünne Riemen riß. Nuflo drehte und wand sich wie eine Libelle, er kratzte sich das Fell auf, aber schließlich konnte er sich von dem Gurt befreien. Er wollte aus dem Fluß springen, doch ich hielt ihn am Ufer fest und band ihn an einer jungen Baumwollpappel fest. Dann schwamm ich zurück und mühte mich mit der Ladung ab. Ich schleuderte alles ans Ufer, was oben verzurrt war – Feldflaschen, Lebensmittel, Kamera. Dann band ich die erste Satteltasche los und trug sie ans Ufer, wobei das schlammige Wasser überall herauslief, und holte die nächste. Die Satteldecken waren schwer, die rotgraue Decke vom Grand Canyon riß der Fluß mit. Wahrscheinlich wird sie im Golf von Mexiko landen. Die andere Decke und den Sattel warf ich ans Ufer. Dann kam mein Schlafsack dran. Er war bleischwer. Erst nach ein paar Anläufen konnte ich ihn ans Ufer schleifen.

Nuflo hatte sich die Beine ein wenig aufgeschlagen, aber er graste schon wieder unbekümmert. Ich band ihm die Fesseln zusammen und zog Bilanz der Katastrophe. Die Kamera war mit Wasser vollgelaufen, der Film war naß. Ich rollte ein Stück auf und stellte fest, daß er weiter innen trocken war, also wickelte ich ihn ein und steckte ihn weg. Auf dem Film waren die Bilder von Jonathan.

Die Satteldecke und den Schlafsack hängte ich über einen Zaun und wrang sie aus, so gut es ging, aber das Salz ätzte mir die Haut auf. Ich breitete alle Kleider, die ich noch hatte, auf dem Boden aus, öffnete meinen Malkasten – ein trauriger Anblick! – und legte ein paar Blatt Papier zum

Trocknen aus. Die meisten waren jedoch hinüber. Auch die Haferflocken waren nicht mehr zu genießen. Die Batterien der Taschenlampe waren feucht. Da der Zaun von Ost nach West verlief und nur wenig Sonne bekam, band ich Peitschenseil und Zügel zusammen und wollte damit eine Leine spannen; aber es gab nur einen Baum, an dem ich sie hätte anbringen können. Schließlich fand ich einen Pfosten, der ein wenig höher war. Zwei Frauen kamen vorbei; sie lächelten, boten mir aber keine Hilfe an. Mein Zeug lag überall auf dem Boden verstreut zum Trocknen, doch dann zogen Wolken auf, und es fing an zu regnen. Schnell trug ich alles auf einen Haufen zusammen und legte eine Plane drüber.

Ich zog meinen Poncho an und ging zur Handelsstation, auf dem Weg kaute ich durchweichte Bonbons. Ich mußte über einen gefährlich schwankenden Steg ohne Geländer gehen. Dem Händler erzählte ich von meinem Schiffbruch. Er ist aus North Carolina gebürtig, hat aber schon in Zuni und in Phoenix gearbeitet.

Ich kaufte Zigaretten, Bonbons und einen Kamm. Am Abend kam ein Lieferwagen. Ich half beim Entladen der Wassermelonen.

Gerne hätte ich eine dicke Decke gekauft, es gab auch welche, die mir gefielen und die nicht zu teuer waren, aber die Muster waren so langweilig, daß ich mich nicht zu einem Kauf entschließen konnte. Ich lieh mir ein paar Socken, eine Decke und eine Plane zum Schlafen und ging zurück zum Lager. Dort aß ich Wassermelone und Erdnußbutterbrote und legte mich schlafen. Ich ließ mir nichts anmerken, aber ich fühlte mich von den Ereignissen richtiggehend überrollt.

Anfang August erreicht Everett den Mesa-Verde-Nationalpark, wo er erneut auf Giftsumach reagiert und mehrere Tage stark geschwächt ist. Seine Eltern erfahren auch diesmal nichts von seiner Erkrankung.

Everett im Mesa Verde National Park, 1932

Mesa Verde, 18. August

Lieber Vater,
im Nationalpark wohnte ich in den Quartieren der Rangers – ein Dutzend netter junger Männer. Einer von ihnen ging mit mir zur Wetherill Mesa, wo wir ein paar Felswohnungen erkundeten. In Long House fing ich einen Bussard und knipste ein Bild von ihm.

Deine Briefe, Päckchen und die anderen Sachen habe ich alle erhalten. Du hast Dich gar nicht zu den Fotos geäußert. Meinst Du nicht, daß ein paar davon richtig gut waren? Ich finde die vom Canyon de Chelly und vom Canyon del Muerto sehr gelungen.

Zu dumm, daß Dein Gehalt wieder gekürzt wurde! Ich

konnte den Scheck, den ich in Shiprock bekommen habe, hier problemlos einlösen. Ich war noch nicht am Verhungern. Hier im Park esse ich oft in der Kantine, das Essen ist sehr gut und kostet nur 37 Cent. Gestern bin ich über den Ute Canyon zum Mancos River abgestiegen und über den Navajo Canyon wieder in den Park hinaufgewandert. Jim English, der hier die Pferde versorgt, half mir, die Hufeisen zu entfernen, und ich ließ Nuflo frei laufen. Er ist schon sehr alt, seine Zähne sind so abgekaut, daß er kaum mehr grasen kann, und sein Rücken ist auch wund.

Bei schönem Wetter will ich morgen zur Wildhorse Mesa wandern und dort ein paar Tage bleiben. Die letzten Tage hat es geregnet. Während ich im Ute Canyon war, gab es einen Wolkenbruch, den ersten, den ich hier erlebe. Ich hörte das Poltern und Grollen und rannte zum Rand der Schlucht. Unter mir war der trockene Grund des Canyon, von oben schäumte und toste der braune Strom herunter, riß Holz und Geröll mit und ergoß sich wie Lava aus einem Vulkan, rauschte vorbei und füllte die Schlucht mit reißenden Fluten. Am Morgen war alles wieder trocken. In einer Pueblo-Ruine fand ich eine schöne kleine Pfeilspitze aus Obsidian.

Ich weiß noch nicht, wie lange ich hier bleiben werde, doch sollte ich aufbrechen, so werde ich mich wahrscheinlich auf den Heimweg machen. Ich beginne mich mit den Leuten hier anzufreunden – ein paar sind wirklich sehr nett –, und ich bin gar nicht in der Stimmung für eine größere Veränderung, aber sie wird sich bestimmt einstellen. Hier fühle ich mich von der Armut allerdings nicht so bedrückt, wie es wahrscheinlich in der Stadt der Fall sein wird, wo einen der Geldmangel lähmt und alle Türen verschließt. Doch ich freue mich auf Konzerte und auf die Bücherei, die ich intensiv nutzen werde. Ich will auch wieder malen, doch dazu muß ich erst eine komplette Palette Ölfarben und eine Kamera kaufen; das wird ins Geld gehen. Ich will auch Tennis spielen, doch dazu muß ich auch erst einen Schläger kaufen. Wie Du vorgeschlagen hast, will ich auf jeden Fall eine Woche im Red Rock Canyon verbringen.

Für das College habe ich wohl kaum die richtige Einstellung. Du hast schon einmal mein Einzelgängertum angesprochen, das jetzt noch schlimmer geworden ist. Ich will Freunde, wie jeder andere Mensch auch, aber meine Vorstellungen von einer richtigen Freundschaft machen es mir schwer, welche zu finden. Vier meiner besten Freunde sind nach New York gegangen; Bill, Clark und Cornel sind mir fremd geworden; auch von Dee habe ich mich entfernt. So habe ich eben keinen einzigen Freund mehr, und es ist schwierig, wieder ganz von vorn anzufangen.

Was mein berufliches Leben angeht, so ist jetzt alles noch unklarer als zuvor. Ich bin mir nicht sicher, ob ich ein Künstler bin. Ich will meine Abenteuer zu Papier bringen, aber das ist eine so persönliche Sache, daß es schwierig werden könnte. Ich bin nicht dafür geschaffen, tagtäglich die gleiche, stumpfsinnige Arbeit zu tun und regelmäßige Zeiten einzuhalten. Wenn ich keine neuen Erfahrungen machen, meinen Horizont nicht erweitern kann und keine Abwechslung habe, erscheint mir das Leben nicht lebenswert. Ich könnte nicht behaupten, daß ich jemals einen Menschen getroffen habe, den ich beneide, und wenn, dann war es Edward Weston. Das Leben der meisten Leute reizt mich nicht, und ich würde niemals mit ihnen tauschen wollen, auch wenn meine eigene Lage bei weitem nicht perfekt ist.

Ich war oft niedergeschlagen, was das darauffolgende Hochgefühl nur noch schöner machte. Im Moment bin ich sehr vergnügt.

Viele Grüße
Everett

Obwohl Everett seinem Vater noch im August schreibt, er wolle nicht aufs College gehen, trampt er Anfang September von der Mesa Verde aus zurück nach Los Angeles. Dort schreibt er sich an der University of California in Los Angeles (UCLA) ein.

Hollywood, 29. September

Lieber Cornel [Tengel],
gerade hörte ich Cesar Francks Symphonie in d-moll. Ich löschte das Licht und tanzte; danach drehte ich mich zum Bacchanal aus Saint-Saëns »Samson und Dalila«, bis alles nur noch um mich herumschwirrte.

Seit ich Dir das letzte Mal schrieb, hatte ich ein paar faszinierende Erlebnisse in der Wildnis – ergreifend, überwältigend. Aber ich bin ja stets überwältigt. Ohne das kann ich nicht leben.

Anfang September machte ich mich von Colorado aus wieder auf den Heimweg, blieb aber noch ein paar Tage im Grand Canyon, stieg allein in die steile Schlucht hinab und tauchte in die Stille ein, bis mich diese fast furchterregende Erhabenheit übermannte und alles in dem ohrenbetäubenden Tosen des Colorado unterging. Ich betrachtete die sich schlängelnde Gischt und die mit Feuerzungen schnellenden Wellen, bis ich davon so trunken war wie von der roten Wüste des Navajo-Landes und vieler anderer Orte. Ich weiß, daß ich unbedingt zum Grand Canyon zurückkehren muß.

Doch eines kühlen, nebligen Morgens kehrte ich der Einsamkeit den Rücken und kam wieder nach Los Angeles, wo ich meinen Sombrero und die Wanderstiefel gegen stadtfeine Kleidung eintauschte. Eine Woche lang schrieb ich intensiv, natürlich las ich auch, und nun gehe ich auf die UCLA, wo ich mit ziemlichem Dusel zugelassen wurde. In Chemie hatte ich schlechte Noten, wie Du Dich vielleicht erinnerst, aber da mir Punkte aus Indiana angerechnet wurden, verwandelte sich das D in höherer Mathematik wundersamerweise in ein A, und so konnte ich die schlechte Note in Chemie ausgleichen.

Ich belege Philosophie, Geologie, englische Geschichte und Komposition sowie ROTC[8] und Sport. Heute war ich schwimmen. Ich konnte es so einrichten, daß ich dienstags und donnerstags keinen Unterricht habe und nur drei Tage die Woche zur Uni gehen muß.

Hast du Mr. Weston nicht getroffen? Das mußt Du unbedingt! Es wäre ein großer Fehler, das zu versäumen. Er ist meiner Meinung nach bei weitem der interessanteste und genialste Mensch in Carmel. Sag ihm, daß Du ein Freund von mir bist.

Für den Rückweg solltest Du kein Fahrgeld ausgeben. Schicke Dein sperriges Gepäck mit der Paketpost oder mit einer Spedition, vergiß Deine Schüchternheit und stell Dich an die Straße. Der Mensch ist zwar im allgemeinen wenig gastfreundlich, aber es gibt immer wieder Ausnahmen, wenn Du nur genug Geduld hast, um darauf zu warten.

Ich will auch wieder einmal nach Carmel; ich hatte dort eine reich ausgefüllte Zeit. Nach Monaten in der Wüste sehne ich mich nun nach Unterwasserhöhlen und Brechern, die in die Höhlengänge klatschen, nach den ruhigen, bunten Lagunen, den zerklüfteten Klippen und den alten, zähen Zypressen. Ich hole mir einen schönen Gaul und reite über den samtenen Sand, wo die Wellen über den Strand rollen und die Tropfen über das frisch gekräuselte feuchte Band spritzen. Kann sein, daß ich in den Weihnachtsferien für drei Wochen nach Carmel reise. Ich war ein paar Tage am Red Rock Canyon und habe gemalt. Warst Du schon einmal dort? Warum rufst Du nicht Harry Leon Wilson jr. an? Ein komischer Kauz mit recht eigenen Standpunkten. Er ist sicher an Deinen Sachen interessiert.

Derzeit begeistere ich mich für viele Dinge, wahrscheinlich ist das eine ganz normale Reaktion auf meine letzte Phase, in der ich so schrecklich niedergeschlagen war. Ich würde Dich gerne wiedersehen. Wenn Du in Carmel bleibst, komme ich Dich vielleicht besuchen.

Schick mir doch das Beste, was Du geschrieben hast, und ich schicke Dir ein paar Holzschnitte.

Ein schwungvoller
Everett

PS

Ich hoffe auf Regen. Dann setze ich mich auf einen Granitfelsen, lehne mich an eine verkrüppelte Zypresse und betrachte ohne Ende die tosenden grauen Fluten.

Allein der Gedanke an den großen Teich, der in der Dämmerung so geheimnisvoll und endlos scheint, tut mir gut.

1933: Kalifornien.
Sequoia, Sierra Nevada, Yosemite, San Francisco

Wahrscheinlich war es sein Vater Christopher, der Everett davon überzeugte, sich in Los Angeles am College einzuschreiben. Eher lustlos belegt Everett einige Kurse, seine Noten sind schlecht. Nach nur einem Semester, im Februar 1933, beschließt er, sich nicht erneut an der UCLA einzuschreiben. Statt dessen macht er Pläne für eine lange Tour durch Kalifornien. Er will zum Sequoia Park und ins Yosemite Valley. Im Mai verläßt er Los Angeles.

Seinen Eltern und Freunden schickt er enthusiastische Briefe aus den Wäldern und Schluchten, die er so liebt. Und als hätte die Einsamkeit seiner letzten Wanderung Everetts Sinne geschärft, entstehen auf dieser Tour einige seiner schönsten Briefe. Für die einfühlsamen Schilderungen der amerikanischen Wildnis wird er heute in den Canyons verehrt. Doch wer Everetts Tagebuch aus dem Jahr 1933 liest, erkennt den melancholischen Ton des vergangenen Sommers wieder. Verzweifelt sehnt sich Everett nach Freunden, mit denen er seine Erlebnisse und Gedanken teilen kann. Zwar hat er nach wie vor keine Scheu, sich zu Cowboys ans Lagerfeuer und zu Farmern an den Tisch zu setzen, in Sequoia verliebt er sich sogar, doch die Ruhelosigkeit, mit der Everett durch die Sierra Nevada streift, läßt feste Freundschaften erst gar nicht entstehen. Düster kommentiert er im Tagebuch sein ungeliebtes Einsiedlerleben. Und es ist dieses Leiden an der

Einsamkeit, das ihn im Herbst nach San Francisco treibt. Es sollte sein letzter Versuch werden, in der Stadt Fuß zu fassen.

836 N. Kingsley Drive, Hollywood, 31. März

Lieber Bob [Nachname unbekannt],

daß Du denkst, ich sei immer noch an der Universität, zeigt, wie schlecht Du mich kennst! Wie kann ein Mensch mit so hochtrabenden Plänen, einer so unbezwingbaren Seele wie ich, sich freiwillig in den toten Wassern der Gelehrsamkeit gefangen halten lassen, wo sich alle außer den Fügsamsten im Morast der Hoffnungslosigkeit wälzen müssen? Du tust mir unrecht, Robin! Daß Du mich so mißverstehen konntest, hat mich schwer geknickt.

Diese Studienepisode scheint schon Ewigkeiten her zu sein, dabei habe ich erst vor zwei Monaten das College verlassen. Ich habe das Studium nicht abgebrochen, sondern blieb bis zum Ende des Semesters auf dem sinkenden Schiff und schloß die Sache ehrenhaft, wenn auch nicht ruhmreich ab. In Geschichte, Philosophie und militärischer Grundausbildung kassierte ich Ds, auch wenn ich vom Unterricht mehr hatte als die meisten Studenten. In Geologie war ich nicht schlecht, und in Englisch schloß ich überraschend mit B ab. Ich habe weder Essays noch Notizen eingereicht und war auch in anderer Hinsicht ziemlich nachlässig. Daß ich inzwischen sehr viel von Mr. Bock halte, brauche ich Dir wohl nicht zu sagen. Ich schulde ihm wirklich große Anerkennung für sein Urteil und seine Einschätzung. Trotz all seiner Unzulänglichkeiten und seiner Fehler hatte er erkannt, daß es sich bei mir um einen Schüler mit außergewöhnlich großen Fähigkeiten handelte! Beglückwünschen wir ihn also zu seinem Scharfblick!

Ich glaube, Du warst nicht in der Schule, als T. S. Eliot, unser Dichter der Dekadenz, gelesen hat. Es war lustig; er entsprach genau meiner Vorstellung von J. Alfred Prufrock

Im Yosemite National Park, 1933

(falls Du seinen Liebesgesang noch nicht gelesen hast, solltest Du das unbedingt tun).

Auch nachdem ich mich nun aus dem Malstrom des College befreien konnte, gleicht mein Leben immer noch einem Strudel, wenn auch mit weniger Wirbeln. Ich schwelgte allerdings in einigen Bacchanalen und musikalischen Orgien. (Hier kannst Du die unumstößliche Logik meiner Sätze und Gedankengänge bewundern – oder dreh Dich einfach weg und lächle still in Dich hinein.)

Die Tahiti-Idylle ist gestorben. Ein Freund hatte mich auf seine Plantage dort eingeladen, aber ich finde, daß ich noch zu jung und zu tatkräftig bin, als daß ich mich jetzt schon dem süßen Nichtstun hingeben will. Außerdem fehlt mir das nötige Kleingeld, das dieses Projekt entschieden er-

Im Sequoia National Park, 1933

leichtert hätte. Und dann haben mich diese Inseln auch in einigen Punkten enttäuscht.

Momentan verbringe ich meine Zeit auf sehr angenehme Weise, ich lese ausgiebig, studiere die Menschen, mache Holzschnitte und hacke auf der Schreibmaschine herum. Ich lege Dir einen Essay bei, den ich kürzlich schrieb und der Dich sicher amüsieren wird. Ich war oft in Konzerten; auch Wigman und Kreutzberg habe ich gewandt herumwirbeln sehen.

In etwa einem Monat, wenn das Tiefland in der Hitze glüht, mache ich mich wieder auf den Weg. Dieses Mal will ich mit ein paar Büchern, Papier, Stift und Farben, Reis und Dörrfleisch in meinem Rucksack über die Sierras wandern, danach werde ich mir San Francisco gründlich ansehen.

Wenn der Zufall, der Wille oder das Schicksal mich in Deine Nähe treiben sollten, werde ich Dich besuchen, da kannst Du sicher sein. Fasse auch Du in der Zwischenzeit ähnliche Vorsätze in bezug auf mich und laß mich wissen, was Du von diesem versponnenen Firlefanz hältst.

Dein Freund
Everett

Ende Mai erreicht Everett den Sequoia Park, wo er drei Monate bleibt. Sequoia liegt im Herzen der Sierra Nevada, dem Hochgebirge Kaliforniens. Bekannt ist der Park vor allem aufgrund seiner imposanten Mammutbäume, auch Sequoien genannt. Vom Sequoia Park aus erkundet Everett die Sierra und bricht schließlich in Richtung Norden auf, ins Yosemite Valley.

8. Juni

Lieber Waldo,
bislang bin ich ohne Uhr ausgekommen. Die Uhrzeit interessiert mich nicht, denn für mich ist immer Zeit zu leben. Ich hatte eine Reihe von Erlebnissen, nicht alle waren intensiv, aber trotzdem sehr schön. Ich traf Leute und kraxelte durch die Gegend. Vor ein paar Tagen war ich in einem Schneesturm auf einem Berggipfel. Mein Leben ist angenehm, aber die Dinge werden sich erst entscheiden, wenn ich in etwa einer Woche zum Kern Canyon aufbreche. Zur Zeit ist das Hochland noch ganz verschneit. Hier im Laden konnte ich einen Holzschnitt gegen einen kleinen Kredit eintauschen, und für ein Bild, das ich auf dem Sunset Rock malte, habe ich einen möglichen Käufer. Ich traf ein paar Jungs von der Wiederaufforstung; sie sind ganz in Ordnung, aber ich wollte mich auf keinen Fall binden. Geistreiche Gespräche fehlen mir hier sehr, aber es ist ja immer schwierig, diesbezüglich jemanden zu finden; ein paar interessante Menschen habe ich schon getroffen.

Überlaß die Lösung Deiner Probleme nicht der Zeit, sie könnte nämlich gegen Dich arbeiten.

Dein Bruder
Everett

im Juni

Lieber Lawrence
[Janssens, ein Schulfreund aus Los Angeles],
gerade sitze ich auf einem Hügel über Marble Fork am Kaweah River. Die Farben sind einmalig – weiße Schäfchenwolken, azurblauer Himmel, ferne dunkelblaue Berge mit Schneefeldern. Ich bin umgeben von hohen Kiefern, riesigen grauen Findlingen, sonnenhellem Moos auf den Stämmen der Tannen. Das Schmelzwasser rauscht und plätschert über die Felsen und ergießt sich schäumend in glasklare grüne Gumpen.

Hier bin ich in meinem Element. Abgesehen vom Mangel an geistreichen Gesprächspartnern – die jedoch nicht lebensnotwendig und sowieso schwierig zu finden sind, egal, wo ich bin – und abgesehen von ein paar kleineren Unannehmlichkeiten, kann ich nicht klagen. Mir gelingt es besser als jemals zuvor, die Uhrzeit zu bannen. Ich brauche keinen Zeitmesser, denn ich lebe immer im Jetzt.

Ich hatte hier schon ein paar intensive Erlebnisse. Unten in Three Rivers, bei den Kuhweiden, bin ich an einem Tag 35 Meilen weit geritten und habe einen Fluß überquert, der vom Schmelzwasser so angeschwollen war, daß ich meine Beine über den Sattelknauf legen mußte. Ich führte mein Pferd über steile Felsufer, ritt im Mondschein durch unbekannte Schluchten, betrachtete die Sterne, während das Pferd sich den dunklen Pfad entlangtastete, und stieg auf zu einer einsamen Hütte am Horizont. Später folgte ich auf einem kurvenreichen Weg am Ufer im leichten Galopp meilenweit dem hell schimmernden Fluß durch eine Galerie aus Laubkronen.

Dann stieg ich wieder hoch in die Berge, kämpfte mich durch einen Schneesturm und grub in drei Fuß tiefem Schnee nach zerbrochenen Wegweisern. Ich rutschte weite, verschneite Hänge hinab, schlitterte an Hainen voller krummer, verkrüppelter und verdrehter Espen vorbei, die aussahen wie Schlangen, vorbei an Weidenbäumen, deren Rinde wie Kupfer glänzte, und vorbei an Flußzedern, Rottannen und Weißtannen.

Montag, 12. Juni

Um das Lager abzubrechen, brauchte ich länger als gedacht, doch um neun Uhr konnte ich mich dann auf den Weg zum Giant Forest machen. Ich stapfte zum Hügelkamm hinauf und auf der anderen Seite wieder hinunter. Ein Auto fuhr vorbei, und als ich dann schließlich in Pinewood war, nahm mich Spig mit. Er war mit einem Mechaniker unterwegs und testete seinen Wagen. Er vergaß ganz, mich aussteigen zu lassen, und so fuhren wir nach Bear Hill und zurück. Im Fotostudio traf ich Steve, einen Studenten der UCLA, der im Laden arbeitet. Wir unterhielten uns eine Weile über die Uni. Mrs. Brann, die mit Mrs. Gaddis das Studio betreibt, stellte mich ihrer Tochter Lilian vor. Sie ist nett; sie war zwei Jahre lang am Otis College. Sie wollte meine Bilder sehen, ich zeigte sie ihr, und wir unterhielten uns eine Weile.

Ich wollte erst im Studio und später in der Hütte schreiben. Ich sprach mit John, der an der Stanford University Medizin studiert und gerade hier jobbt. Mickey McGuire, das Mädchen von der Auskunft, kam auch vorbei und blieb eine Weile. Da ich dort nicht schreiben konnte, ging ich zurück zum Postamt und wartete auf meine Briefe. Der Postmeister und seine Frau sahen sich meine Bilder an, dann unterhielt ich mich eine Stunde mit Mrs. Disbrow, die auf Government Hill lebt. Sie ist eine fröhliche Frau mit einer vernünftigen Lebenseinstellung. Es war schön, im Schatten der Mammutbäume zu sitzen, zu sehen, wie die Fahne wehte und wie die Männer in der Sonne gruben. Jeder war glücklich, lächelte, arbeitete, plauderte oder betrachtete die Szene. Das Land ist weit, und überall herrschten Ruhe und Zufriedenheit. Wenn ich in der Stadt bin, frage ich mich manchmal, ob man dort überhaupt das

Recht hat, glücklich zu sein, wenn ringsherum nur Streit, Uneinigkeit, Elend und unwürdiges Leid herrschen. Doch hier drängt sich mir dieser Gedanke nie auf.

Mitten auf dem Platz steht eine hohe Sequoia; sehr erhaben reckt sie ihren grünen Wipfel in die sonnige Höhe, sie überragt alles, und die anderen Bäume scheinen ihr nacheifern zu wollen.

Ich sprach mit Scheffer, einem Maler, der Schilder für den Nationalpark anfertigt. Danach plauderte ich mit Chris Seibeirth, der gerade ein paar gelungene Figuren aufstellte, die er aus Ton und den Zapfen der Mammutbäume gemacht hatte. Ich bewunderte seine Ölgemälde und zeigte ihm meine Bilder. Er beherrscht sein Handwerk und konnte mir ein paar gute Ratschläge geben. Ich mag ihn.

Danach hatte ich ein erhellendes Gespräch mit Sam Clark. Mir scheint, er beeinflußt Lon[9] in gewisser Weise. Zusammen mit Mickey unterhielten wir uns über Klapperschlangen, dann ging ich zum Sunset Rock.

Ich hatte mich gerade im Schatten der krummen Kiefern auf die Spitze des Granitfelsens gesetzt, als ich durch einen Stein aufgeschreckt wurde, den jemand ausgelassen nach mir warf. Es war Lilian. Wir plauderten eine Zeitlang, und ich schüttete ihr mein Herz aus. Wir sprachen über den Beruf, sie ist mit Hobson einer Meinung, daß jedes Genie seine schöpferische Kraft aus dem unbewußten Versuch zieht, die unbefriedigenden Teile seines Lebens auszugleichen. Wenn jemand ein ausgeglichenes Leben führt, ist er nicht vom Ehrgeiz getrieben. Mit anderen Worten – ein Genie ist eine Kampfmaschine zur Selbstverteidigung. Lilian will bald heiraten, sie erzählte mir, wie sie sich ihr Haus vorstellt. Dann kamen noch Lilians jüngerer Bruder und dessen Freund. Wir diskutierten über Campingausflüge und die Legenden der Sierra. Als sie wieder weg waren, kletterte ich zwischen den verkrümmten Kiefern herum, machte ein paar Schnappschüsse und suchte einen Platz zum Zeichnen. Ich malte ein Bild von der Landschaft, die unter mir lag; es war gerade fertig, als die Sonne hinter Little Baldy unterging. Ich plauderte ein wenig mit ein paar Touristen, die mir alles Gute wünschten, und machte mich auf den Rückweg. Bei Frankie machte ich halt. Er und seine Schwester Rita waren unten im Tal, doch ich unterhielt mich mit seinem älteren Bruder, der Mustangs zureitet, und zeigte seinem Vater und seinen Schwestern meine Bilder. Mr. Dawson sagte, ich sei jederzeit herzlich willkommen und solle doch mal zum Essen vorbeikommen.

In der Ranger-Station traf ich Harry O'Neele und seinen Freund Ike; es war lustig. Dann verfrachtete ich mein Gepäck ins Studio (Mrs. Gaddis hat mir freundlicherweise erlaubt, meine Sachen dort zu lassen) und ging zum Laden, wo mich Steve mit Lebensmitteln versorgte. Ich deckte mich mit frischem Obst ein, brach auf und vergaß zu bezahlen. Auch Steve hatte nicht daran gedacht, aber ich eilte gleich zurück und beglich die Rechnung. Grinsend verabschiedeten wir uns. Dann stieg ich im Sternenschein zwischen den säulenartigen Mammutbäumen bergauf. Ich naschte Schokolade und sang aus vollem Hals, während ich an den Camps vorbeiwanderte. An einem Bach trank ich und stapfte tapfer weiter. Ich sang Dvořák-Melodien, so laut ich konnte. Der Wald hallte wider von meinem übermütigen Gesang und den Variationen von Beethoven und Brahms, auch der »Bolero« schallte durch die Stille. Ich hüpfte von einer Seite der Straße zur anderen, wirbelte im Kreis herum, hob den Blick zu den Sternen und tanzte frohlockend auf dem weißen Weg ins Abenteuer. Das Abenteuer ist für die Abenteurer da. Ich bin jung und dumm. Verzeiht mir und lest weiter. Ich denke, es gibt zwei Lebensregeln: Denke nie an die Folgen und tu alles, was du tust, nur dann, wenn du es von ganzem Herzen tust. Jetzt ist die Zeit, um zu leben.

Bei Lon machte ich halt, doch das Haus war stockdunkel. Ich schrieb ihm für morgen eine Einladung zu einem königlichen Schmaus und kroch auf die Veranda. Seine guten

Waldläuferohren hörten das natürlich. Ich vernahm ein heiseres, kehliges »He, was 'n da los?« – unverkennbar Lon. Ich schob die Nachricht unter der Tür hindurch und schlich mich davon wie ein Dieb.

Giant Forest, Sequoia National Forest,
16. Juni

Liebe Familie,
gestern wanderte ich fünfzehn Meilen, hinauf zum Heather Lake, Asted Lake, Emerald Lake und zum Watch Tower, wo ich einen Adler in seinem Horst beobachtete. Ich begleitete den Ranger, dabei machte ich ein paarmal halt zum Zeichnen. Das gleißende Sonnenlicht auf dem Schnee blendete mich, und ich mußte die Augen zusammenkneifen. Im Gesicht und auf den Armen habe ich jetzt Sonnenbrand. Die Espen knospen schon. An den Berghängen sind sie so krumm und knorrig, daß sie aussehen wie verdrehte Schlangen. Es hat aufgehört zu schneien, der Schnee schmilzt nun schnell, doch auf großer Höhe ist immer noch alles weiß, und ich kann erst Mitte Juli zum Kern Canyon aufbrechen. Meine Esel grasen gerade in Willow Meadow, und ich habe mein Lager bei Lodgepole am Marble Fork des Kaweah aufgeschlagen. Doch ich muß hier wieder weg, wahrscheinlich packe ich morgen meine Sachen, ziehe nach Willow Meadow oder zu einer anderen hochgelegenen Weide und bleibe dort eine Woche oder zehn Tage. Heute morgen war ich unten beim Sherman Tree und wanderte durch den Wald um Circle Meadow herum. In einem kleinen Bach zwischen den Redwoods nahm ich ein Bad. Die Sonne war warm, die Bäume sind prächtig.

Hier oben kommen die Dinge jetzt langsam in Gang. Earl McKee kam heute morgen mit Ord Loverin hierher. Loverin hat die Konzession zum Verleihen von Lasttieren und bereitet sich momentan darauf vor, die Pferde zusammenzutreiben. Der Frühling hat hier noch nicht Einzug gehalten, die Wasserfälle schäumen und rauschen die Granitwände hinab.

Bis jetzt hatte ich noch nicht viel Muße. Ich bin die Wege in verschiedene Richtungen abgeschritten und wanderte auch einmal aus dem Nationalpark hinaus. Die meisten Leute hier kenne ich, zwei der Rangers sind ziemlich intelligent. Heute traf ich den Naturwissenschaftler, der erst jetzt angekommen ist, seine beiden Assistenten kommen später. Es wäre bestimmt eine gute Idee, einen Füllfederhalter und ein Tintenfaß mitzunehmen, nicht wahr?

Mein Gesundheitszustand und meine Haut sind schon sehr viel besser geworden. Es gibt immer wieder Momente der Hochstimmung, aber sie gehen auch schnell wieder vorbei. Ich hoffe, Euch allen geht es gut. Laßt von Euch hören.

Viele Grüße
Everett

20. Juni

Nach tiefem Schlaf wachte ich früh auf. Die Esel waren da. Ich frühstückte, band den Schweifgurt an den Packsattel, belud die Esel und führte sie einen wenig begangenen Pfad hinunter, den ich entdeckt hatte. Wir überquerten den Bach, schlitterten einige braune Hänge hinunter und kamen auf einen besseren Weg, der hinauf zu Colony Meadow führt. Wie die beiden letzten Bäche heißen, weiß ich nicht mehr, aber das hier ist Colony Creek.

Die Wiese war sehr viel schöner als beim letzten Mal, und sie war nicht zu naß. Überall wuchs Gras, die Esel machten sich begeistert darüber her. Ich hielt also an und suchte mir einen Platz unter acht hohen Tannen. Das Lager richtete ich so aus, daß ich morgens und abends Sonne und am Mittag Schatten hatte.

Ich wollte mit Betsy ausreiten, aber Granny wollte unbedingt mitkommen. Ich konnte sie nicht ablenken und band sie an einen umgestürzten Baumstamm, doch sie schrie schrecklich und rannte unbeirrbar hinter uns her, den ganzen Baumstamm im Schlepptau. Als sie den Bach überquerte, riß der Strick, und ich band sie an einen Baum. Der Schnee war weiter geschmolzen, und der Pfad war gut sichtbar; dieses Mal habe ich mich nicht verirrt. Ich ritt durch den Bach und den gegenüberliegenden Hügel hinauf, wo ich einen weiten Blick über die Hügel und Canyons und ihre Granitkanten hatte.

Ich las weiter in dem Buch von Tomlinson, seine Beschreibungen des Dschungels sind eine helle Freude. Es erinnert mich an Hudsons »Vogelmädchen« und Beebes »Dschungelleben«.

Am anderen Ufer des Bachs gingen drei schlanke, junge, bebrillte Schullehrerinnen entlang. Offenbar trauten sie mir nicht, denn sie grüßten mich nicht zurück. Ich fange langsam wieder an, mir in Beziehung zu anderen Menschen zu mißtrauen. [18 Zeilen gestrichen]

Die Mädchen kamen wieder zurück. Ich durchquerte den Bach und wollte mit ihnen sprechen, doch sie gingen schweigend weiter – an schlechter Erziehung und Überheblichkeit waren sie wirklich nicht zu übertreffen. Ich stieg geradewegs den Hügel hinauf, als hätte ich genau das vorgehabt, kletterte oben auf einen schönen Stein, der auf einem größeren Felsen lag, und betrachtete die Wälder und die Canyons, die vor mir lagen.

Später las ich noch eine Weile, badete und malte ein jämmerliches Schwarzweißbild von einer krummen Pinie. Den Eseln gab ich noch ein paar Leckerbissen. An Stummelschwanz konnte ich kein Brandzeichen finden, doch Betsy hatte ein Zeichen.

Dummerweise machte ich das Feuer an der stromaufwärts gelegenen Stelle, und am Abend wehte mir dann der Rauch ins Gesicht. Ich sollte nun inzwischen wirklich ein besserer Waldläufer sein!

Als die abendlichen Donnerschläge losgingen, kamen zwei Hirsche den Grat heruntergerannt, als hätte man auf sie geschossen. Ich werde mich wohl nie an den fächerartigen Wedeln der Tannen sattsehen! Ein kleines Streifenhörnchen kletterte mir gegenüber eine Tanne hinauf. Bei Sonnenuntergang stieg ich auf den Hügel und betrachtete den Wasserfall.

Giant Forest, Sequoia National Forest,
5. Juli

Liebe Familie,
als ich wieder aus dem Hinterland zurückkam, war der Park schon völlig mit Urlaubern überlaufen. Mit ihren Radios und Gaslampen kamen sie sogar bis an mein Ufer. Es kam mir so vor, als würde ich auf einer Parkbank am Pershing Square schlafen. Nun sind alle abgereist, und es herrscht wieder Ruhe.

In letzter Zeit habe ich nicht viel gemalt, aber ich konnte gestern ein paar Holzschnitte verkaufen. Der mit dem Eukalyptus und das letzte Bild der Reihe mit den Zypressen an der Küste sind sehr beliebt. Könnt Ihr vielleicht noch ein paar weitere drucken lassen und sie mir schicken?

Heute decke ich mich wieder mit Vorräten ein. Die Ausgaben für die Filme und andere Dinge kann ich zur Zeit gut bestreiten. Wenn ich wieder zurück bin, schicke ich Euch ein paar Bücher und andere Dinge.

Nein, im Moment besteht keine Gefahr, daß ich einen Nervenzusammenbruch bekomme.

Wie steht es mit Euch?

Viele Grüße von
Everett

Dienstag, 1. August

Im Morgengrauen packte ich und aß den Rest des kalten Reisauflaufs. Betsys mißtönendes Glöckchen hatte mich geweckt. Ich fütterte die Esel und verabschiedete mich von Mr. Fry, der sich auf den Weg zu den Hamilton Lakes machte.

In bester Stimmung ritt ich von den Redwood Meadows hinunter. Ich beugte mich aus dem Sattel und hob die schimmernde Feder eines Blauhähers auf, die ich mir an den Hut steckte. Ich war ganz außer mir vor Glück, die Jubelgesänge sprudelten nur so aus mir heraus – Melodien aus Beethovens Fünfter und der großartigen 9. Symphonie, virtuose Stücke von Brahms, Halvorsens »Marsch der Boyaren«, klangvolle Melodien aus der »Götterdämmerung« und der »Walküre«, fröhliche Motive von Rossini, das kühne Scherzo aus Peter Iljitschs »Pathéthique«, ja sogar »Der Zauberlehrling« und die durchdringenden Melodien von Sibelius.

Wir überquerten Granite Creek und Middle Fork, dann ging es nur noch bergauf. An Bearpaw Meadow machte ich Mittagspause und ließ die Esel laufen. Zwei Frauen, die sich von Earl McKee Esel geliehen hatten, frühstückten gerade und schenkten mir Brot, so daß ich Käsebrote rösten konnte. Sie erzählten mir, was sie so machten, und umständlich zeigte ich ihnen den Diamantknoten. Dann ritt ich weiter auf dem langen Weg über den High Sierra Trail zur Kreuzung mit dem 7-Mile Hill Trail, über den wir die letzten zwei Meilen zum Alta Trail ritten; es waren zwei ziemlich mühselige Meilen. Wir ritten durch Wiesen, wo hüfthohe Pantherlilien, Gilien und kleine Sonnenblumen wuchsen. Wir schreckten Waldhühner und scheue Rehgeißen auf. Grandma wurde müde. Wir folgten dem Alta Trail zum Panther Gap, dann stiegen wir über den ersten Wiesenhang ab.

Am späten Nachmittag sah ich vier prächtige Achtender.

Im Feuerschein las ich »Das Vogelmädchen« zu Ende. Rimas Tod, Abels Krankheit und seine fiebrigen Visionen in der Einsamkeit ließen mich meine eigene Abgeschiedenheit sehr viel stärker spüren. Ich verfalle sehr leicht in Melancholie.

Da ich die Esel nicht hörte, ging ich im Mondschein den Weg hinunter und suchte sie. Ich streichelte Grandma und beruhigte sie, setzte mich eine Weile schweigend vor sie und sah sie an, und sie starrten mich an, dann ging ich wieder zurück. Auf dem Weg sah ich eine Kröte auf Futtersuche. Ich stapelte das Feuerholz hoch auf. An meiner rechten Handfläche habe ich eine Wunde, die sich immer schlimmer entzündet.

10. August

Früh aufgestanden, um sieben gefrühstückt. Dann fuhren wir die 52 Meilen nach Visalia. Pop[10] schimpfte über die Hitze und die Landstraße. Sein Lieblingswort ist »Anfall«. Er tut alles »anfallartig« und zu jedermann sagt er »Buddy«. In Ash Mountain sah ich Hobson kurz. Um neun Uhr waren wir in Visalia, die Hitze war schon unerträglich. Pop chauffierte mich herum. Ich ließ mir die Haare schneiden, was dringend nötig war, verzichtete jedoch auf eine Rasur, weil ich ja wieder in die Berge wollte. Ich kaufte ein robustes, khakifarbenes Hemd, viele Lebensmittel, ein paar Filme und aß ein Eis. Um 11 Uhr 30 traf ich Pop wieder vor dem Gericht. Wir fuhren zu den Visalia H. S. und drehten unsere Runden. Ich fand eine Sphinx, einen großen Nachtfalter, Pop trug ihn herum. Wir gingen bei der Druckerei vorbei, die während Pops Abwesenheit vergrößert worden war. Letzte Nacht wollte Pop dort schlafen, doch er wußte nicht, wo ich mich hinlegen sollte. Schließlich bot er mir an, auf dem Boden in der Druckerei zu schlafen. Nun darf ich im Hinterhof lagern.

Wir fuhren zu Pop nach Hause. Ich traf Peggy, Pops vierzehnjährige Tochter (ich glaube aber, er ist nicht der leibliche Vater), seine Frau, eine sehr nette Person in mittleren Jahren, und seine Tochter Doris Gray. Wir zogen gleich los, um vor dem Mittagessen noch eine halbe Stunde Einkäufe zu erledigen. Zu viert fuhren wir dann nach Tulare und besuchten einen Verwandten im Kreiskrankenhaus. Doris erzählte mir viel von sich und ihrer Scheidung. Sie hat schwarze, lockige Haare und ist nicht sehr hübsch, aber sie ist lebhaft und hat viel Charme, was wichtiger ist als ein schönes Gesicht. Pop und ich machten Einkäufe – Dinge, die wir in Visalia nicht finden konnten, wie zum Beispiel Trockenobst –, während Doris für ihre Tochter Colleen Schuhe kaufte.

Wir machten halt auf einer Ranch, die ein Portugiese Mrs. Myers abgekauft hatte. Doris und ich unterhielten uns über Hospitäler und das »Rubaiyat«. Sie hatte Kinderlähmung gehabt und hatte sich an den Beinen operieren lassen müssen.

Wir verspeisten ein wunderbares Abendessen aus Pfirsichen, gelben Tomaten, Milch und Kuchen. Mrs. und Mr. Myers fuhren weg, um eine Ranch zu besichtigen. Doris, die Klavierlehrerin ist, lud mich ein, mit ihr zusammen einen Besuch zu machen, aber ich wollte unbedingt das Konzert im Radio hören und schlug vor, daß wir uns später noch sähen.

Das Konzert war einmalig schön, ich war ganz berauscht. Zuerst gab es die Ouvertüre zu »Frühling« von Karl Goldmark, die ich noch nie gehört hatte; die Musik war ganz klar und lieblich. Danach spielten sie den zweiten Satz aus der 2. Symphonie von Brahms – so gut hat mir noch nie ein Stück gefallen. Ich tanzte und wirbelte vor Freude herum und rauchte währenddessen ein halbes Dutzend Zigaretten. Doch auch dieses Stück ging zu Ende, und es kam Schubert. Danach Mussorgskis »Eine Nacht auf dem kahlen Berge«, wieder wirbelte ich herum und schrieb mit den Füßen gewandt ein Ballettmuster auf den Boden, bis ich in Ekstase war; doch dann war ich erschöpft. Zum Abkühlen gab es »Vom jungen Prinzen und der jungen Prinzessin« aus Rimski-Korsakows »Scheherazade«.

Doris kam zurück, danach kam ihr Verlobter Clarence Chaffin. Clarence maulte über irgendeine eingebildete Treulosigkeit von Doris' Seite. Ich erzählte ihnen die Geschichte des Königs Schahseman und seines Bruders Scheherban und ihrer vergeblichen Suche nach einer tugendhaften Frau. Wir diskutierten über die Probleme von Liebe und Ehe. Ich erzählte ihnen, daß mich die Musik berauscht habe wie Wein, und so kamen wir auf Jahrgangsweine zu sprechen. Clarence wollte mit mir zu einer Weinhandlung fahren, wenn die anderen wiederkamen. Währenddessen rutschte Colleen mit ihren neuen Schuhen über den Boden, und sie und Peggy stolzierten mit meinem Stetson herum. Peggy las immer wieder laut mein Namensschild im Hut vor, offenbar wollte sie sich von meiner Identität überzeugen.

Schließlich kamen die Myers zurück, und Doris, Clarence, Colleen und ich brachen auf. Zuerst fuhren wir ein paar Meilen stadtauswärts zu einem Farmer aus Italien oder Portugal, den Clarence nach Arbeit fragte. [28 Zeilen gestrichen]

Doris erzählte mir, wie sie einmal in einem Moor festgesteckt hatte und wie sie einmal einen Stollen in einer alten Mine entdeckt hatte. Auf ihrem Weg hinaus merkte sie, daß immer mehr Geröll herunterkam. Sie bekam es mit der Angst zu tun und rannte. Am Eingang zur Mine blieb sie stehen, und da brach der ganze Stollen mit so einem schrecklichen Donnern ein, daß ihr das Blut in den Adern gefror. Ich genieße solche lebhaften Berichte, die von neuen Freunden gewöhnlich schon am ersten Tag der Bekanntschaft kommen. Ich kann mich noch gut erinnern, als ich die erste Nacht bei Jack Becker verbrachte ... [1 Zeile gestrichen] Er erzählte mir, wie er nachts am Strand mit dem Traktor am Fuß der steilen Klippen mit den Wellen um die Wette gerast war und wie ihn hin und wieder ein schäumender Brecher unter sich begraben hatte. Er schilderte mir auch seine Betrachtungen des Flusses und des Meeres. Der Fluß strömte schnell und trug große Baumstämme und Stümpfe mit sich auf seinem grünen Kamm weit ins Meer hinaus, während das Meer stetig in den Fluß hineinschwappte und das Holz wieder in die Mündung zurücktrieb.

Doris erzählte mir, wie sie sich mich vorgestellt hätte, als Pop ihr gesagt hatte, daß ich käme. Auch sie liebt die Einsamkeit und meidet das oberflächliche Volk. Sie sprach auch über ihre Schwierigkeiten und die Mißverständnisse mit ihrer Mutter und die Probleme zwischen ihrer Mutter und ihrem Vater. Ihre Mutter war dreimal verheiratet, doch sie und Pop kennen sich schon von Kindheit an. Von Indien ist Doris fasziniert, in ihrer Kindheit war sie mit einem Hindu befreundet. Ich war der Meinung, »Candide« und »Der geheimnisvolle Fremde« würden ihr bestimmt gefallen. Sie sagte, »Hypatia« und DeWolfs Geschichten aus Afrika würde ich sicher mögen. Sie sah Clarence liebevoll an und bemerkte, wie lockig sein Haar sei. Sie wollte wissen, ob ich in Los Angeles ein paar Mädchen kannte, die sie besuchen könnte, denn sie würde wegen eines Rechtsstreits bald dorthin fahren. Mir fiel niemand ein, denn alle Mädchen, die ich kenne, sind nach New York, Santa Barbara oder Carmel gezogen, manche haben auch gar keine neue Adresse hinterlassen. [7 Zeilen gestrichen]

Dann kroch ich in meine Decken, die ich ins Gras hinter Myers' Haus gelegt hatte. Zwei Hunde heulten, dann herrschte Stille, und ich betrachtete den Mond mit seinem Hof.

27. August

Früh aufgestanden. Nach Forelle und Pfannkuchen legte ich den Eseln die Fesselstricke an. Sie waren mit ein paar Pferden den Weg hinaufgewandert. Ich hörte Betsys Kupferglöckchen, als sie den Kopf schüttelte, so fand ich sie wieder. Sie standen ruhig auf einem Sims und sahen mich ernst an. Auf dem Rückweg ritt ich immer mal wieder auf Betsy.

Während ich packte, fraßen die Esel Hafer und leckten Salz. Den Rucksack der Jungs ließ ich gut sichtbar auf einem Felsen stehen. Er hat einen Kopfriemen und ein großes Fassungsvermögen.[11]

Wir wanderten am Berg entlang. Unter uns lag länglich und leuchtend grün der Charlotte Lake. Wir stiegen durch eine Schlucht hinab zu einer runden Senke; sie war von Granitfelsen umschlossen, zu deren Füßen ein blaugrünes, gespenstisch hell leuchtendes und eisiges Wasserloch lag. Wenn ich die Esel rief, hallte es laut wider. Ich habe das automatische, unüberlegte Fluchen rigoros eingestellt. Es ist leicht, sich aus Faulheit und Dummheit das Fluchen anzugewöhnen, denn damit umgeht man virtuose Beschreibungen.

Wir kamen an einem weiteren See vorbei und stiegen einen steinigen, steilen Weg hinauf zum Glenn Pass. Ich warf einen letzten Blick auf North Guard und South Guard mit ihren Karen, Schneefeldern und Granitgraten.

Der Abstieg war noch beschwerlicher. Ich mußte über große, glatte Felsen, lose Steine und Spalten klettern. Unter mir lagen die Rae Lakes; aus der Höhe sahen sie gar nicht so besonders aus. Als wir unten waren, scheuchten wir ein paar Waldhühner am Ufer auf. Der See hat dieselben Farben wie das Meer bei Carmel, wenn man einmal von der Gischt absieht. Es gab alle Nuancen von sanftem Gelbgrün bis Blaugrün, Ultramarin und Purpur. Wir gingen am Ufer entlang und stiegen den Weg zur Landenge hinauf, die die beiden Seen trennt, überquerten den Abfluß und bogen um die Ecke. Dort traf ich zwei Jungs, die gerade dabei waren, ihr Lager abzubrechen. Ich machte halt.

Der eine Junge war schon fünf Wochen hier. Sie warteten auf ihre beiden älteren Brüder, die beim Fischen waren. Sie hatten zwei Pferde mit Sätteln. Sie wollten nach Glenn oder Kearsarge gehen und von dort aus heute abend nach L.A. fahren. Sie waren durch und durch Städter – keine Ahnung vom Packen! Sie luden mich zu Bohnen ein, und wir plauderten eine Weile. Danach schrieb ich Waldo einen Brief zu seinem 24. Geburtstag und gab ihn den Jungs mit. Schließlich kamen die beiden anderen mit einem reichen Fang zurück. Ich nahm die meisten Fische aus und zeigte ihnen, wie es am schnellsten geht. Dann improvisierte ich für sie ein paar Satteltaschen, packte sie, verband sie mit einem Riemen und einer Schlinge und belud den alten Schimmel, das Ganze zurrte ich mit einem Diamantknoten fest. Sie hatten auch einen Rotfuchsschimmel, eine Stute, die sie aber verkehrt herum gesattelt und aufgezäumt hatten. Ich probierte den Sattel aus. Als sie gingen, ließen sie mir alles mögliche da, unter anderem auch ein paar Dosen Milch. Der Nachmittag war schon halb vorbei.

Meine Sympathie für die Jungs ließ schnell nach, als ich sah, was sie für einen Saustall hinterlassen hatten. Ich hasse diese eingefleischten Städter, diese Anfänger, Muttersöhnchen und Schlamper! Ich finde keine Worte dafür. Eine Stunde lang verbrannte ich Müll und räumte auf, dann stieg ich auf den Hügel und betrachtete die Seen und Berge. Auf der anderen Seite des Sees, in dessen Mitte ein malerisches Inselchen liegt, ist ein ganz besonders erhabener Gipfel. Selbst wenn ich nicht malen kann, habe ich doch Sinn für Schönheit, der diesen Burschen und den Campern am Bubb's Creek völlig abgeht.

Ich hatte seltsame Gedanken und freue mich auf San Francisco. Meine Sehnsucht nach der Wüste wird immer größer.

Zum Abendessen gab es Reis, Tomaten und Käse, dazu guten Kaffee. Köstlich. Die Mondsichel hing über dem See.

28. August

Nach dem Kaffee und dem Frühstück aus den Resten meines üppigen Mahls stieg ich zum Dragon Lake hinauf. Er sah nicht besonders aufregend aus, daher kam ich bald wieder zurück und rieb die wunde Stelle auf Grans Rücken mit Speck ab.

Ich nahm das Floß, das bei meinem Lager lag, und paddelte zur Insel. Dort ruhte ich auf einem Bett aus Kiefernnadeln, bevor ich zurückschwamm.

Sehr erfrischt machte ich ein loderndes Feuer und hatte endlich Gelegenheit, alle meine Kleider zu waschen – ein Dutzend Paar Socken, Hemden, Shorts und Tücher. Als die Wäsche schließlich auf der Leine flatterte, backte ich Maisbrot. Es schmeckte ziemlich gut. Ich las bei Tschechow über Warlamor, Pelageja und Iwan Iwanitsch. Zum Abendessen gab es »Gefleckten Hund« mit Zimt, was sehr gut schmeckte. Ich zeichnete den Gipfel und sah zu, wie der Mond aufging, während ich das Feuerholz immer höher aufschichtete.

Gestern las ich ein paar Geschichten aus der Zeitschrift »True Confessions«, heute abend fing ich im Kerzenschein »Die rote Lilie« von Anatole France an. Die folgende Stelle geht mir nicht aus dem Kopf:

»Wir müssen doch schließlich an irgend etwas glauben ... Wenn es keinen Gott gibt, gibt es auch keine Unsterblichkeit, und das wäre doch zu trostlos.«

»Mein armer Freund, wir wissen nicht einmal, was wir mit diesem kurzen Leben anfangen sollen, und du willst noch ein zweites, das niemals endet.«

Stundenlang sah ich ins Feuer. Zu schlafen behagt mir gar nicht. Mir fällt es sehr schwer, das Bewußtsein kampflos aufzugeben, vor allem weil ich so schlecht schlafe. Der Schlaf ist für mich ein zeitweiliger Tod.

Andy sagt, wenn es eine Schöpfung gibt, muß es auch einen Schöpfer geben, doch Er hat sich nicht mit »diesem Billy-Jeans-Zeug« eingedeckt.

Nach einiger Zeit ging es mir wieder besser. Ich sang auf Navajo und dachte mit Freude an die Rückkehr und an die Holzschnitte, die ich in San Francisco machen würde. Dann sang ich, bis mir das Herz aufging; ich ließ mich von Cesar Francks Symphonie, von Brahms und Beethoven davontragen. Schließlich überkam mich der Schlaf, während ich die traumgleichen Nebel auf dem geheimnisvollen, dunklen See betrachtete.

Castle Crags, 30. August

Liebe Doris [Myers],
mein Leben ist so schön, daß ich überschäume vor Freude und Dir schreiben muß. Es ist wie ein goldener Traum – geheimnisvolle, rauschende Winde wehen herab und liebkosen mich; warme, vollkommene Farben offenbaren sich meinem Auge. Die Zeit ist stehengeblieben, ich brauche keine Uhr mehr. Mein Herz ist wie mit einem weichen traumgleichen Dunst gefüllt, das Rascheln der Espen lullt mich ein, die überragende Schönheit und Vollkommenheit aller Dinge erfüllt mich mit Frieden und Freude und einer tiefen, alles durchdringenden Liebe für meine Welt.

Meine Einsamkeit ist unbeeinträchtigt. Über mir glänzen märchenhaft die weißen Felszinnen vor dem türkisblauen Himmel. Die Stille der Wildnis hüllt mich vollständig ein.

Überall fand ich Schönheit und Frieden. Nachts sah ich helle Granittürme im schwachen Sternenschein erhaben und phantastisch wie ein Traum in den gesprenkelten Himmel ragen, während die Nacht wich.

Ich sah Stromschnellen mit weißen Kronen, die in wilder Üppigkeit wallten, sie wogten, sie rauschten, sie besetzten alle Sinne mit ihrer weißen Rage und strömten schäumend hinunter in leuchtendgrüne Teiche, die still und klar im weichen Licht der Sonne lagen.

Wenn ich wandere, fällt das gleichmäßige Klingeln der Glöckchen an meinem Esel in die Musik des Windes und des Wassers ein und ist nur noch ganz schwach zu hören.

Nachts am See schimmert und flimmert die Mondsichel auf dem dunklen Wasser, die Nebel wabern und schweben wie Zauberschleier durch die Luft. Hohe, schwarze Gipfel stehen schweigend und still und wachen über die Welt.

Diesen wahrhaftigen Traum würde ich gerne mit Dir teilen, und ich möchte, daß Du weißt, daß ich nichts vergessen habe.

Viele Grüße von
Everett

[Ohne Anrede und Datum]

Während der letzten paar Wochen hatte ich die schönste Zeit meines Lebens. Meistens bin ich so überschwenglich, daß ich kaum an mich halten kann. Die Farben sind einmalig, die Wälder so prächtig, und die Wildbäche tosen, rauschen und schäumen so ausgelassen, daß die Welt, wenigstens für mich, eine einzige Orgie größter sinnlicher Freuden ist. Dazu sind die Leute hier alle freundlich, großzügig und glücklich; jeder scheint in bester Stimmung zu sein.

Mit einem Rucksack voller Lebensmittel wanderte ich unermüdlich über die sternenbeschienene Straße zwischen säulenformigen Redwoods bergauf. Ich trank an rauschenden Wildbächen, schlenderte tapfer bergan und sang Dvořákmelodien, bis der Wald widerhallte von meinem übermütigen Gesang. Variationen von Beethovenstücken, Brahms und der »Bolero« schallten durch die lauschenden Wälder. Ich hüpfte von einer Straßenseite auf die andere, wirbelte im Kreis herum, hob den Blick zu den Sternen und tanzte frohlockend auf dem weißen Weg ins Abenteuer. Das Abenteuer ist für die Abenteurer da.

Oh, ich genieße das Leben in vollen Zügen! Einmal ritt ich mit ein paar Cowboys 35 Meilen über Gebirgspfade; wir querten Flüsse, die so viel Hochwasser führten, daß wir unsere Beine über den Sattelknauf legen und uns wankend durch das reißende, schäumende Schmelzwasser pflügen mußten wie Schiffe auf stürmischer See. Wir galoppierten an steilen Felsufern entlang und erforschten im Sternenschein unbekannte Wege. Während sich mein Pferd hoch über dem rauschenden Bach am dunklen Berghang entlangtastete, lehnte ich mich im Sattel zurück und betrachtete die gewaltigen Berge, die schemenhaften Grate, die hell funkelnden Sterne und den abnehmenden Mond.

Wir brachten ein Pferd zu einem Rancher in einer halb zerfallenen alten Hütte auf dem Grat. Vor Morgengrauen stiegen wir im schwachen Schein der Sterne wieder ab und folgten meilenweit auf einem kurvenreichen Weg am Ufer in vollem Galopp dem hell schimmernden Fluß durch eine Galerie aus Laubkronen.

Im Schneesturm auf einem Berggipfel half ich einem Ranger aus Alaska, zerbrochene Wegweiser im Schnee zu suchen und zu bergen. Wir hockten uns hin und schlitterten in voller Fahrt die verschneiten Hänge hinab, vorbei an Bergseen, Hainen mit knorrigen krummen Espen, die aussahen wie verdrehte Schlangen, Wildkirschen und Weiden, deren Rinde kupfern glänzte.

Ich schwamm in einer tiefen Gumpe zwischen zwei Wasserfällen. Der Granitrand war so rutschig, daß ich mich kaum herausziehen konnte, als ich genug herumgetollt hatte.

Mit großem Vergnügen lese ich die zügellosen Abenteuer des Gargantua, über Grangousier, Pikrocholos und den Mönch. Am Abend verdrückte ich eine gargantueske Menge an belegten Broten und gebratenen Jamswurzeln, dazu las ich, wie Pantagruel und Panurg den Hauptmann Werwolf und seine Riesen ausschalteten. Als das Feuer ausging, glomm die Glut hell weiter, die Bäume schienen immer höher in den Himmel zu ragen, und das Sternenlicht ergoß sich aus dem Himmel.

Jetzt weißt Du also, wie es mir geht, laß mich im Gegenzug alles von Deinen verschiedenen Abenteuern wissen. Ich hoffe, auch Du reitest auf dem Wellenkamm und nicht im Wellental. Erzähl mir alles.

Dein unbezähmbarer
Everett

Er ist »berauscht«, »hingerissen« und »überwältigt« – glaubt man seinen Briefen nach Hause, so ist Everett auf seiner Wanderung durch die Sierra Nevada so glücklich wie selten zuvor. Dagegen fürchteten seine Eltern noch im

Sierra Nevada, 1933

Juli um sein seelisches Gleichgewicht, so daß Everett sie mit den Worten beruhigen muß: »Nein, im Moment besteht keine Gefahr, daß ich einen Nervenzusammenbruch bekomme.« Doch tatsächlich sind seine Stimmungsschwankungen weiterhin stark, er vertraut dies allerdings nur seinem Tagebuch an. Das zeigt die Gegenüberstellung eines Briefes und eines Tagebucheintrages vom selben Tag:

Lake of the Fallen Moon, Sierra National Forest,
6. September

Lieber Vater, liebe Mutter,
drei Tage lang lebe ich nun schon in einem Rausch, so trunken macht mich die erhabene Schönheit und die vollkommene Einsamkeit.

Von oben ist der See fast gar nicht zu sehen, nur ein sehr steiler, kaum sichtbarer Pfad führt hinunter. Graue Felsen ragen jäh am gegenüberliegenden Ufer des Sees auf, der sehr grün, geheimnisvoll und unergründlich ist.

Von einem kleinen Felsvorsprung in der Nähe betrachte ich die Wolken, die grauen Berge, die grün mit Bäumen gesprenkelt sind, und die langen, wogenden Wolkenschatten, die über die fernen Wälder ziehen. Ein kleiner Wasserfall stürzt mit rauschender Musik von den Felsen. In der Nähe höre ich das beruhigende Klingeln des Eselsglöckchens.

Im Oktober werde ich wahrscheinlich im Yosemite sein.

Grüße an alle
Everett

6. September

Wieder ein Tag. Die Nacht war schlecht. Ich leerte die Packtaschen, verstärkte die Ecken mit Leder und sortierte den Inhalt. Ich bin eine Art Sadist, denn es macht mir große Freude, Dinge wegzuwerfen.

Ich nahm Nadel und Faden und flickte meinen Hosenboden, der ganz zerrissen war. Dann schrieb ich an Mrs. Whitnah und an Vater.

Nach einem Sonnenbad am Ufer kochte ich einen Auflauf aus Maismehl, der durchaus mit dem von Mrs. Reynolds mithalten kann. Ich las »Marco Polos Reisen.«

Am Abend angelte ich vergeblich und kehrte an die erkaltete Feuerstelle zurück. Vielleicht verlange ich ja zuviel vom Leben.

Einen Abschnitt aus »Die rote Lilie« fand ich beeindruckend:

»Er fühlt nur, daß kein Mensch jemals ganz in die Seele des anderen einzudringen vermag, und darunter leidet er. Ja, man mag tun, was man will, man ist doch im Grunde immer allein. Das war es, was er sagen wollte. Und er hat recht. Man versucht immer wieder, sich auszudrücken, aber verstanden wird man niemals.«

Je mehr ich vom Leben der Menschen erfahre, desto weniger Wert hat es für mich. Im Moment lasse ich den Schmerz zu, doch das gegenteilige Gefühl ist weniger stark. Das Leben hält mich gegenwärtig nicht sehr gefangen, doch ich hoffe, daß sich das wieder ändert. Ich will gar keine negative Haltung einnehmen, doch es überkommt mich einfach.

Donnerstag, 28. September

Leckeres Frühstück aus Pfannkuchen mit Pflaumensirup und Kaffee. Mein Gepäck war nun weniger umfangreich, und ich konnte den Strick doppelt um jede Packtasche schlingen.

Es gab keine Wegweiser; einmal kamen wir vom Weg ab, überquerten den San Joaquin und stiegen am Shadow Creek hinauf. Wir passierten noch andere Stellen, die ich nicht kannte, bis ich schließlich ein altes Schild fand, das zum Thousand Island Lake führte. Danach sah ich zwei neue Schilder, die allerdings nur Orte im Süden auswiesen. Am Nachmittag kam schließlich der majestätische Mount Rutter und der Bonner Park in Sicht und ich überquerte den Grat zum Thousand Island Lake.

Oberhalb einer Bucht schlug ich mein Lager im Schutz einer vom Wind gebeutelten, waagerecht wachsenden Balfourkiefer auf.

Ich las bei Marco Polo über Quinsai (Hang Chow), die »Stadt des Himmels«, wo jeden Tag 200 Pfund Pfeffer auf

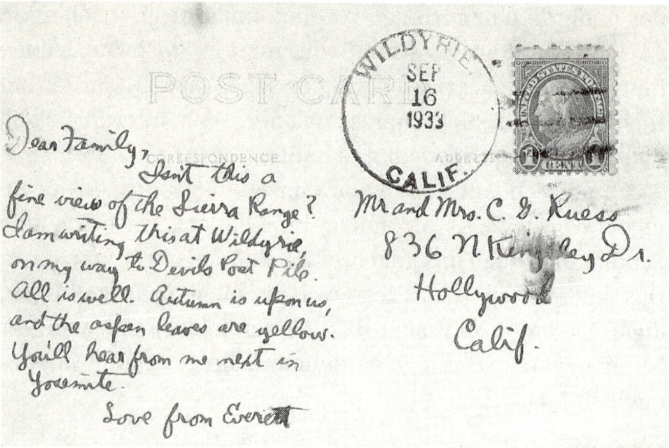

POST CARD

CORRESPONDENCE

ADDRESS

WILDYRIE SEP 16 1933 CALIF.

Dear Family,
Isn't this a fine view of the Sierra Range? I am writing this at Wildyrie, on my way to Devils Post Pile. All is well. Autumn is upon us, and the aspen leaves are yellow. You'll hear from me next in Yosemite.
Love from Everett

Mr and Mrs. C. G. Ruess
836 N. Kingsley Dr.
Hollywood
Calif.

Everetts Postkarte an seine Eltern, Septemer 1933

dem Markt verkauft werden. Marco Polo betont ständig die Wichtigkeit von Salz und die großen Gewinne, die durch Salz erzielt werden. Der Großkhan mußte fast alle seine enormen Einkünfte zur Unterhaltung seiner Besatzungstruppen aufwenden. Auf seinen Jagdausflügen und bei der Falkenjagd ritt er mit seinen Spießgesellen in einem kleinen Palast, der von vier Elefanten getragen wurde.

Hach! Morgen gehe ich über den Paß und hinein in den Yosemite National Park!

Seit ich Pumice Flats verlassen habe, habe ich niemanden mehr getroffen. Die Jäger sind entweder entmutigt oder übersättigt, die Schüler sind wieder in ihre Klassenzimmer zurückgekehrt, und für die meisten Leute sind die Ferien vorbei. Doch für mich sind das keine Ferien, es ist mein Leben.

Ich betrachtete, wie sich der Mond auf dem Wasser spiegelte. Eine Eule kreiste mit Samtschwingen über mir.

2. Oktober

Vor Sonnenaufgang aufgestanden. Ich warf mich in Schale, schulterte mein Gepäck und machte mich auf den Weg, neugierig, was das Tal für mich bereithielt. Der Weg war neu angelegt. Vernal Falls war nur ein einziger Wasserstrahl, Yosemite Falls war knochentrocken. Alles war ruhig und verlassen. Zum Spaß winkte ich einem adretten älteren Herrn zu, der in seinem Wagen an mir vorbeiglitt. Er zeigte keinerlei Reaktion. Mit überraschender Geschicklichkeit bog er mit seinem Wagen um eine scharfe Kurve Richtung Ahwahne.

Ich unterhielt mich eine Weile mit dem Ranger und wusch mir Gesicht und Hände im Museum [von Yosemite Village]. Mein Selbstvertrauen war auf einen Schlag wie weggeblasen. Ich sah aus wie mein eigener Geist, wie ein Ungeheuer. Ich tat mein Bestes, um mich wieder in einen einigermaßen ansehnlichen Zustand zu bringen, und ging dann sofort zum Barbier, wo ich mir seit langem wieder eine Rasur und einen Haarschnitt verpassen ließ. Den Bart los zu sein war wirklich eine große Erleichterung.

Danach leistete ich mir verschiedene Leckerbissen, setzte mich unter einen Baum am Fluß und ließ es mir schmecken.

Die Nachrichten von zu Hause sind eher enttäuschend. Ich habe noch keine Lust, in die alte Eintönigkeit zurückzukehren. Doris hat mir auch geschrieben, aber das war alles. Kein Brief von Mrs. Whitnah [eine Familienfreundin in Oakland]. Was ich Pop Myers schreiben sollte, wußte ich nicht, aber ich ging schließlich zum Postamt zurück, bevor die Briefe weggebracht wurden, und kritzelte schnell eine Nachricht an ihn.

In der Yosemite Lodge kaufte ich einen Milchshake, aß noch mehr und plauderte angeregt mit dem Ranger. Der Postbeamte entdeckte noch ein Bündel Briefe für mich, das er verlegt hatte. Ich hatte Post von Lawrence und von zu Hause. Insgesamt schulden mir noch fünfzehn Leute Briefe.

In Boysens Studio hatte ich ein gutes Gespräch mit den Leuten. Sie bewunderten meine Holzschnitte, aber sie hatten kein Geld. Ich ließ meine Filme dort. Das Mädchen sagte, ich sollte in Frisco zu Ansel Adams[12] gehen.

Ich unterhielt mich wieder mit den Rangers. Einer fuhr mich am Abend zu den Happy Isles. Ich stieg immer weiter bergauf und kam schrecklich ins Schwitzen. Im Mondschein sah die Schlucht sehr schön und friedlich aus. Am Nevada Falls Camp sprach ich mit den Wegarbeitern. Sie erzählten mir, Bären würden jede Nacht ihr Camp überfallen.

In der Dunkelheit war die Wiese schwierig zu finden, denn ich mußte durch dichten Wald. Auf dem Weg sah ich die Esel.

Glacier Point, 4. Oktober

Liebe Familie,

der Postbeamte entdeckte ein Bündel Briefe, die er für mich aufbewahrt hatte, darunter war auch Post von Euch. Die kurzen Artikel, die Ihr beigefügt habt, gefielen mir sehr. Das Gedicht über die Einsamkeit habe ich immer noch und ich mag es auch immer noch sehr. Die Holzschnitte und der zweite Fünf-Dollar-Scheck waren auch bei der Post. Ich glaube fast, Ihr braucht mir jetzt keine Holzschnitte mehr zu schicken. Ich wollte mit den Leuten vom Film einen Handel machen; sie waren zwar ganz begeistert von den Bildern, aber sie konnten es sich nicht leisten, mir Arbeit zu geben.

In der Nacht stieg ich im Mondschein aus dem Tal auf und bahnte mir meinen Weg durch die dunklen Wälder zu meiner Wiese am Lost Lake.

Gestern weckte mich am hellichten Tag das irre Geheul der Kojoten. Ich bestieg den Half Dome und aß auf einem überhängenden Felsen oberhalb des jäh abfallenden Tenaya Canyon zu Mittag. Der Mirror Lake war ein enttäuschend rotbraunes Schlammloch, das Tal war trocken und gelb verbrannt.

Heute morgen wanderte ich das Tal am oberen Rand von den Nevada Falls zum Glacier Point ab. Ich hatte den ersten guten Blick auf die Illillette Falls, ein weißes, glänzendes Flechtwerk auf feuchten Granitfelsen, Vernal Falls hingegen ist nur einziger kleiner Wasserstrahl.

Hier im Hotel traf ich Mr. Cuesta wieder, meinen alten Freund, den ich 1930 im Little Yosemite Valley kennengelernt hatte.

Gestern abend am Feuer mußte ich wieder an San Francisco denken. Es wäre wunderbar, wenn ich eine kleine Mansarde irgendwo auf einem Hügel mieten und einen Monat lang unbeschwert durch die Stadt und an der Küste entlangwandern könnte. Ich würde Farbskizzen von den tropischen Fischen im Aquarium machen und zu Konzerten gehen. Ich habe dort einen Freund, der an der Stanford University Medizin studiert.

Meine beiden Hosen sind nun ziemlich abgetragen, schickt mir bitte die graugestreifte, die mir paßt (nicht die weite Hose) nach El Portal und vermerkt, daß sie das Päckchen eine oder zwei Wochen aufbewahren sollen. Ich hätte auch gern noch ein Tagebuch mit 200 Seiten, wenn Ihr günstig eines kaufen könnt. Von meinem Geld für Oktober könnt Ihr mir fünf Dollar nach El Portal schicken.

Ich lege ein paar Espenblätter bei, wenn ich wieder an meinem Platz am Lost Lake bin. An meinem Bett am Wiesenrand stehen drei hohe Espen, ein paar Föhren, eine Weißtanne und ein paar Wacholderstauden.

Viele Grüße von
Everett

Samstag 7. Oktober

Eine Stunde lang mußte ich nach den Eseln suchen. Als ich sie schließlich fand, schaute mich Betsy ganz unschuldig an. Ich führte Granny mit angelegten Fesselstricken zurück.

Wir folgten der Tioga Road drei Meilen, dann wanderten wir nach Norden zum May Lake, einem runden See am Fuß des Mount Hoffman. Ich hatte Muirs Beschreibung der Aussicht gelesen und wollte auf den Gipfel steigen[13]. Doch da zogen Wolken auf, und ich wollte abwarten, ob es wieder aufklarte.

Ich sprach mit zwei Mädchen und mit einem der Camper, die ich gestern getroffen hatte, einem alten Hasen. Seine Freunde waren mit Faltbooten zum Fischen auf den See hinausgefahren. Ein anderer Mann, ein fetter Abgeordneter aus Merced, war auf den Berg gestiegen und kam mit lächerlichen Geschichten wieder zurück. Er lacht zuviel, niemand nimmt ihn ernst. Seine Witze sind ziemlich blöd.

Everett, 1933

Als es anfing zu regnen, gingen die Männer. Ich schlug mein Lager auf und machte ein loderndes Feuer. Es hörte auf zu regnen, und ich las weiter in »Der Quell«. Liebe macht alles kompliziert. Ich glaube, eine große, erfüllende Liebe ist vielleicht die erhebendste Erfahrung, die ein Mensch machen kann, aber sie ist so selten, daß sie fast vernachlässigbar ist.

Es wurde dunkel, und der Himmel klarte teilweise wieder auf. Ich schichtete das Feuer auf und las den zweiten Teil. Danach warf ich noch einen dicken Prügel ins Feuer und wollte mich schlafen legen, doch das Holz brannte so hell, daß ich unbedingt weiterlesen mußte. Ich schlafe sowieso nicht gerne. Ich hörte die Glöckchen der Esel. Warum sollte ich ins Nichts oder in quälende Träume abgleiten, und sei es auch nur für eine Nacht?

Also las ich weiter und freute mich an den Schilderungen und den philosophischen Diskursen. Das Buch ist sehr gut geschrieben, ich bewundere den Autor über die Maßen. Doch ich verstehe nicht, warum das Buch ein Bestseller war, schließlich sollte man doch denken, daß nur wenige Menschen die Philosophie schätzen.

Everett beim Malen, 1933

Ich muß noch anmerken, daß der Sonnenuntergang grandios war. Ich stand am Seeufer und sah über das weite, flammende Wasser hinüber zum Waldrand, hinter den Tannen glühte es hell, der Himmel über dem Wald war dunstig.

Hin und wieder warf ich einen Prügel ins Feuer. Ich merkte gar nicht, wie ein Funke ein Loch in mein Handtuch und in ein paar Kleider brannte. Ich saß auf einer krummen Wurzel, unter dem Baum wuchs Heidekraut.

Der Nachthimmel war überwältigend schön und der Mond ging silbern auf. Der Himmel veränderte sich die ganze Nacht über. Einmal zogen Wolken auf, dann wurden sie wieder weggeblasen, einmal funkelten die Sterne, dann wurden sie wieder verdeckt.

Montag, 9. Oktober

Die Morgensonne spickte hinter einer Wolke hervor und weckte mich, dann versteckte sie sich wieder. Das Wetter stört mich jetzt nicht mehr, denn bald bin ich unterhalb der Schneegrenze. Als ich die Esel zusammentrieb, fand ich zwei gute Stricke. Bald waren wir unten im Glen. Ich war überglücklich! Der Fluß war breit und floß ruhig dahin, überall gab es tiefe, grüne Gumpen, die Ufer waren mit herbstlich gefärbten Espen gesäumt. Der Wind toste wie ein Schrei in meinem Herzen, er riß die gelben Blätter von den Ästen und wirbelte sie über den Weg. Welche Schönheit und welche Vergänglichkeit! Ich erinnerte mich an Kaibab im September, an den ungerührten alten Pericles und die hohen Espen, die Gold auf uns herunterregnen ließen. Welch berauschende Schönheit!

Wir kamen an den Waterwheel Falls vorbei, der höchste Strahl war nur ein Fuß hoch.

Und immer weiter, endlos weiter. Der Weg führte über die Granitfelsen hinter Muir Gorge.

Mittagspause machte ich erst spät am Fluß. Die getrüffelte Gänseleberpastete schmeckte auf jeden Fall besser als der Russische Kaviar.

Die Esel stapften so zügig, wie es eben ging. Noch bevor wir Pate Valley erreichten, warf die Dämmerung ein Flechtwerk aus Schatten auf den Weg, und die Esel mußten sich durch die dichte Finsternis der stillen Wälder tasten. Schließlich fand ich einen Lagerplatz, eine schöne Stelle am Fluß, doch auf der Wiese war das Gras ganz welk.

Im Kerzenschein aß ich Makkaroni mit Käse und trank Kakao. Dann kletterte ich glücklich in mein Bett – ich kletterte wirklich, denn ich schlief etwa vier Fuß über dem Boden auf einem weichen Polster aus Kiefernnadeln. Es gab drei solche »Betten« hier, bestimmt hat man sie zum Schutz vor umherschleichenden Klapperschlangen angelegt.

Nach fünf rastlosen Monaten auf Wanderschaft beschließt Everett im Herbst 1933 plötzlich, auf schnellstem Wege in die Zivilisation zurückzukehren. Dort will er seine künstlerischen Fähigkeiten verfeinern und Freunde treffen, Tennis spielen, Konzerte besuchen und Sport treiben – kurz: am gesellschaftlichen Leben teilnehmen. Aus seinen Tagebuchaufzeichnungen und Briefen verschwindet der verzweifelte und einsame Unterton, Everett klingt fröhlich und voller Erwartung.

Nur eine Woche nach dem ersten Gedanken an eine Rückkehr in die Stadt ist Everett bereits auf dem Weg nach San Francisco: In El Portal, am Rande von Yosemite Park, verkauft er seine Esel an Pop Myers. Myers nimmt ihn mit bis Merced, der nächstgelegenen Stadt mit Bahnanschluß. Dort springt Everett auf einen Güterzug auf, über Sacramento und Oakland erreicht er so Mitte Oktober Berkeley.

Berkeley, 17. Oktober

Liebe Familie,

ich sitze gerade auf der hinteren Veranda von Whitnahs Haus und sehe über die Bucht. Mrs. Whitnah ist in der Stadt und besucht einen Kurs für Innenarchitektur, und heute nachmittag geht sie mit ihrem Mann zu einem Vortrag von Lincoln Steffens im International House.

Morgen oder übermorgen ziehe ich in die Stadt [San Francisco] um; vielleicht finde ich ja ein schönes Zimmer und ein paar Freunde auf Telegraph Hill.

Eure Briefe erhielt ich in El Portal, aber ich hatte keine Zeit zu antworten. Als ich am Samstagmorgen wieder vom Postamt hinaufstieg, sah ich zuerst nach den Eseln. Sie standen im Schatten auf dem Hügel, in der Nähe waren zwei kleine Mädchen. Sie hatten Angst vor den Eseln, gleichzeitig waren sie aber auch fasziniert und konnten sich nicht losreißen. Ich konnte sie überzeugen, daß Betsy und Grandma harmlos waren, und sie streichelten sie; doch daß Grandma keinen Schweif hatte, verstanden sie überhaupt nicht.

Ich brachte den Sattel und ließ sie aufsitzen, sie stolzierten begeistert den Hang hinauf und hinunter. Nach kurzer Zeit kamen zehn weitere Mädchen, die fast platzten vor lauter Aufregung. Es waren nette Kinder, und es war ein Vergnügen zu sehen, welche Freude sie mit den Eseln hatten. Jede durfte einmal auf dem einen und einmal auf dem anderen Esel reiten, natürlich konnten sie nicht genug kriegen. Gegen Mittag, als es heiß wurde, habe ich die Tiere ausruhen lassen und den Kindern aufgetragen, Futter zu besorgen. Sie liefen davon und kamen mit Tüten voller Äpfeln, Brotrinden, Haferflocken und Keksen zurück.

Später kamen drei kleine Jungs von ihrem Jagdausflug zurück und wollten natürlich auch reiten. Danach brachten wir die Esel zusammen zur Straße, banden sie gut sichtbar im Schatten einer Eiche an und warteten auf den Käufer. Während wir dort am Flußufer saßen, sagte ein Junge, er würde das Nest einer Wasseramsel kennen, und wir folgten ihm.

Das Nest fanden wir nicht, aber das Wasser war so verlockend, daß wir alle badeten. Im Planschen hörte ich jemanden von der Straße aus rufen. Der Käufer für die Esel war gekommen.

Es ist der Lehrer aus Visalia, den ich im Sequoia Park getroffen hatte. Damals sagte er, daß er Esel suchte und mit einem Anhänger nach El Portal kommen würde, um sie zu holen. Er zahlte den gleichen Preis, den ich auch gezahlt hatte. Die Kinder drängten sich um uns, während wir die Esel in den Trailer bugsierten.

Am Abend kamen wir in Merced an, und ich verabschiedete mich von meinem Freund. Ich schickte meine Packtaschen per Fracht in die Stadt und ging in ein billiges

Lokal, das von Cowboys und den schrulligsten Figuren der Stadt besucht wurde. Für 20 Cent bekam ich ein gutes Essen, lehnte mich zurück und beobachtete die Szenen, die sich dort abspielten. Ein paar Betrunkene waren sehr lustig. Einer von ihnen, ein Filipino, stellte sich ständig in Pose, wirbelte umher und wedelte mit den Armen wie ein Tänzer. Er behauptete steif und fest, er würde nach Hause gehen, wenn jemand ihm noch ein Glas spendierte, doch nach fünfzehn oder noch mehr Gläsern war er immer noch da.

Ich freundete mich mit einem Bettler an. Wir gingen zusammen durch die Stadt und zur Spielhalle. Vor dem Billardsaal fuhr eine große Limousine vor, und der Schlepper schrie: »Kommt und seht euch diese rasenden Dominos an!« Wir stiegen ein, ließen auch schon bald die Stadtgrenze hinter uns und kamen zu einer Kaschemme. Die Männer, die dort die verschiedensten Spielen leiteten, waren alle gut gekleidet und pomadisiert, ihre Gesichter waren zu Masken erstarrt. Einer schrie die ganze Zeit: »Hoch und niedrig, einmal gut, einmal widrig!« Ein Spiel interessierte mich. Es war eine Art Wette. Man plazierte Zehn-Cent-Stücke auf einem schmalen Metallstreifen, dann kam ein Chinese und leerte einen Topf Bohnen auf den Tisch. Er scharrte jeweils vier Bohnen mit einem gebogenen Bambusrohr zusammen, und je nach der Anzahl der Bohnen, die am Schluß übrig waren, hatte man etwas gewonnen.

Um elf Uhr ging ich zum Güterbahnhof und nahm den »Schnellzug« nach Sacramento. Ich lernte einen jungen Cowboy kennen, der auf dem Rückweg zur Ranch war. Einige Stunden fuhren wir auf dem Dach, denn es gab keine offenen und leeren Waggons. Die Fahrt war aufregend, wenn auch ein bißchen kalt. In Modesto mußten wir uns beeilen, sonst hätten sie uns abgehängt. Bei jedem Halt wurden die Güterwaggons auf den Nebengleisen rangiert und ausgewechselt. Als wir wieder abfuhren, sah einer der

Holzschnitt, 1933

Jungs einen Kühlwagen, und während der Zug an Fahrt gewann, rannten wir über die Dächer aller Waggons, sprangen von einem zum anderen, bis wir dort waren. Der Kühlwagen hatte eine Kühlmaschine an beiden Enden, doch der Waggon hatte Honigmelonen geladen, es gab kein Eis in den Kühlmaschinen, und die Luken waren offen. Zu viert kletterten wir hinein und plauderten. In Stockton stiegen zwei Männer aus, mein Cowboy und ein älterer Tramp. Der Kanadier blieb noch sitzen; er war in Mexiko gewesen und hatte dort seinen Kumpel verloren. Nun ist er wieder auf der Heimfahrt nach Calgary. Dort arbeitet er bei der Miliz, einer Elitetruppe, die es in ganz Kanada gibt. In zwei Minuten können diese Jungs ein Maschinengewehr auf einem Packpferd laden.

Im Morgengrauen kamen wir in Roseville an, wo sich unsere Wege trennten. Die Mondsichel verblaßte gerade, als wir ausstiegen. Am Güterbahnhof lud ich meinen Gefährten zum Frühstück ein. Während wir auf unsere Züge warteten, packte er meine Sachen neu zusammen – nach Art der Tippelbrüder. Der Zug nach Norden kam als erster, und mein Freund verschwand langsam aus meinem Blick.

Relativ früh, mit nur zwei Stunden Verspätung, war auch der Güterzug nach Oakland fahrbereit. Ich sah am Güterbahnhof beim Beladen zu. Mit einem Landstreicher aus New York stieg ich auf einen offenen Waggon; er war leer. Es ging zügig voran, und am Nachmittag kamen wir an die Meeresbucht. Über das offene Land machten wir mehr als 40 Meilen die Stunde, und der Wind aus den Marschen wehte uns um die Nase und blies uns die Haare aus dem Gesicht. In Oakland stieg ich aus und machte mich auf den Weg zu den Whitnahs hinauf nach Berkeley.

Alles Liebe von
Everett

Die Zeit in San Francisco sollte Everett nachhaltig prägen – im positiven wie im negativen Sinn. Er findet Freunde, kulturelle Anregungen und intellektuellen Gedankenaustausch. Als Everett die Stadt jedoch vier Monate nach seiner Ankunft wieder verläßt, ist er zutiefst verstört: Eine Liebesbeziehung ist gescheitert, sein Ego als Künstler geschwächt, und er weiß weniger als je zuvor, wo er hingehört.

Dabei läuft zunächst alles nach Plan. Kaum in San Francisco angekommen, findet Everett eine billige Wohnung und neue Freunde. Schon nach wenigen Tagen gelingt ihm außerdem der Einstieg in die Künstlerszene der Großstadt. Er lernt einige der bedeutendsten Maler, Fotografen, Musiker und Kunsthändler seiner Zeit kennen. Er besucht Vorträge, Konzerte und Ausstellungen, diskutiert mit anderen Künstlern und arbeitet hart an seinen eigenen Werken. Und mit dem Verkauf seiner Bilder und Holzschnitte kann er sich sein Leben als Bohemien sogar notdürftig finanzieren.

Vor allem die Bekanntschaft mit dem Maler Maynard Dixon und der Fotografin Dorothea Lange wird für Everett bedeutsam. Der Landschaftsmaler Dixon befindet sich zu dieser Zeit auf dem Höhepunkt seiner Karriere, und auch Lange genießt in San Francisco bereits einen hervorragenden Ruf.

2048 Polk Street, San Francisco,
29. Oktober

Liebe Familie,
hier ist alles bestens. Ich schwimme wieder oben, was ich auch von Euch hoffe. Endlich habe ich zu mir selbst gefunden. Den ganzen Tag habe ich eifrig gemalt.

Gestern hörte ich vier Symphonien, den Nachmittag und Abend verbrachte ich mit Maynard Dixon, seiner Frau Dorothea [Lange], dem Musiker Ernst Bacon und anderen Künstlern. Es war großartig und es hat mir gutgetan, wieder unter Freunden und Künstlern zu sein.

Gestern abend bei Dixons bekam ich zum ersten Mal seit einer Woche wieder ein gekochtes Essen. Ich hatte immer nur von rohen Möhren, Brot und Bananen gelebt.

Seit dem Tag, bevor die Päckchen gekommen sind, habe ich nichts mehr von Euch gehört. Was die Überweisung angeht, so würde ich vorschlagen, Ihr legt $ 10 vom Geld für Oktober wieder auf die Bank (wenn Ihr es nicht schon abgeschickt habt) als Rückzahlung meines Trips in die Wüste, und schickt mir, sobald es geht, die restlichen $ 15 und ein paar Zerquetschte. Ich zahle Miete ($ 10), und ich denke, mit dem Rest komme ich gut zurecht.

Es hat den ganzen Tag geregnet.

Die Stadt zu erkunden und die Hügel rauf und runter zu laufen macht mächtig Spaß. Ich kenne mich inzwischen recht gut aus. Den Dunst hier mag ich auch. Ich schließe langsam Freundschaften, und die Stadt wird mir wohl immer besser gefallen.

Viele Grüße
Everett

2. November

Liebe Familie,
Eure Briefe waren eine Freude. Wenn ich den ganzen Tag in meinem Zimmer bin, bringt sie mir der alte Julius herauf; gestern brachte er mir einen Brief von Waldo.

Neulich konnte ich ein paar Holzschnitte verkaufen, doch mit den Konzerten, der Miete und dem Malzeug war das Geld im Handumdrehen wieder weg. Ich habe Cornel[14] in die Oper »Der Goldene Hahn« von Rimski-Korsakow mitgenommen. Auf seinen Ausflug die Küste entlang nach Norden konnte ich ihn nicht begleiten. Gestern hatte ich viel Spaß bei Schermerhorns. Heute gehe ich mit George Brammer in »Dr. Faust«, ein Puppenspiel von Perry Dilley. Für die Eintrittskarten habe ich ein paar Holzschnitte eingetauscht.

In der Stadt mache ich wertvolle Erfahrungen, und ich bin froh, daß ich hier bin und nicht in Hollywood. Ich hatte Gelegenheit, die Stadt sehr gut kennenzulernen, aber vieles bleibt noch zu entdecken. Bislang hatte ich keine Zeit, nach Berkeley zurückzugehen, und das wird sich wohl in nächster Zeit auch nicht ändern, denn ich muß mich um die Linolschnitte kümmern. Ich habe bereits einen gemacht, doch drei Schnitte sind noch nicht fertig, und dann muß ich vor Weihnachten auch noch ein paar Dinge erledigen. Hoffentlich habt Ihr noch mehr von den Umschlägen, der Pappe und der Klebefolie, die ich letztes Jahr verwendet habe, denn ich könnte sie vielleicht bald brauchen. Ich werde Euch wahrscheinlich einen kleinen Holzstock schikken, damit Ihr für mich Postkarten drucken lassen könnt. Waldo hat sich »Ulysses« ausgeliehen, er soll das Buch an Mrs. Southard zurückgeben. Heute war ich bei Paul Elder; er hat meine Sachen noch nicht einmal ausgestellt, folglich konnte er natürlich auch noch nichts verkaufen.

Von den Büchern, die Ihr mir geschickt habt, habe ich unter anderem schon »Südwind« gelesen, »Candide«, »Das Vogelmädchen«, O'Neills Dramen, »Die Brüder Karamasow«, »Der Tanz des Lebens«, »Der Zauberberg« und »Tausendundeine Nacht«, einige andere, wie zum Beispiel »Der goldene Esel«, betrachte ich nicht als Literatur.

Ich lese gern in meiner Lyrikanthologie und verleihe meine Bücher. Gerade lese ich ein Stück aus dem Buch von O'Neill, das mir Schermerhorn geliehen hat. In meinem Zimmer habe ich ein Grammophon, das mir der Klempner geliehen hat, nun kann ich meine Musik genießen und mit anderen teilen.

Am frühen Nachmittag war ich bei Cornel, wir hatten viel Spaß, danach wanderten wir auf den Telegraph Hill und den Russian Hill, anschließend hörten wir bei mir Musik. Ich ließ ihn bei mir baden, denn er hat keine Badewanne in seiner Bude.

Edwin Markham hält heute abend einen Vortrag, aber ich kann wahrscheinlich nicht hingehen.

Die Hospital Association verlangt von mir bis zum 1. Dezember $ 1.65. Der Arzt sagt, meine Blässe sei nur auf eine Überfunktion der Hautdrüsen zurückzuführen und habe nichts mit der Ernährung zu tun. Wie die anderen Ärzte meint auch er, daß man da nichts machen könne. Rohe Karotten sollte man nicht essen, sagt er, sie seien schwer verdaulich.

Hier ziehen die Wolken zusammen, aber es regnet noch nicht. Es ist fast Vollmond.

Viele Grüße
Everett

Unter Wasser

Fische glitzernd, schnell wie Pfeile
Zwischen Algenschweifen, wirbeln
Durch die grünen Tiefen der See und
Schimmern silberkraus auf dem Naß.
Ein Tanzen, ein Funkeln im kalten Mondenschein,
Und weg sind sie, so schnell wie sie gekommen.
Die wild wogenden Algen werden
Sanft und stehen schließlich still.
Und durch die schweigenden Wälder der See
Treibt langsam in strahlendem Glanz
Eine gleißende Qualle – ganz plötzlich
verliert sie ihre mattrosa Färbung,
Wird durchsichtig und schwindet von dannen.
Doch einmal noch, ganz fern, leuchtet sie auf
Vor den schwarzen Klippen mit den wabernden
    Schatten,
Und verschmilzt mit der Ferne.
Geistergleich schwebt sie aus dem Blick.

San Francisco, 13. Dezember

Lieber Vater,
Deine sorgfältig überlegten Antworten auf meine Fragen gefielen mir sehr, ich denke, Du hast alles gut durchdacht.

Gestern sprach ich mit Alfred Fiske, er glaubt – und er hat mich überzeugt –, daß wir vom Leben nicht genug erwarten. Wenn die Leute merken, daß man von ihnen nicht die besten, großartigsten Dinge erwartet, oder wenn sie spüren, daß man sie nicht schätzt oder über sie spottet, hören sie auf, nach Höherem zu streben. Wenn mehr Menschen merken würden, daß man von ihnen etwas Gro-

Granit und Zypressen

ßes erhofft und sie nicht geringschätzt, dann würden sie positiv reagieren, und die Welt wäre viel schöner. Doch so viele Menschen schämen sich ihrer tiefen Gefühle und wollen sie immer verstecken. Meinst Du nicht auch, daß es so ist?

Was Briffaults Behauptung angeht, daß sich in diesen Krisenzeiten, wo die Welt Todeskämpfe und Geburtswehen ausstehen muß, wohl kein denkender Mensch für Ästhetik und Kunst interessieren kann, so würde ich natürlich sagen, er hat unrecht – wenn ich ihm zustimmen würde, würde ich mein ganzes Leben ad absurdum führen.

Briffauts Meinung ist nicht neu für mich. Vor einem Jahr kannte ich ein paar Kommunisten, die richtig auf mich losgingen, als ich sagte, daß ich vom Leben nicht mehr erwarte als Schönheit und Freundschaft. Die Krise in der Welt läßt mich natürlich nicht kalt, aber ich bin kein Volksredner, kein Demagoge, kein Politiker. Es liegt nicht in meinem

Wesen, mit den Massen umzugehen und sie zu organisieren, und ich gedenke nicht, mein Wesen radikal zu ändern – was ich sowieso nicht könnte.

Denk ein Jahr zurück: Hätte ich damals meinen Freunden den Rücken gekehrt und mich in den Kampf gestürzt – was hätte ich denn nun vorzuweisen? Wenn ich mich intensiv um diese Dinge gekümmert hätte, wäre ich sehr wahrscheinlich und sehr bald einer der vielen hundert politischen Gefangenen gewesen, die überhaupt keinen Einfluß auf den Gang der Dinge haben. Und wäre ich im Gegenteil mit gedämpfter Begeisterung vorgegangen – was hätte ich denn erreichen können? Und, wie ich schon sagte, ich halte es für eine hoffnungslose, undankbare Aufgabe, gegen die blinde, apathische Masse anzukämpfen. Wir können ja nicht den politischen Führern und den Kapitalisten sagen, sie sollen sich selbst die Kehle durchschneiden, oder? Siehst Du! Habe ich recht?

Also habe ich im vergangenen Jahr statt dessen Schönheit und Freundschaft gesucht, und ich denke, ich habe auch ein bißchen Schönheit und Freude ins Leben anderer Menschen gebracht. Das ist doch was!

Viele Grüße
Everett

San Francisco, 13. Dezember

Lieber Waldo,
Du mußt überrascht gewesen sein über meinen letzten, ziemlich blöden Brief. Schön, daß Du mir zum Erntedankfest geschrieben hast! Mein Zimmerwirt hat sich bestimmt über das grüne Papier gefreut. Ich hatte eine Zeit voller Ausschweifung und Not, unterströmt von Hunger und übertönt von wunderbarer Musik. Bislang schaffte ich es immer irgendwie, meine Schulden zu begleichen, und ich versuchte mein Bestes, um Schönheit und Freude in das Leben

anderer Menschen zu bringen, allerdings mit wechselndem Erfolg.

In vieler Hinsicht ist mein Leben hier in der Stadt sehr erfüllt. Endlich kann ich meine hart erarbeiteten Erfahrungen umsetzen. Ich kenne einige sehr offene Männer, sehr nette Frauen, und ich bin sogar mit einem Mädchen eng befreundet.

Kurz – ich bin oft in Siegerlaune und ich bin stolz auf mich, denn ich glaube, daß ich das Leben wirklich in vollen Zügen ausschöpfe, und das werde ich auch weiterhin tun.

Everett

Das in Everetts Brief an seinen Bruder Waldo erwähnte Mädchen ist zweifellos Frances. Wo Everett sie kennengelernt hat, ist unbekannt, ebenso ihr Nachname. Beide sind offenbar nur kurze Zeit miteinander glücklich. Warum sie sich trennen, ist nicht bekannt.

Polk Street, 14. Dezember

Liebe Frances,
gerade erstand ich die herzzerreißendste Symphonie, die Du je gehört hast. Du mußt mich am Samstagabend in meiner bescheidenen Hütte besuchen und sie anhören, denn ich will die Musik mit Dir teilen. Dann habe ich auch noch zwei Dinge, die ich Dir zu lesen geben möchte, und ein neues Bild, das Du Dir ansehen mußt. Sag nicht nein – ich muß Dich sehen! Als besonderen Anreiz habe ich auch eine große Portion Roquefort gekauft. Gestern und heute habe ich nur sporadisch gearbeitet und mich in der Musik ergangen. Heute morgen sah ich auf der Straße zwei Mädchen, die mich an Dich erinnerten.

Heute abend gehe ich zu Charley, morgen rufe ich Dich an. Sei nicht traurig, ich versuche es auch nicht zu sein.

Alles Liebe
Dein
Everett

Montagabend

Frances, meine Liebe,
Teresine tanzt morgen abend um 8.20. Schlaf gut.

Everett

19. Dezember

Frances,
von ganzem Herzen wünsche ich Dir unbekümmerte und fröhliche Weihnachten.

Everett

2048 Polk Street, San Francisco,
22. Dezember

Lieber Waldo,
ich konnte nicht früher auf Deine Briefe antworten, weil ich die meiste Zeit so unruhig und nervös war und keine Lust hatte zu schreiben. Heute abend geht es mir besonders schlecht, aber Vater deutete an, daß mein Schweigen Dich verletzt.

Jemand sagte gestern zu mir, daß es vielleicht einfach daran liegen könnte, daß ich mit meinen neunzehn Jahren gerade sehr empfindlich bin, aber das ist nur ein schwacher Trost. Ich habe an mir neue Stimmungen kennengelernt, neue Tiefpunkte und neue, sehr beunruhigende

Gefühle für mich selbst und für andere Menschen, ja für die Menschheit als Ganzes.

Andererseits habe ich immer noch viel Spaß und verlebe ungewöhnlich fröhliche Zeiten, doch da ist meistens dieser Anklang von Unmut und Unruhe.

Entschuldige, daß ich Dir zu Weihnachten nichts schicken konnte. Ich hatte ein Geschenk für Dich, doch dann fand ich es nicht mehr passend. Daß Du mir einen Scheck geschickt hast, hat mich ziemlich verlegen gemacht, und ich wollte ihn zuerst gar nicht annehmen, weil ich ja weiß, daß Du es Dir nur schwer leisten kannst. In letzter Zeit habe ich eine Menge Geld ausgegeben, jedenfalls für meine Verhältnisse. Heute konnte ich ein paar Bilder verkaufen, doch das Geld ist schon wieder weg. Die Hälfte der Zeit bin ich niedergeschlagen oder pleite und habe kein Geld für Verkehrsmittel oder Telefon. Was ich im nächsten Monat tun werde, weiß ich noch nicht. Ich habe mein Zimmer langsam satt. Vielleicht gehe ich für eine Woche nach Berkeley und wandere dann die Küste entlang nach Norden, doch da werde ich wahrscheinlich die schlimmste Regenzeit erwischen und meist in Schlammpfützen schlafen müssen. Vor einiger Zeit dachte ich noch, ich könnte über meinen Schatten springen und wirklich ein paar richtig gute Bilder machen – denn ich hatte ein paar sehr wichtige Dinge erkannt –, aber es klappte dann doch nicht.

Nach mehreren Drehungen, Wendungen und Rückschlägen in meinem Leben kann ich meinen Gefühlen immer noch keinen freien Lauf lassen. Vielleicht muß das ja so sein, und vielleicht müssen meine Gefühle einfach absterben, weil sie sich totlaufen oder verletzt werden.

Ich entschuldige mich nicht für meine Emotionen, denn ich fühle mich nicht allein dafür verantwortlich. Wenn ich scharf nachdenke, kann ich einige Ursachen erkennen, doch das ist mir inzwischen alles egal. Ich erwarte von Dir auch nicht, daß Du mich besser verstehst als andere Leute, schließlich würde das auch keine Rolle spielen, denn das ist allein meine Sache.

Laß Dich von meinem Abweichen vom normalen Weg nicht stören. Wahrscheinlich sind meine Gefühle nur ein Teil eines stimmigen Planes, den ich undeutlich vor mir sehe.

Dein Bruder
Everett

1934: Arizona, Utah.
Monument Valley, Grand Canyon, Bryce Canyon, Escalante Canyon

Das Jahr beginnt trist. Everett hat Liebeskummer, zweifelt an seinen künstlerischen Fähigkeiten und ist einmal mehr davon überzeugt, zum gesellschaftlichen Außenseiter geworden zu sein. Doch nach einem düsteren Frühling scheint Everett im Sommer endlich zur Ruhe zu kommen. Das heißt nicht, daß er seine rastlosen Wanderungen aufgibt: Erneut legt er Hunderte von Meilen zurück, durchquert das Monument Valley und klettert in den Grand Canyon hinab. Dann erforscht er den Bryce Canyon und wandert schließlich zum Escalante River.

Aber in diesem Jahr scheint er dabei reifer, zufriedener und glücklicher zu sein als zuvor. Er schließt einige enge Freundschaften und lebt für ein paar Wochen mit den Navajo- und Hopi-Indianern zusammen. Er begeistert sich für ihre Kunst, ihre Tänze, ihr Verhältnis zur Natur. Und Everetts Holzschnitte und Bilder werden in diesem Jahr so gut, daß er von ihrem Verkauf leben kann. Im Herbst schickt er seinen Eltern sogar etwas Geld. Seine Briefe nach Hause klingen entspannt und sorglos – sein Tagebuch aus dem Jahr 1934, das diesen positiven Eindruck korrigieren könnte, ist verschollen. Everett scheint sich selbst gefunden zu haben und endlich zu wissen, wo er sich zu Hause fühlt: in den menschenleeren Weiten des amerikanischen Südwestens.

Der erneute Versuch seines Vaters, ihn zu einem Studium zu überreden, bleibt deshalb erfolglos. Anfang Januar rea-

giert Everett mit einem harschen Brief: Das geregelte Leben in der Stadt interessiere ihn nicht mehr, er wolle im Frühling nach Arizona wandern. Bis dahin allerdings werde er sein Leben in San Francisco voll auskosten. Einige Tage später schreibt er seinem Vater: »Ich habe hier interessante und wertvolle Erfahrungen gemacht, die ich für immer im Herzen behalten werde. Denn ich weiß, daß es eine solche Phase in meinem Leben nicht noch einmal geben wird.«

235 Grenville Way, San Francisco,
2. Januar

Lieber Vater,
am Sonntag nachmittag hörte der Regen für eine Weile auf, und ich machte einen langen Spaziergang durch den Norden der Stadt. Ich sah den Wolken zu, die über die Silhouette der Stadt zogen, beobachtete die Schauerleute beim Beladen eines Frachters mit Tonnen von Kupfer, sah die Möwen über der Bay kreisen, ging durchs feuchte Gras auf den Hügeln, vorbei an den Hütten und Slums der Armen und den Herrenhäusern der Reichen. Am Russian Hill machte ich eine Viertelstunde Pause und bewunderte einen hochgewachsenen alten Eukalyptusbaum, der in einem Garten auf dem Hügel thronte; nie zuvor habe ich solch eine lebhafte und so schöne Färbung bei einem Eukalyptus gesehen.

Heute nachmittag ging ich noch mal hin und malte den Baum; bei Sonnenuntergang war ich fertig. Ich klopfte an die Tür des Hauses und zeigte der Besitzerin mein Bild, das ihr sehr gefiel. Es stellte sich heraus, daß ihr Haus 1852 erbaut wurde und das zweitälteste in San Francisco ist. Schon viele berühmte Leute wohnten dort. Sie lud mich ein, wiederzukommen und das Haus zu besichtigen.

Heute abend las ich Pitkins »Kurze Einführung in die Geschichte der menschlichen Dummheit« zu Ende. Es ist ein dickes Buch und es hat mich in den letzten Tagen sehr beschäftigt. Die ersten 300 Seiten haben mich völlig begeistert und geistig sehr angeregt. Ein Junge, den ich im Sequoia National Park getroffen hatte, hat mir das Buch dringend empfohlen, und dann fand ich es zufällig in der Bücherei. Doch jetzt habe ich von Pitkin eine Weile genug. Ich will in der Bücherei jedoch noch nach »Die Psychologie der Errungenschaft« fragen. Kennst Du noch ein paar andere, richtig gute Bücher über Psychologie, die man in der Bücherei leihen könnte?

Ich glaube, Pitkins Buch würde Dich interessieren – falls Du es nicht schon gelesen hast. Mir gefiel, wie umfassend es war, und ich machte ein paar Notizen. Hier einige Anmerkungen, die Dich vielleicht interessieren:

»Die Fähigkeit zur gegenständlichen Wahrnehmung nimmt schon mit siebzehn Jahren wieder ab. Ein Fünfzigjähriger nimmt die Welt um sich herum wahr wie ein Vierzehnjähriger, und ein Achtzigjähriger hat die Wahrnehmungsgabe eines Sechsjährigen.«

»Die verbreitetste und harmloseste Form der vom Ego verursachten Dummheit ist die Gewohnheit, zuviel zu reden.«

»Walt Whitman litt unter einer spezifischen Schwäche der normalen motorischen Reaktionen, vor allem in zwischenmenschlichen Beziehungen. Er zeigte auch nicht die normale Aggressivität eines männlichen, paarungswilligen Wesens. Der positive, schöpferische Trieb seiner Natur war sein Narzißmus.« (Pitkin enthüllt hier des langen und breiten Whitmans Dummheiten.)

»Im Verhältnis betrachtet, verfolgen genauso viele Menschen eine kriminelle Laufbahn wie eine nicht-kriminelle.«

»Die Kirche ist die beste Einrichtung für schwache, krankhaft dumme Leute, während der Staat die beste Einrichtung für gesunde, tatkräftige Dummköpfe ist.«

»Wegen der durch Schwäche und Unvermögen verursachten Unterwerfung können Kirche und Staat, Kloster und Armee, Hierarchie und Bürokratie so viele Menschen verführen.«

»Die Goldene Regel basiert auf der stupiden psychologischen Annahme, daß sich die Menschen erstens ihres Denkens bewußt sind und daß sie zweitens auch das Denken anderer beeinflussen können.«

»Die Dinge entwickeln sich von selbst nie zum Besten, wie schwachsinnige Optimisten immer behaupten, sondern sie entwickeln sich unter den gegebenen Umständen, welche auch immer diese wären, und ihrer innewohnenden Natur gemäß, worin auch immer diese bestehe.«

Du behauptest, daß ein Künstler intensive Lebenserfahrungen machen müsse, bevor er schöpferisch tätig sein kann, doch wenn jemand die Gabe dazu habe, könne er Musik komponieren, egal ob er acht oder achtzig ist. Das sehe ich nicht so. Es gab keinen großen Komponisten, der nicht lange und intensiv gelebt hätte, und man kann an den einzelnen Werken auch weitgehend erkennen, daß sie mit den Jahren besser geworden sind. Das gleiche gilt für Interpreten, wenn auch in geringerem Maß, denn Musik zu interpretieren erfordert weniger Begabung, als sie zu erschaffen. Wenn Du die Lebensläufe der großen Komponisten studierst, wirst Du feststellen, daß die großen Werke nicht von Achtjährigen und auch nicht von Achtzigjährigen geschrieben wurden. Ich bin also anderer Ansicht als Pitkin, der sagt, daß sich die Musik (zumindest das Komponieren) in bezug auf das Alter des Künstlers von anderen Künsten unterscheidet.

Ich bemühe mich, die unterschiedlichsten und intensivsten Erfahrungen zu machen, und ich denke, es gelingt mir auch. In dieser Hinsicht habe ich keinen Grund zur Klage, und es steht auch nicht zu befürchten, daß ich ein »einseitiger« abgehobener Künstler werde – um Deinen Ausdruck zu verwenden; ich bin gleichermaßen an allen Künsten, an zwischenmenschlichen Beziehungen und allgemein an menschlichen Verhaltensweisen interessiert.

Was diese unbesonnene Aufregung angeht, daß ich mich gegenüber College-Absolventen unterlegen fühlen könnte, so ist auch diese Furcht grundlos. Ich fühle mich nicht unterlegen, und Menschen, die mich interessieren, bringen mich schon gar nicht in Verlegenheit.

In bezug auf mein Eine-Million-Dollar-Talent, mit dem ich mich durch die Mühlen des Colleges wälzen soll, muß ich Dir sagen, daß ich dreimal so viele Begabungen habe, derer ich sicher bin, und ich muß nicht betteln gehen. Ich habe einen tiefen Sinn für Ästhetik, Musik und Natur. Dazu habe ich dank Dir und Mutter einen Verstand, mit dem ich in der Lage bin, die Dinge überall und immer zu analysieren und mit ihnen fertigzuwerden.

Ich lerne andauernd Neues, und gegenüber Fiske und Schermerhorn fühlte ich mich ganz bestimmt nicht minderwertig. Was die beiden machen, könnte ich gar nicht machen; ihre Arbeit zwingt sie in eingefahrene Geleise, und sie können kein breitangelegtes kulturelles Leben führen. Ich bereue es nicht, so frei zu sein. Überall treffe ich Leute, die nicht machen können, was ich machen kann, und nicht ich bin es, der sie beneidet.

Vielleicht schämst Du Dich ja meinetwegen, aber Du kannst mich ganz bestimmt nicht dazu verleiten, mich meiner selbst zu schämen, wenigstens nicht in dieser Hinsicht. Waldos Problem ist ganz anderer Art, und ich glaube nicht, daß es viel bringt, uns beide zu vergleichen.

Ich habe Deinen Kuchen gekostet, doch ich bevorzuge eben trockenes Brot. Ich will mich nicht aus dem vollen Leben ins College zurückziehen, und ob das nun selbstgefällig ist oder nicht – ich glaube, ich weiß, was ich vom Leben erwarte, und kann mich entsprechend verhalten.

Was meine Rückkehr angeht, so möchte ich ungefähr einen Monat in Hollywood bleiben, bevor ich nach Arizona gehe, aber das ist vielleicht erst im März oder April. Ich kann nicht sagen, daß ich die Möglichkeiten, die San Francisco bietet, schon voll ausgeschöpft hätte, und aus gewissen Gründen bin ich hier lieber als in Los Angeles. Zum einen ist es etwas ganz Neues für mich im Vergleich zu der Eintönigkeit (ja) von Los Angeles, zum anderen pulsiert hier das Leben, was ich bei Euch da unten nicht so empfinde.

Außerdem habe ich hier inzwischen mehr Freunde, und es gibt noch viele Wege, die ich beschreiten will.

Ich hätte Dir gerne ein Bild von Mrs. Dixon geschickt, aber sie findet die Fotos nicht gut genug und will neue machen.

Hoffentlich schickst Du mir die Stiefel – repariert, wie ich es wollte. Ich freue mich auch auf den Scheck, doch ich muß Dich bitten, mir auch noch den anderen zu schicken, denn die zehn Dollar reichen kaum für die Miete, und von dem Rest aus zehn Dollar minus zehn Dollar kann ich nicht auch noch öffentliche Verkehrsmittel benutzen, telefonieren, Malsachen kaufen und essen. Meine letzten drei Cent habe ich für Briefmarken ausgegeben, um diesen Brief zu frankieren. Ich könnte ihn auch unfrei schicken, wie Du und Mutter es so oft machen, doch das will ich nicht.

Wofür habe ich mein Geld ausgegeben? Ich denke, es hat meinen Leidenschaften Ehre getan. Gelegentlich habe ich sehr genau kalkuliert, aber insgesamt kannst Du nicht mehr hoffen, daß ich jemals mit Geld umgehen lerne, jedenfalls nicht im landläufigen Sinn. Lieber würde ich sterben.

Trotzdem konnte ich meine Erfindungsgabe geschickt dazu nutzen, viermal zwei Karten für Konzerte zu bekommen, und ich tauschte gestern drei schöne Fotos ein. Zum ersten Konzert nahm ich Mrs. Dixon mit; es sang Roland Hayes. Sein Lied »Du bist's, dem Ruhm und Ehr' gebührt« würde sie nie vergessen, sagte sie. Er hat wunderschön gesungen.

Gestern war ich bei Schermerhorns zum Abendessen. Charles bestellt Dir Grüße.

Viele Grüße
Everett

Eichen, Morro Bay

Bereits im Februar verläßt Everett San Francisco für einen kurzen Trip nach Norden. Vier Wochen lang trampt er die Küste entlang, dann kehrt er nach San Francisco zurück. Innerhalb weniger Tage kündigt er seine Wohnung und verabschiedet sich von seinen gerade erst gewonnenen Freunden. Im März reist er zu seinen Eltern nach Los Angeles und bereitet sich dort auf eine lange Wanderung durch Nord-Arizona und Süd-Utah vor. Überraschend schlägt sein Bruder Waldo vor, ihn bis ins Monument Valley zu fahren.

März

Lieber Waldo,
ich habe mich gefreut, Deinen Brief vorzufinden, als ich gestern abend nach Hause kam. Ich hatte den Abend mit Freunden verbracht, die mich gerne nach San Bernadino mitnehmen würden. Ich hätte den letzten Ausflug gerne

mit einem Freund unternommen, doch Dein Vorschlag klingt sehr viel praktischer und unkomplizierter, und ich werde ihnen absagen.

Von meinen Bildern nehme ich nicht sehr viele mit, denn sie sind schwer zu tragen; ich nehme nur Drucke, ein paar Fotos und Papier mit. Deine Schuhe werde ich nicht vergessen. Am Samstag war ich bei Dudleys Blumenschau, es war sehr schön. Ich traf Mr. Epling, einen sehr interessanten Botanikdozenten von der UCLA; hin fuhr ich mit Miss Weir, die einen Holzschnitt von mir kaufte. Es gab eine prächtige Vielfalt von Goldiris.

Was meine Bedenken gegenüber einer Wanderung zu Fuß in der Umgebung von Flagstaff angeht, so habe ich mich wohl etwas undeutlich ausgedrückt. Ich meinte, es würde schwierig und teuer werden und ich müßte per Anhalter nach Tuba City oder noch weiter fahren, um Esel zu besorgen, und sie dann zu Fuß den ganzen Weg zurück zur Bahnlinie treiben, wo meine Sachen wären, sie aufladen und wieder zu Fuß zurückgehen; Du kannst Dir sicher vorstellen, daß das nicht gerade bequem und zeitsparend wäre. Und es ist ziemlich unwahrscheinlich, daß ich mit den Eseln per Anhalter fahren könnte – obwohl es mir einmal gelang.

Die letzten Monate in der Stadt waren sehr ungewohnt. Ich habe sehr schöne Stunden verlebt, mehr schöne Dinge gesehen als je zuvor, meine Beziehungen zu anderen sind reifer geworden, und ich habe eine bessere Menschenkenntnis als früher.

Vor ein paar Tagen war ich bei einer Demonstration der Jungkommunisten. Sie trugen Transparente mit Aufschriften wie »Schlachtschiffe kann man nicht essen!« und redeten über den Schwachsinn der Rüstung und die verheerenden Lebensbedingungen der Unterschicht. Doch innerhalb von fünf Minuten kam eine Sondereinheit, sechs Männer sprangen aus dem Wagen, schlugen mit ihren Knüppeln um sich, rissen den Jungs die Transparente aus der Hand und zerfetzten sie, beschlagnahmten alle Flugblätter, traten den Mädchen ans Schienbein, jagten die Leute um die Häuserblocks und versuchten, die Gruppe aufzulösen. So sieht die Versammlungsfreiheit und Redefreiheit in Amerika aus!

Ich freue mich schon darauf, mit Dir durchs Land zu fahren. Du bist mir wirklich ein guter Bruder.

Viele Grüße von
Everett

Mitte April treffen sich die beiden Brüder in San Bernardino und fahren zusammen ins Monument Valley. Waldo bringt Everett bis Kayenta, dort trennen sie sich, weil Waldo nach Los Angeles zurückkehren muß. Es ist das letzte Mal, das sich die Brüder sehen. Von Kayenta aus erkundet Everett erneut das Monument Valley und die Black Mesa. Seine Briefe von dort klingen überglücklich. Seinen Freunden aus San Francisco gesteht er jedoch auch, daß er sich als Künstler für halbwegs gescheitert hält.

Kayenta, Arizona, 2. Mai

Liebe Mrs. Ormond[15],
der Polarforscher Vilhjalmur Stefansson sagt, es sei ein Zeichen von Leichtsinn und Unwissenheit, wenn man sich ins Abenteuer stürzt. Er hat größtenteils sicherlich recht, trotzdem liebe ich das Abenteuer und gehe auch gerne mal ein Risiko ein, das Geschicklichkeit und Seelenstärke erfordert. Ohne Abenteuer würden wir niemals erfahren, welches »Zeug« in uns steckt.

Gestern nacht hatte ich ein erfüllendes Abenteuer. Leopard und Cockleburrs, meine Esel, habe ich nun schon zwölf Tage, und langsam wissen sie, wie das Spiel geht. Die gestrige Wanderung war die längste bisher – wir haben ganze 25 Meilen geschafft. Im Morgengrauen sah ich den roten Mond untergehen, er hatte einen Hof, und ich mußte an »Hesperus« denken. Kurz nach Sonnenaufgang sattelte ich die Esel und ritt gegen den brausenden Wind an. Der Agathla Peak und die Felsen des Monument Valley waren im Sandsturm fast nicht zu sehen. Das weite Meer aus Taglilien wurden vom Wind gepeitscht. Der hellrote Sand kräuselte sich in Wellen auf dem Weg und verwischte fast die Spur.

Am Vormittag kämpften wir weiter gegen den Sturm an, am frühen Nachmittag machte ich Mittagspause. Die Esel bekamen ein paar Handvoll Hafer, dann weideten sie in den Grasbüscheln. Futter gibt es reichlich dieses Jahr. Ich kaute Dörrfleisch und las in »Der Tod kommt zum Erzbischof«, ein sehr gutes Buch über die Pionierjahre im Südwesten.

Dann ritt ich weiter. Eine Zeitlang war ich ganz fröhlich, ich sang lauthals wundervolle Melodien in den Wind, die mir in den Sinn kamen. Dann wurde der Himmel schwarz, und ich mußte immer wieder »Sintlo, Kelly, dill yage!« schreien und die Esel antreiben. Wir kamen direkt an dem erhabenen Buckel des Agathla Peak vorbei, der im Volksmund El Capitan heißt, und ich mußte ein Bild malen. Ein prächtiger Felsen, mit Spitzen und Zinnen aus schwarzem Vulkangestein! Ich machte mir nicht die Mühe, die Skizze fertigzustellen, doch es wurde sowieso schon dunkel, und zum Lager waren es noch fünf, sechs Meilen.

Ich stieg bald ab und führte beide Esel am Strick; dabei mußte ich ziemlich schreien, bis sie schließlich zügig trabten. Bei Einbruch der Nacht waren wir in der Mitte eines breiten, ebenen Tals. Ich trieb die Esel zum Kanter an, und wir erklommen den gegenüberliegenden Hang. Die Nacht war nicht sehr dunkel, und es war nur mehr ungefähr eine Meile zu einem Hogan, den ich kannte, also trieb ich die Esel zur Eile an. Und gerade als ich an dem Steinhaufen angekommen war, wo ich abbiegen wollte und von wo aus es nur noch ein paar hundert Yards waren, sprangen die Esel auf und davon in die Nacht.

Es war bestimmt Leopards Idee, doch Cockleburrs machte sofort mit, und mit einem Schlag waren die beiden weg. Ich rannte suchend durch die Gegend, bis meine Lungen brannten, da hörte ich in der Dunkelheit das Rumpeln der herabfallenden Ladung. Die Esel hatten für ihre Flucht einen strategisch günstigen Zeitpunkt gewählt. Im Dunkeln stolperte ich hinterher und sammelte ein paar Satteldecken auf, die heruntergerutscht waren.

Ich ging immer weiter zum Bach, fand aber keine Spur von den Eseln. Vielleicht hatte die Wüste sie verschluckt, sie konnten überall sein. Ich dachte an die kaputten Sättel, die kaputten Satteltaschen, deren Inhalt überall verstreut herumliegen würde, die zerbrochene Kamera, meine Bilder, die im Regen lagen, und die Esel, die meilenweit entfernt herumsprangen. Cockleburrs konnte sich nämlich nur von der Ladung befreien, wenn er sie abwälzte. Und während ich den Eseln hinterherjagte, würden die Navajo, die überhaupt keinen Sinn für Redlichkeit hatten, meine Sachen aufsammeln und mitnehmen.

Ich ging Richtung Kayenta. Dort kannte ich einen Mormonen, der vielleicht mit seinem Wagen kommen und meine Sachen holen könnte, während ich die Esel suchte. Doch nach einer Meile machte ich kehrt, nicht, weil ich keine Lust hatte, von der ganzen Stadt ausgelacht zu werden – es war ja auch lustig und es hätte mich nicht gestört –, sondern weil ich das von diesen Leuten nicht verlangen konnte. Ich hatte ja immer damit angegeben, daß ich es allein schaffen würde, und habe es auch immer hingekriegt ohne zu klagen. Nun war die Gelegenheit, mir das selbst zu beweisen. Also lief ich zurück, suchte zwischen den Felsen, doch ich fand keine Spur von den Eseln und hörte nichts außer dem heulenden Wind. Ich holte die Satteldecken und suchte den Weg zurück zum Hogan. Ich machte ein schönes Feuer und betrachtete die Sterne, die zwischen den Wolken immer wieder zum Vorschein kamen. Zu essen und zu trinken hatte ich nichts, also rauchte ich eine Zigarette, legte mich auf den Sand und stopfte mir eine Decke als Kissen unter den Kopf. Der Mond ging auf und schien trübe durch die vorüberziehenden Wolken. Ich schlief immer, bis das Feuer heruntergebrannt war, dann legte ich Holz nach. Nach vier, fünf Schlummerstündchen brach der Morgen an, und ich begab mich im beginnenden Regen wieder auf die Suche nach den Eseln.

Nach ein, zwei Meilen sah ich Spuren im Sand, und bevor ich mich versah, war da auch schon Cockleburrs, der reglos dastand und mich dümmlich und müde anstarrte. Ich hatte die Ladung besser festgezurrt, als ich gedacht hatte – alles war noch da! Ganz in der Nähe stand auch Leopard, auch er schaute mich dumm an, der Sattel war ihm unter den Bauch gerutscht, doch er war nicht kaputt. Kamera und Feldflasche waren heruntergefallen, aber nach einer halben Stunde Suche hatte ich beides wiedergefunden, wenn auch ein wenig ramponiert.

Ich rückte den Sattel wieder zurecht, stieg auf, und so trotteten wir drei im Regen zurück zum Lager. Als wir zum Hogan kamen, sah ich schon das Feuer lodern und den Rauch aufsteigen. Ich war sehr zufrieden. Den Eseln gab ich eine Extraportion Hafer und legte ihnen die Fesselstricke an, dann setzte ich den Topf auf und bereitete Frühstück und Mittagessen in einem.

Nicht jeder Tag ist so aufregend wie dieser, doch jeder Tag hält seine Überraschungen bereit, und ich habe mehr Schönes gesehen, als ich aushalten kann. Auf der Suche nach Wasserstellen oder Felswohnungen habe ich mein Leben oft dem bröckelnden Sandstein anvertraut und bin über Felsen geklettert, die so steil waren, daß es fast senkrecht hinaufging. Ich war immer selbst ganz erschrocken, wenn ich alles heil überstanden hatte.

Erzählen Sie Mabel von meinen Eseln; nun grasen sie friedlich wie zwei gute Eselchen und tun so, als wären sie gar nicht die ganze Nacht herumgestreunt.

Viele Grüße von
Everett

Chilchinbetoh, Arizona, 5. Mai

Liebe Frances,
Deine traurigen Neuigkeiten erreichten mich vor ein paar Tagen in Kayenta.

Ich wohne nun bei Jose Garcia, einem Händler bei den Indianern, dessen Bruder Camillo ich in Chin Lee kennengelernt hatte. Als ich letzte Nacht ankam, war er so nett und so höflich, daß es mir fast die Tränen in die Augen trieb. Er ist ein sehr feiner Mensch, in diesem Land gibt es nicht viele wie ihn. Sein Vater, ein verhutzelter spanischer Pionier, ist auch hier. Diese einfachen, guten Menschen, die ohne jeden Dünkel sind, leben glücklich in diesem gegenwärtig friedlichen Teil der Welt. Jose spricht vier Sprachen – Englisch, Spanisch, Navajo und Zuni.

Hier bei den Navajo gibt es hübsche, anmutige Mädchen. Die Indianer haben viele schlechte Seiten, aber sie sind nett. Ich mag sie und bewundere sie für ihre guten Wesenszüge.

Bevor ich weiterziehe, möchte ich für Jose noch Three Fingers malen, die bekannten Felsformationen im Vorgebirge der unberührten Black Mesa. Du müßtest die unglaublichen Farben sehen, wenn das Morgenlicht sich über die goldenen Felsspitzen und die graublauen Hänge mit den Pinyonkiefern ergießt!

Wie das Schicksal so spielt, war mein Leben in der Stadt genauso eigenartig wie hier. In vieler Hinsicht, besonders in letzter Zeit, war es sehr erfüllt; ich hatte einerseits viele schöne, erhebende Erlebnisse, andererseits wilde, gefährliche Abenteuer, die ich durchstehen mußte, ohne sie gesucht zu haben. Ich weiß nicht, ob ich jemals wieder in der Stadt leben werde, doch auch die Städte haben ihre Schönheit.

Ich bedaure, daß unsere Freundschaft – wie auch viele andere Dinge, die es gab und geben wird – einen tödlichen Absturz erlitten hat. Daß etwas zu Ende geht, stört mich nicht besonders, denn in meinem Leben geht ständig etwas zu Ende, aber manchmal kommt es zu früh oder zu spät oder es bleibt ein Gefühl der Reue zurück, eines nicht wiedergutzumachenden Fehlers oder der Vergeblichkeit. Ich wäre gerne ganz offen und aufrichtig, doch es ist unmöglich, sich selbst gegenüber in allen Punkten aufrichtig zu sein; für ein tiefes Verständnis braucht man deshalb andere Menschen, bei denen man ganz und gar und wahrhaftig man selbst sein kann. Und man sollte immer vor Augen haben, welche unsägliche Komik in all dem liegt.

Ich lebe also hier ein Leben voller eigenartiger Kontraste, die sehr grell wirken, wenn man sie isoliert betrachtet, die jedoch ganz natürlich ineinander übergehen. Tiefen Frieden und große Ruhe durfte ich genauso erleben wie wilde Kameradschaften und ungleiche Freundschaften, und oft stand mein Leben wie auch all meine Habe auf dem Spiel, doch bis jetzt bin ich immer unbeschadet und sogar abgehärtet davongekommen.

Ich liebe die Menschen, doch das Wichtigste ist für mich immer noch die fast unerträgliche Schönheit der Natur, die mich umgibt. Ich kann Dir kaum wünschen, daß Du es auch erlebst, denn wahrscheinlich wäre es für Dich genauso schwer zu verkraften, trotzdem wünsche ich Dir von ganzem Herzen wenigstens ein Stückchen des Unmöglichen.

Viele Grüße
Everett

5. Mai

Lieber Bill,
wieder einmal bin ich trunken vor Lebensfreude, Abenteuerlust und dieser unglaublichen Schönheit. Ich verlebe wirklich eine teuflisch gute Zeit. An allen Ecken und Enden wartet das Abenteuer auf mich, auch wenn ich es nicht suche. Ich finde gute Freunde, und wo auch immer ich bin,

lebe ich wild und frei. Trotzdem ist da immer ein Anflug von Unruhe und heftiger Sehnsucht. »Der Wind in meinem Haar, Feuer in den Fersen ...« Ich weiß, ich werde immer ein Wanderer sein, ich werde immer aufbrechen zu neuen Horizonten und jene Welten zu verachten wissen, die ich kenne und die wie halb heruntergebrannte Kerzen bei Sonnenaufgang ihren Zweck verlieren. Ich will alles erleben. Ich habe mich selbst streng auf die Probe gestellt und weiß, daß ich es schaffe. Und ich habe Glück oder hatte es zumindest. Immer stand mein Leben und meine Habe auf dem Spiel, und bis jetzt bin ich immer unbeschadet und von den Risiken, die ich eingegangen bin, sogar abgehärtet davongekommen.

»Lebe in vollen Zügen und nutze die Stunde. Gott, der die Zukunft war, ist längst tot.« Unter anderem habe ich auch das getan und fand es gut. Die Vergänglichkeit schreckt mich nicht, ich glaube sogar, ich genieße alles viel intensiver, weil ich weiß, daß es nicht von Dauer ist. Ach, das Leben ist wild und schön! Es kann so erfüllend sein, daß man fast überquillt. Ich bin so glücklich, daß ich kaum an mich halten kann. Ich habe keinerlei Klagen, die Zeit und die Welt gehören mir, ich kann damit machen, was ich will. Ich war ganz oben und ich war ganz unten, ich gehe keinen öden, faden Mittelweg, sondern ich tauche zügellos in die Tiefen und fliege auf die Höhen des Lebens.

Ich sage Dir noch mal: Mein Leben ist wild und schön! Ich habe schon unter Hunderten von Dächern geschlafen und werde noch weitere kennenlernen. Ich gehe meinen eigenen Weg, mache feindselige Fremde zu treuen Freunden und taumle singend durch diesen Rausch der Freude, wo nichts und niemand sich schert, ob ich lebe oder sterbe.

Was ich geliebt und klaglos aufgegeben habe, ist doppelt wieder zu mir zurückgekehrt. Ich beneide keinen einzigen Menschen auf dieser Welt.

Um mich herum erstreckt sich die endlose Wüste, nah und fern liegen die Vorposten der leidenden, kämpfenden, gierigen und murrenden Menschheit. Doch da mache ich nicht mit. Die Menschen tun mir leid, und ich helfe, wo ich kann, doch ich belaste mich nicht mit ihrem Gram. Leben heißt, glücklich sein, sorglos sein, sich von der Pracht der Welt überwältigen lassen. Unglücklich sein heißt, lebendig begraben sein.

Allein trage ich den Himmel auf den Schultern, ich sprenge alle Fesseln und schreie das Lied des Welteneroberers in die vier Winde, hin zur Erde, zum Meer, zu Sonne, Mond und Sternen. Ich lebe!

Im Nordosten von Arizona, Mai

Lieber Edward [Gardener],

ich wollte nicht unhöflich sein, indem ich Dir ins Büro schreibe, aber ich weiß Deine Adresse in Alhambra nicht mehr.

Fünf Tage bin ich nun schon in diesem Canyon. Indianer habe ich nicht getroffen, und daß ich einen Weißen sah, ist auch schon wieder eine Woche her. Vorgestern bin ich knapp dem Tod entronnen, als mich ein wilder Stier aufspießen wollte. Es gab noch ein qualvolles Nachspiel, als er heute nacht, irgendwann zwischen Mitternacht und Morgengauen, mein Lager entdeckte. Gestern hatte ich eine unglaubliche Kletterpartie auf einem fast senkrechten Felsen, auch das habe ich unbeschadet überstanden. Irgendwie flirte ich ganz schön mit dem Tod, dem alten Clown.

Nun fällt der Schatten eines mächtigen Felsens auf mein Lager und wird bis zum Morgen nicht mehr weichen. Auf der gegenüberliegenden Wand der Schlucht, die jäh emporragt, sehe ich die phantastischen Schatten von zwei Bussarden, die oben in der Sonne kreisen und durch die Lüfte gleiten.

Unheimliche, klagende Winde brausen durch die Schlucht, rauschen in den Tannen und den hohen Kiefern und lassen die Wipfel flattern. Ich weiß nicht, wie Du das siehst, Edward, aber ich kann nicht in einem festen Trott leben. Ich habe mir zwar meinen eigenen Weg gesucht und bin immer meinen eigenen Gedanken und Wünschen gefolgt, doch ich staune immer noch über das Wunder des Lebens, das mir vergönnt ist. Selbst wenn mir die Welt manchmal nicht unglaublich schön erscheint, so bin ich doch völlig überwältigt von der erschreckenden Komplexität und Fremdheit dieses so merkwürdig verschlungenen Lebensknotens und von der Art und Weise, wie sich dieser Knoten dann löst und alles klar wird und ganz unvermeidlich scheint, sowohl im Guten als auch im Schlechten.

Hier ein paar Gedanken, die ich heute skizzierte. Du kannst auch den Brief an Bill lesen und ihm das hier als Kontrast zeigen.

»Die Liebe zum Schönen und seine Wahrnehmung sind wirklich, doch sie machen nicht glücklich. Um glücklich zu sein, braucht man Selbstvergessenheit in der Arbeit, im Schaffen und in der Liebe zu den Menschen.«

»Wenn man Liebe und Arbeit analysiert, so zeigt sich, daß sie sinnlos sind, und die Freude, die daraus erwächst, ist eingebildet und flüchtig. Eine vollendete Arbeit oder eine vollendete Tat ist vergänglich und am Ende ist sie vergessen. Keine Liebe währt ewig, und kein Mensch kann einen anderen vollständig verstehen – wenn doch, so tötet das die Liebe ab, die ja in Wirklichkeit nur die Projektion von Selbstliebe ist.«

»Wie kann man das Glück schätzen, wenn man sich über die Vergänglichkeit des Glücks klar wird und erkennt, daß die Lücken zwischen den glücklichen Momenten mit Zweifel, Elend oder Leere gefüllt sind, und wenn man weiß, wie sehr das Glück den Empfangenden täuscht? Kann man denn etwas anderes als Verachtung empfinden für jene, die ihre analytischen Fähigkeiten ersticken, indem sie sich in die Arbeit stürzen? Ob sie das nun einsehen oder nicht, aber ein Vergnügen, das so teuer erkauft ist, steht auf dem unsicheren Grund eines komplexen, hausgemachten Systems der Selbsttäuschung, und das Leben dieser Menschen ist nichts als eine Lüge.«

»Die Hauptgefahr für ein auch nur halbwegs sinnvolles Glück liegt in der Neigung zur Analyse. Wer wirklich analytisch denkt, kann nicht glücklich sein, er sei denn, er ist ein Mensch mit sehr großen Widersprüchen in seinem Wesen. Vielleicht hat er einen Zug an sich, der nie kühler Überlegung unterzogen wird. Das Denken ist der Anfang vom Ende. Und so kühl wie das Denken sollte auch die Betrachtung des Schönen sein. Man darf die Schönheit nicht lieben, denn sie wird einen täuschen.«

»Das Schöne an sich ist schrecklich und unerträglich, der ungetrübte Anblick des Schönen tötet den Betrachter. Er kann sich nur in unbedeutende Dinge flüchten, in die Arbeit, die den Geist am Denken hindert, und in die Freundschaft, die dem Ego einen Teil seiner früheren Kraft zurückgibt.«

»Doch wer die nackte Schönheit lange genug betrachtet hat, kann vielleicht nie wieder in die zivilisierte Welt zurückkehren – und wenn er es versucht, wird er das Leben in der Zivilisation leer und vergeblich und den Umgang mit den Menschen sinnlos und unnötig finden. Allein und verlassen muß er auf dem Altar der Schönheit sterben.«

»Die fesselnde Leidenschaft eines hochsensiblen Menschen ist, sich selbst zu vergessen, entweder beim Trinken oder in einer verzweifelten Liebe, durch unermüdliche Arbeit oder im Spiel, oder indem er sich selbst den schönen Künsten verschreibt. Ist er besonders willensstark, so kann er sich manchmal vormachen, daß er nicht weiß, was er weiß, und kann so seine Rolle wie alle anderen Menschen spielen. Doch diese Selbsttäuschung ist nicht von Dauer, und er verliert bestimmt den Verstand, wenn er nicht einen anderen Menschen findet, der genauso wie er selbst der Selbsttäuschung unterliegt und mit dem er die mörderische

Qual des Lebens teilen kann. Und die Moral daraus: Man soll seine Talente nie entwickeln.«

Solche Sachen habe ich geschrieben. Nun fällt der letzte Sonnenstrahl auf den obersten Rand der roten Sandsteinfelsen und streicht einen Baum golden an. Jetzt ist auch dieses Licht verloschen. Die Blumen schließen ihre Blüten, die Zikaden zirpen schrill.

Du weißt erst, wie lächerlich das Leben ist, Edward, wenn Du die abwegigsten Erfahrungen gemacht und erkannt hast, wie unsagbar absurd das alles ist.

Ich lege Dir die fröhliche Blüte eines scharlachroten Bartfadens bei. Bestimmt ist sie verwelkt und die Farbe verblichen, wenn Du sie bekommst, aber denk daran, sie war einmal so lebendig und kraftvoll wie Du.

Grüße Deine Schwester, Alec und den Rest Deiner Familie von mir. War die Interpretation der Neunten beim Konzert genauso gut wie bei der Probe?

Ich weiß nicht, ob ich diesen Brief noch abschicken kann, bevor ich nach Lukachukai gehe. Schreib am besten nach Kayenta und vermerke, daß sie den Brief nicht nach Lukachukai weitersenden sollen, denn ich bin erst in zwei oder drei Wochen dort.

Herzlich
Dein Freund
Everett

PS

Oben in der Schlucht höre ich ein unheimliches Grollen und Bellen, das rasch näher kommt. Offenbar muß ich mich wieder mit Herrn Stier herumschlagen und Dich im unklaren lassen, wie es bei mir weitergeht. Doch wenn Du diesen Brief bekommst, heißt das, ich habe überlebt. Schon ist er viel näher. Er hat ganz häßliche Hörner und stößt unglaublich schreckliche, wilde Laute aus! Da fällt mir eine Melodie von Brahms ein.

Bei Lukachukai, Arizona,
im Mai

Liebe Frances,
vor ein paar Tagen habe ich Deinen Brief bekommen, ich war angenehm überrascht – und froh, daß Dir das Leben etwas gibt. Es hat mich ein wenig schockiert, daß Du behauptest, ich sei so lebenshungrig; das ist ein hartes Wort, aber vielleicht ist es wahr. Ich will vom Leben ausschließlich das Höchste. Und außerdem:

»Laß nur nichts liegen in dieser Herbergswelt!
Nie kehrt zurück, wer sich erst aufgemacht.«

Ich will keine Gelegenheit verstreichen lassen, das Leben auszuschöpfen, und ich habe noch nie gerne in der Ecke gesessen, mich zurückgelehnt und mich aufs Wünschen beschränkt. Wenn mich jemand interessiert und ich ihn mag, suche ich den Kontakt, bis ich ihn gut genug kenne. Es gibt viel zu viele uninteressante Leute wie zum Beispiel der Händler in Lukachukai. Ich könnte ihn prügeln! Er ist ein richtiger Idiot, interessiert sich nur fürs Essen, fürs Geschäft und für sein Haus. Als ich ihm vom Canyon de Chelly und vom Canyon del Muerto erzählte, hat er, ohne daß ich ihn im geringsten provoziert hätte, behauptet, er lebe schon lange hier, wäre aber noch nie dort gewesen und hätte auch nicht vor, dorthin zu gehen. Das paßt natürlich zu einem Typen wie ihm – er würde nirgendwo etwas Interessantes oder Schönes entdecken.

Und da ich gestern so unzufrieden mit dem Leben war und keine Lust hatte, meinen Geist durch Schlaf zu betäuben, sattelte und belud ich die Esel in der Dämmerung und zog weiter am Rand der Wüste an einem rauschenden Bach entlang.

Der Halbmond schien orangerot, als ich den Weg in die Berge hinaufritt. Hinter uns grollte der Donner über der offenen Wüste, schwarze Wolken zogen über den Himmel. Heulende Winde fegten durch die Schlucht und bogen die

Wipfel der hohen Kiefern und Tannen, die Wolken verbargen den Mond. Still trug mich Cockleburrs, mein Reittier, bergauf durch die Nacht, Leopard folgte lautlos mit dem Gepäck. Verdrehte, verzerrte Umrisse der Bäume ragten in den dunkler werdenden Himmel und wurden schließlich ganz von der Nacht verschluckt, als der Weg um eine Kurve bog.

Eine Weile lang war der Himmel im Norden klar, die Sterne funkelten durch die Äste der Kiefern. Dann umschloß uns wieder die Nacht, die bald von hellen Blitzen zerrissen wurde, der Donner ließ die Erde erzittern. Der Wind hatte sich gelegt, und wir zogen durch eine unheimlich düstere Stille weiter, die gelegentlich vom Blitz erhellt wurde. Dann rissen schließlich die Wolken auf, der Regen prasselte herunter, und ich mußte den Umhang anziehen. Unter einer hohen Kiefer blieben wir stehen, ich rauchte unter meinem Sombrero eine Zigarette. Die Esel standen reglos da, ließen die Köpfe hängen, und das Wasser tropfte ihnen von den Ohren.

Nach einer halben Stunden war der Regen vorbei, und es klarte wieder auf. Im Mondschein kletterten wir zum Grat hinauf und schauten über die stillen Wüstenstreifen. In der Ferne war der düstere Rumpf des Shiprock zu sehen – eine geisterhafte Galeere, die in einem Meer aus Sand feststeckt.

Wir wanderten nach Norden auf den nahen Gipfel des Berges und wanden uns durch Schneisen voller Espen zu drei friedlich daliegenden Seen, die silbern im Mondschein schimmerten. An einem Hain aus niedrigen, ausladenden Eichen machten wir halt, ich entlud die Esel und führte sie zum Weiden ins hohe Gras.

Am Nachmittag schwang ich mich in den Sattel zu einem langen, gemächlichen Ritt auf Leopard. Wir umrundeten den Berg, ritten durch raschelndes Espendickicht, vorbei an geheimnisvollen Seen, die ruhig und verlassen in der Stille des Nachmittags lagen.

Zwei zahme Pferde standen bis zum Bauch in einem Tümpel, schlugen mit dem Schweif und kauten gelassen Binsen und Sumpfgras. Blumen neigten sich im Wind, Wildenten quakten auf dem See. Kein Mensch störte die tiefe Stille des Bergs.

Während ich gestern nacht abstieg und das Abendrot verglomm, schien es mir, als fiele der orangerote Mond immer weiter durch die Äste der Pinien herunter.

Nun genieße ich die Gastfreundschaft eines Navajo-Häuptlings. Gerade mache ich Mittagspause und schreibe Dir. Dein Brief hat mich gefreut. Ich wußte doch, daß ich mich nicht in Dir getäuscht habe, als ich Dich kennenlernte. Wir verlebten wirklich sehr schöne Momente zusammen, oder?

Freundschaft und Gemeinsamkeit vermisse ich hier draußen am meisten. Ich hatte natürlich viele Erlebnisse mit anderen Menschen, und einige waren mir sehr nahe, doch es gibt so vieles, was man nicht aussprechen kann. An einer Handelsstation hatte ich ein komisches Erlebnis mit einem jungen Burschen, den ich von früher kannte. Offenbar kommt die Seele nur in Augenblicken der Verzweiflung wahrhaftig zum Vorschein. Vielleicht bin ich deshalb oft so ungehemmt, weil ich immer mit dem Rücken zur Wand stehe. Und wie Du schon sagtest, man kann nie genug vom Leben fassen, immer entwischt einem etwas.

Die Aufnahme des 5. Konzerts für Klavier von Beethoven habe ich nicht gehört, aber ich habe es ein paarmal bei Aufführungen des New York Philharmonic Orchestra miterlebt. Es gibt viel Überflüssiges, aber der Kern klingt wunderbar durch. Beethovens Fünfte, Siebte und Neunte haben mir sehr gefallen, auch Brahms Erste und die Dritte, die ich alle hier gehört habe. Am Abend vor meinem Aufbruch war ich bei der Generalprobe von Beethovens Neunter mit dem ganzen Chor – ein Mädchen, das ich kenne, sang mit. Ich stellte fest, welche Kluft doch bei so einer Musik zwischen einer Aufnahme und einem Live-Konzert besteht. Ach, es war wundervoll, so wundervoll, daß ich Gänsehaut bekam und meiner Seele Flügel wuchsen.

Oh, die Wüste ist nun prachtvoll, die Wolken ziehen über den Himmel, ein frischer Wind weht. Der Duft des Salbeis ist so süß in meiner Nase, und der Weg lockt.

Viele Grüße
Everett

im Mai

[Adressat unbekannt],
ich habe mich den Berg hinaufgekämpft, durch Schluchten aus himmelhohen Felsen, gegen die brausenden Nachtwinde gestemmt, gegen die rauhen, tosenden Böen, die mir wie kalter Stahl ins Gesicht schlugen. Ich bin trunken von einem brennenden Rausch, den Alkohol niemals hervorrufen könnte, trunken von dem wilden Elixier der Schönheit, dem verheerenden Trank dieser ungeheuren Gewalt, der seelendurchdringenden Unentrinnbarkeit der Musik. Oft quält mich der Gedanke, daß ich das, was ich fühle, größtenteils für immer ungeteilt, unausgesprochen in mir behalten muß. Doch zumindest habe ich so viel Schönes gesehen, erlebt und gehört, das man nicht ausdrücken und das man weder durch Worte noch durch die Malerei vermitteln kann. Ich weiß, daß ich scheitern muß, und ich weiß, daß das Gefühl der Erfüllung nur der Schatten eines Traums ist, aber ich versuche immer noch, eine vage und doch greifbare Vorstellung von dem zu geben, was in mir brennt, ohne mich zu zerstören.

Doch ich denke, daß dieses Gefühl in mir wachsen muß und daß es Unsinn ist, es vermitteln zu wollen, denn es würde nur Verachtung und Mißverständnisse hervorrufen.

Auf meinen Schrei, auf meine Klage gibt es keine Antwort. Es ist eine vergebliche Aufgabe. Ich kann sowieso nie mehr als einen winzigen Einblick in meine Visionen vermitteln, so sehr ich mich auch bemühe. Ich bin dazu verdammt, das Feuer der Schönheit auszuhalten, das mich versengt. Ich bin dazu verdammt, dieses Feuer aus mir herauszureißen und es irgendwie und irgendwo anders zu entfachen. Und ich bin zerrissen von dem Wissen, daß ich niemals einem anderen Menschen weitergeben kann, was ich fühle. Ich kann diese lodernden Flammen nicht ertragen und ich kann sie auch nicht aus mir herauslassen. Ich frage mich, wie ich überhaupt weiterleben und mich so gleichgültig wie nötig geben soll.

In der Vergangenheit war Everetts Verhältnis zu den Indianern nicht immer einfach gewesen. Ihre Hogans etwa hatte er oftmals ohne jede Einladung betreten – ein damals wie heute respektloses Verhalten. Auch sonst irritierte er mit seiner aufdringlichen Art, auf Menschen zuzugehen. Einige Navajos sollen ihn sogar für einen bösen Geist gehalten haben. Everett wiederum beschwert sich in seinen Briefen mehrfach, er sei von Indianern belogen und bestohlen worden.

Doch in diesem Sommer gelingt es Everett mehr als je zuvor, sich mit den Indianern der Canyons anzufreunden. Vor allem die Navajos interessieren ihn. Er lernt ihre Sprache, wird zum Rasten in ihre Hütten eingeladen und darf im Sommer sogar an einigen ihrer Rituale teilnehmen. Auf seinen Wanderungen erkundet er die Ruinen der Wohnanlagen an den Steilhängen, sammelt Webteppiche und Töpferarbeiten und begeistert sich für die Steinzeichnungen der Anasazi. Auch das Verhältnis der Indianer zur Natur fasziniert ihn, kommt es doch seiner Liebe zur unberührten Schönheit der Landschaft der Canyons nahe. Auf seiner Tour durch Arizona liest Everett deshalb Willa Cathers »Der Tod kommt zum Erzbischof« aus der Ruessschen Familienbibliothek. Einen Absatz hat er darin angestrichen:

»Es war Indianerart, in der Landschaft zu verschwinden, nicht sich gegen sie abzuheben ... Sie schienen den Wunsch des Europäers, die Natur zu beherrschen, sie einzurichten und neu zu schaffen, nicht zu kennen. Vielmehr verwendeten sie ihren Einfallsreichtum darauf, sich selbst dem Schauplatz, in dem sie sich befanden, anzugleichen. Dies taten sie wohl nicht aus Trägheit ... sondern aus einer ererbten Behutsamkeit und Achtung. Es war, als ob das große Land schliefe, und als wollten sie ihr Leben weiterführen, ohne es aufzuwecken; oder als ob die Geister von Erde, Luft und Wasser Wesen seien, die man nicht feindlich stimmen und gegen sich aufbringen sollte. Wenn sie jagten, so geschah dies mit der gleichen Umsicht; eine indianische Jagd war niemals ein Gemetzel. Sie vergewaltigten weder die Flüsse noch den Wald, und wenn sie das Land bewässerten, nahmen sie nur so viel Wasser, wie sie brauchten. Sie behandelten die Landschaft und alles, was sie enthielt, voller Rücksicht; da sie sie nicht verbessern wollten, entweihten sie sie auch nie.«

Kayenta, Arizona, 17. Juni

Lieber Bill,
vor ein paar Tagen bekam ich Deinen Brief, der mich sehr gefreut hat. Ich hatte große Gewissensbisse, als ich Dir schrieb, aber ich mußte es einfach tun. Schön die Vorstellung, daß man Wirkung auf andere haben kann! Das ist wahrscheinlich der Wunsch nach Macht. Wenn ich allein in der endlosen Wüste bin, kann ich oft gar nicht glauben, daß es auch noch andere Menschen gibt, und doch stellen Briefe manchmal eine Intimität her, die beim direkten Kontakt nicht möglich ist.

Weißt Du, in gewisser Weise ist es schade, daß Du nicht ein paar wilde Erlebnisse mit mir teilen konntest, denn im Gegensatz zu mir willst Du damit etwas anfangen. Vielleicht weil Du nach materieller Sicherheit strebst oder nach

Anerkennung durch andere. Vielleicht willst Du unbedingt dich selbst projizieren und verewigen, weil Du Angst hast vor der schrecklichen Endgültigkeit des Todes.

Ich selbst habe keinerlei Bedürfnis, berühmt zu sein. Die Vorstellung, man könne mich »den bekannten Autor« oder »den großen Maler« nennen, widert mich an. Ich fürchte fast – oder die anderen Menschen sollten dies fürchten –, daß ich immer gesellschaftsfeindlicher werde. Ich hege nicht den Wunsch, meine Leistungen zur Unterhaltung der Gelangweilten und Blasierten zurechtzubiegen. Und dahin führt das Schreiben, jedenfalls Dein Stil. Ich glaube, Dummköpfe und Geschäftsleute würden Gefallen an Deinen Geschichten finden, wenn sie frisiert und veröffentlicht werden würden. Sie würden diesen Leuten dazu verhelfen, sich ein paar Stunden ihres Lebens mit imaginären Handlungen fiktiver Personen zu beschäftigen. Und wenn sie dann wieder vollauf zufrieden sind mit ihrem ruhigeren oder besseren Leben, zünden sie mit der Zeitschrift das Kaminfeuer an oder verscherbeln sie an den Altpapierhändler.

Ich hoffe, das zieht Dich runter, denn ich habe heute morgen große Lust, die selbstzufriedenen und dummen Erwartungen der Menschheit zum Platzen zu bringen. Nicht, weil ich verletzt bin – ich bin wirklich guter Laune, obwohl ich vorgestern abend Verdorbenes aß und fast den Löffel abgegeben hätte.

Das Schöne ist mein Gott, es bedeutete mir mehr als die Menschen. Und wie dieser Gott oder diese Göttin verspottet wird in diesem Land, das für mich das schönste ist, das ich auf all meinen Wanderungen kennengelernt habe! Das geht inzwischen so weit, daß ich mit den Weißen hier überhaupt nichts mehr zu tun haben will, ich kaufe bei ihnen nur noch Vorräte und ziehe weiter. Ich will auch niemandem mehr erzählen, warum ich hier bin.

Inmitten dieser großen, überwältigenden Schönheit zu leben, bringt einen empfindsamen Menschen fast um, weil diese Pracht so sehr bewegt; doch die Weißen sind taub, fühllos und blind. Sie stehen hinter den Tresen in ihren schmutzigen, schäbigen, düsteren Handelsstationen und denken an nichts anderes als ans Geld. Die Fragen, die sie mir stellen, drehen sich immer nur darum, wieviel ich verdiene, wo ich mein Zeug verkaufe und wieviel ich dafür bekomme. Nicht, daß sie auch nur im Traum daran denken, ein Bild zu kaufen, es ist nur ihr einseitiges Interesse an allem, was mit Geld zu tun hat. Und wenn sie welches haben, dann fühlen sie sich wohl in ihrem blöden Leben, aber sie leben nicht wirklich.

Vor einiger Zeit habe ich mein Geld für einen Armreif ausgegeben und seither bin ich fast immer pleite. Es ist ein schönes Schmuckstück, ich hatte nie vor, einen Armreif zu besitzen, doch er paßt so gut, und mir gefallen das Muster und die drei Türkise so sehr, daß ich den Kauf nie bereut habe. Am Tag ist es wie ein Stück des Himmels, das ich am Handgelenk trage, während meine Hand auf dem Sattelknauf liegt, und nachts im Feuerschein spiegeln sich die lodernden Flammen darin und die Steine glänzen grünlich.

Als ein Bekannter, ein Händler, den Schmuck sah, fragte er mich: »Wieviel hat er gekostet?« Für ihn war es nur eine Ware.

Vor drei Tagen ritt ich nach einer deprimierenden Erfahrung an einer Handelsstation abends hinaus in die Wüste und in die Salbeisträucher, die sich bis zu den roten Mesas und den fernen blauen Bergen erstreckten, und ich war froh, allein und frei zu sein.

Ich malte den Sonnenuntergang – dunkle, hoch aufragende Hügel mit klaren Umrissen und der goldenen Sonne auf den westlichen Flanken. Und ich ritt weiter im Schein des Neumonds, einer silbernen Sichel, die im dunkler werdenden Blau des Abendhimmels schimmerte. Ein, zwei Meilen entfernt, am Fuß eines einsamen Hügels, brannte ein Feuer. Es lag in meiner Richtung, also hielt ich darauf zu und dachte, ich könnte auf eine Tasse Kaffee haltmachen. Wenn ich in kleine Senken ritt, verschwand das Feuer aus meinem Blick, doch es tauchte immer wieder auf und brannte stetig weiter. Schließlich kamen wir an, ich stieg ab und begab mich grüßend in den Kreis um das Feuer. Da saßen eine alte, nicht gerade dünne Frau mit zerzausten grauen Locken, ihr Mann, zwei jüngere Frauen, deren Säuglinge und ein junger Kerl.

Die Alte hieß Shimassohn. Ich bat sie um Kaffee, und sie strahlte; sie gab mir Tee, Kaffee, schob mir *namskadi* (Maisbrot) hin, drängte mich zu essen und stellte mir Fragen.

Ich kann Dir gar nicht sagen, wie sehr diese Freundlichkeit mein gebrochenes Herz erwärmte. Ich war voller Zuneigung für diese Menschen. Sie sind wie Kinder, ganz einfach und freundlich, wenn man sie in Ruhe läßt.

Ich habe schon viel Zeit bei den Navajo verbracht und die Besten von ihnen kennengelernt. Es sind wunderbare Menschen. Ich ritt mit ihnen auf ihren Pferden, aß mit ihnen und nahm an ihren Zeremonien teil. Das Zusammentreffen mit den Navajo war meistens erfreulich, und wir tauschten viele Geschenke aus. Sie haben natürlich auch schlechte Seiten, sie sind zum Beispiel nicht sehr reinlich und sie bestehlen einen Fremden – aber nicht wenn man ihnen Vertrauen entgegenbringt und sie wie Freunde behandelt. Wenn sie durch die Wüste reiten, singen sie ganz irr und wild; es ist ein durchdringender, wunderbarer Gesang.

Diese Leute am Feuer waren Ute, sie kamen aus dem Norden. Nach einem Frühstück aus heißer, dicker Ziegenmilch, Hammelfleisch und Brot aus dem Kanonenofen machten sich die beiden Männer und die Großmutter auf den Weg zu einem fünfzehn Meilen entfernten Handelsposten, und ich holte die Esel. Die Alte führte ihr Pferd über den Hügel, denn die Indianerinnen würden niemals in Gegenwart eines Weißen aufsteigen.

Ich ritt den ganzen Vormittag über sonnige Dünen aus rotem Sand, auf deren Graten Ginster, kleine Sonnenblumen und flatternde Grasbüschel wuchsen. Ich kam zu einem namenlosen Canyon, an dem ich auch früher schon gelagert hatte. Ich ritt bis zum Ende und hoffte verzweifelt, daß das Wasserloch nicht ausgetrocknet sein würde.

Es gab gerade noch genug Wasser für mich und die Esel. Ein paar entlaufene Pferde kamen an und hätten wahrscheinlich alles weggesoffen, wenn ich nicht zuerst dagewesen wäre. Doch es gab noch mehr Wassertümpel, die sie finden konnten.

Unter einer hohen, ausladenden Pinyonkiefer entlud ich die Esel. Ich löste die Knoten, nahm die Packtaschen und Sättel ab, gab den Eseln Hafer, striegelte sie und führte sie ins Gras, das in einer weiten Biegung der Schlucht wuchs. Hier gibt es zwei Felswohnungen, die eine ist kaum begehbar.

Nach einem erfrischenden Bad am Rand eines kleinen, im Schwinden begriffenen Tümpels am Fuß der Felswand wanderte ich durch die Schlucht, beobachtete die Esel, dann prüfte ich meine Ausrüstung.

Dieser Ausflug dauerte länger, als ich dachte, denn ich war an so vielen schönen Orten, wo ich nicht nur naschen, sondern alles auskosten wollte. In den letzten sechs Wochen bin ich mehr als 400 Meilen mit den Eseln gewandert, meist abseits von den bekannten Pfaden, es sei denn, sie lagen auf meinem Weg. Wasser habe ich immer gefunden, im Schnitt alle ein, zwei Tage.

Morgen will ich zum Navajo Mountain und dem wilden Land aufbrechen. In Oljeto (»Mondschein auf dem Wasser«) wird mir ein alter Hase helfen, die Esel zu beschlagen und sie für die vielen Meilen nackter Sandsteinfelsen zu rüsten, die wir überqueren müssen.

Hier in Kayenta wohne ich bei Lee Bradley, dem besten Freund, den ich hier habe, ein großer, imposanter Halbblut, in dem sich die besten Eigenschaften der beiden Rassen vereinen. Er hat viel Einfluß im Stamm, er erledigt die

Korrespondenz und hält Kontakt zu den Regierungsstellen. Seine Frau ist Indianerin.

Lees Heim ist ein verschachteltes Lehmziegelhaus. Er hat auch viele Haustiere – einen kleinen Präriehund, eine junge Ziege, Hasen, Katzen und Kisge, einen unglaublich zottigen Hund, der bestimmt Curlys Vater oder Großvater ist, denn er hat die gleichen braunen Augen und die gleiche gedrungene Schnauze.

Jose Garcia, mein Freund in Chilchinbetoh, bei dem ich im letzten Monat die seltene Gastfreundschaft der alten spanischen Art genoß, kam vor ein paar Wochen ums Leben. Er fuhr einen Lastwagen, ein Rad machte sich selbständig, und die Ladung begrub ihn unter sich.

Zur Zeit ist eine archäologische Forschungsgruppe in der Stadt, darunter sind einige ganz nette und intelligente junge Burschen. Wenn ich wieder aus den Bergen zurückkomme, werde ich sie besuchen.

Der Sommer zieht ins Land. Der schrille Gesang der Zikaden ist nun nicht mehr zu hören, die scharlachroten Kaktusblüten sind verwelkt, Akeleien und Mormonentulpen sind aus den Canyons verschwunden. Nun gibt es nur noch Sonnenblumen, und an feuchten, schattigen Stellen wächst auch noch der Bartfaden.

In der mittäglichen Gluthitze der Wüste muß man Siesta halten, und ich wandere im Morgengrauen, nach Sonnenuntergang und im Mondschein.

Hast Du »Das purpurrote Land« bekommen? Deine Zeile über »die majestätische Überheblichkeit der Wüstenzinnen« gefiel mir.

In ungefähr einem Monat kehre ich nach Kayenta zurück, und Du kannst mir die Briefe dorthin schicken. Von dort aus breche ich dann endgültig zu »El Cañon Grande« auf. Bis dahin – lebe fröhlich, lebe intensiv und ringe dem Leben ein paar seiner unerschöpflichen Möglichkeiten ab.

Viele Grüße
Everett

bei Oljeto (Mondschein auf dem Wasser),
19. Juni

Lieber Vater, liebe Mutter,
Eure Briefe und Päckchen habe ich vor ein paar Tagen bekommen. Das Zaumzeug ist sehr nützlich, die Trockenpflaumen haben mir geschmeckt, ich hatte noch nie welche gegessen. Über die Zeitschriften habe ich mich gefreut. Ich wollte Euch sowieso um eine Zusammenfassung der politischen und wirtschaftlichen Ereignisse und Entwicklungen bitten, und die Zeitschriften erfüllen genau diesen Zweck. Eine, die ich ausgelesen habe, gab ich dem Händler.

Gestern habe ich Euch ein paar Sachen geschickt, die ich nicht mehr brauche. »Der Tod kommt zum Erzbischof« wird Dir sicher gefallen, Mutter, es ist ein gutes Buch über das Land hier. Und die Aufzeichnungen vom Shiprock interessieren Euch bestimmt auch.

Ich traf einige Jungs von der Forschungsgruppe aus Berkeley. Sie sind ganz nett. Daß sie Freiwillige suchen, habt Ihr falsch verstanden; sie suchen keine Freiwilligen für die Arbeit, sondern sie suchen Leute, die ihre wissenschaftliche Arbeit mit einer Spende von 300, 400 Dollar unterstützen.

Nun bin ich auf dem Weg zum Navajo Mountain und komme wahrscheinlich erst im Juli oder August wieder zurück. Wenn ich dann also wieder in Kayenta bin, werden meine Vorräte zur Neige gegangen sein. Auch würde ich mich freuen, wenn Ihr mir die »Modern Library«-Ausgabe von »Don Quijote« für 95 Cent schicken könntet und acht von den Halbpfünder-Schokoladen, die Ihr in der Stadt für je acht oder neun Cent kaufen könnt – die Hälfte davon nur Schokolade, die andere Hälfte mit Rosinen und Erdnüssen.

Ich glaube, die Zeit ist günstig, um »Don Quijote« zu lesen, das Buch ist so dick, daß ich eine Weile brauchen werde. Einige Autoren halten es zusammen mit der »Odyssee« für das beste Stück Literatur. Habt Ihr Cervantes schon mal ungekürzt gelesen?

»Der Sinn für Schönheit« war sehr interessant, aber auch irgendwie schmerzlich. Ich interessiere mich sehr für Psychologie und doch widert es mich an, daß die Leute von jeder Kraft, für die sie empfänglich sind, dahin und dorthin gezogen werden wie Marionetten.

Ich habe einige gute Bilder gemalt, ein paar muß ich noch überarbeiten.

Ich mußte ziemlich viel Ausrüstung kaufen – Seile, Lederriemen und ähnliches. Morgen werde ich die Esel beschlagen lassen, damit sie gut über die Felsen kommen.

Wind ist aufgekommen. Gestern gab es einen Sandsturm, doch es hat seit drei Wochen nicht mehr geregnet.

Viele Grüße
Everett

War God Spring auf dem Navajo Mountain,
Utah, 29. Juni

Lieber Bill,
ein starker Wind rauscht in den Wipfeln der hohen Kiefern, der Mond geht gerade über der Wüste unter mir auf, die Sterne glitzern durchs Geäst der Pinien, Wolkenschleier ziehen über den Nachthimmel. Anmutige Espen mit schlanken Stämmen ragen unter den erhabenen Pinien auf; ihre dünnen, gebogenen Äste leuchten weiß im Feuerschein, gelegentlich bauscht eine Bö, die vom Berg herunterweht, ihr hellgrünes Laub.

Die Schönheit dieses Ortes ist auf ihre Weise vollkommen. Mehr kann man nicht verlangen. Eine kleine Quelle gurgelt zwischen den Espen und Weißtannen. Am Tage wimmelt es in den feuchten Senken nur so von prächtigen Schmetterlingen, darunter Schwalbenschwänze, Segelfalter, Bläulinge und Trauermäntel. Es gibt unzählige schöne Stellen, wo man vor sich hinträumen kann; geschmeidige Felsen zum Anlehnen, weiche Betten aus Kiefernnadeln, wo man ruhen und zum Himmel oder die glatten Baumstämme hinaufblicken und betrachten kann, wie sich das Geäst emporwindet und wie das Laub in Quasten daran hängt.

Zwei kleine Herden von schönen braunen Pferden mit je einer Leitstute saufen hier. Oft höre ich aus der anderen Richtung das tiefe Klingeln ihrer Glöckchen, das mit dem höheren Ton des Eselsglöckchens kontrastiert. Kein Mensch stört die traumhafte Einsamkeit. Weit unten keucht die braune Wüste, die von Schluchten durchzogen ist, in der sengenden Sonne, hier aber ist es luftig und kühl.

Mir fällt es schwer, nicht emotional zu werden, wenn es um meine Esel geht. Es sind so lustige, nette Tiere. Auf der Wanderung bin ich oft ungehalten, vor allem wenn sie an einer schwierigen Stelle bocken, doch wenn sie bis zu den Knien in den Wildblumen stehen, die Blüten abfressen und mich mit ihren glasigen, großen braunen Augen anstarren, ihre felligen Ohren aufstellen und sich mit dem Schweif auf ihre dicken Hinterteile schlagen – wer könnte sie da nicht lieben?

Vor ein paar Tagen in der Wüste mußte ich die dümmlich blickenden Burschen suchen; ich sah, daß ihre Spur zu einem verlassenen Hogan führte, und hörte ein Schnauben und Scharren im Inneren der Hütte; da mußte ich lachen. Mitten in dieser weiten Wüste hatten sie diesen kleinen Hogan als Nest auserkoren, der gerade mal Raum für die beiden Tiere bot!

Gegenüber von No Man's Mesa stiegen wir über einen steilen Pfad aus dem Copper Canyon heraus. Kurz unterhalb der Kante mußten wir ziemlich klettern. Leopard, den ich bepackt hatte, verlor das Gleichgewicht, als er über einen steilen Sims steigen wollte, und fiel nach hinten, schlug zwei Purzelbäume, rollte über die Seite und landete mit zappelnden Beinen ein paar Handbreit vor dem klaffenden Abgrund. Ich zog ihn wieder auf die Beine. Er war ziemlich erledigt, sein Fell war aufgeschürft, die Ladung zerkratzt.

Nun schwebt der Mond über den Wipfeln, der Wind singt in den Kiefern – es gibt keine schönere Musik!

Dieses Land ist so schön, daß ich wohl kaum wieder in die Stadt zurückkehren werde, hier habe ich Schönheit und Vollkommenheit, in der Stadt gibt es nur Häßlichkeit und Fehlbarkeit. Dort ist alles für den Menschen gemacht, doch wo findest du dort eine Umgebung, die deinen Idealen und Vorstellungen entspricht? Natürlich kann man an diesen häßlichen, verkorksten Orten leben und träumen, aber es ist doch viel besser, hier zu sein, wo alles schön und unberührt ist.

Wenn du viel Geld hast, stehen dir alle Türen offen und du kannst dir den Spaß erlauben, einen Ort zu schaffen, der deiner Persönlichkeit entspricht, es macht auch manchmal Spaß, an einer Bruchbude herumzubasteln, aber der Kampf für diese armselige Existenz lohnt nicht.

Hier habe ich alles bei mir, was ich besitze. Das malerische Sattel- und Zaumzeug und meine großartigen Satteldecken von den Navajo sind mein Heim. Und wenn ich gehe, hinterlasse ich keine Spuren.

Der Handelsposten, an dem ich mich zuletzt mit Vorräten eingedeckt habe, ist ein teurer Ort. Der Händler muß seine Waren 350 Meilen über sehr schlechte Straßen mit dem Lastwagen transportieren. An diesem abgelegenen Ort bekommt er nie Touristen zu Gesicht, und im Jahr wechselt kaum einmal ein Zehn-Cent-Stück über die Ladentheke. Er handelt mit Wolle, Schaffellen und Decken. Gallup in Neumexiko ist die nächste Stadt, in der er seine Sachen verkaufen kann. Man hat ihm 17 Cent für ein Pfund Wolle geboten, wenn er die Ware nach Neumexiko bringt, dabei kostet ihn selbst die Wolle schon zwanzig.

Ich habe einen Kuchen in der Bratpfanne gebacken. Sehr lecker. Schade, daß Du nicht kosten kannst!

Die Schönheit dieses Landes wird langsam ein Teil von mir. Ich fühle mich ganz losgelöst vom Leben und irgendwie sanfter. Abgesehen von vorübergehenden Aufregungen bin ich nicht mehr imstande, jemanden zu kritisieren. Ich will niemandem etwas zuleide tun und versuche, nett zu sein, aber die Mühe scheint vergeblich. Ich habe hier ein paar gute Freunde, doch niemand versteht wirklich, warum ich hier bin und was ich hier tue. Alle verstehen mich nur zum Teil. Ich bin schon zu lange allein unterwegs.

Das Leben, wie es die meisten Leute führen, hat mich noch nie befriedigt. Ich wollte immer intensiver und erfüllter leben. Warum sollte man seine wirklichen Sehnsüchte und Vorlieben verbergen und sich selbst betrügen, wenn man vielleicht doch zu sich finden kann, indem man ihnen nachgeht, und vielleicht doch jemanden findet, der versteht, wovon man spricht? In der Zivilisation führt so eine Distanzlosigkeit normalerweise zu Feindseligkeit, Mißverständnissen und Verachtung, aber hier in der Einsamkeit brauche ich das nicht so sehr zu fürchten, obwohl die Fremden, die ich treffe, mich für gewöhnlich falsch einschätzen. Doch ich war ja noch nie mit weniger als dem prallen Leben zufrieden, und so muß ich eben immer weitersuchen und meine Seele jedem Angriff schutzlos ausliefern. Ich räche mich jedoch selten, denn ich weiß, wie sinnlos es am Ende ist.

Meinen Körper habe ich hier erbarmungslos geschunden, habe ihm selten nachgegeben, wenn ich nicht mußte, und so sollte es mich nicht wundern, wenn er mich irgendwann verrät. Doch wie Omar sagt: »Ich war ein Falke, den sein kühner Flug hinauf zum Reich der ew'gen Rätsel trug. Dort fand ich keinen, der sie mir enthüllt, und kehrt zur Erde wieder bald genug.« Tja. Hoffentlich kann ich immer weiterfliegen, ohne daß mich mein Körper im Stich läßt.

Als ich Dir den letzten Brief geschrieben habe, mußte ich daran denken, wie ich Dir das Bild vom alten Wasserturm abgeschlagen habe und es Dir später geben wollte, doch es war mir peinlich, das zuzugeben. Du brauchst es nicht rahmen zu lassen, es sei denn, Du willst es; es würde auch viel besser aussehen, und Du würdest dem Bild eher gerecht werden. Es ist weder die nackte, prächtige Seele der Wüste noch die Seele des Waldes oder des Bergs, sondern ein alter Wasserturm auf einem Hügel im letzten Sonnenlicht, sein Fenster sieht nach Westen zu dem ewigen, geheimnisvollen Meer. Vielleicht kannst Du das – und noch mehr – in dem Bild erkennen, auch wenn es niemand sonst kann.

Nun stehen die Espen hoch und weiß im Mondschein. Der Wind singt in den Kiefern. Der Berg schläft.

Friede sei mit Dir
Everett

Navajo Mountain, Utah, 30. Juni

Lieber Vater, liebe Mutter,
die Sonne geht gerade unter, und die Schatten fallen über mein Lager. In der Wüste ist es immer noch sengend heiß, aber unten in der Schlucht quaken schon die Frösche und kündigen die nahende Kühle der Nacht an. Ich bin eine Tagesreise von der Rainbow Bridge entfernt. Gestern kam ich über einen steilen, felsigen Weg vom Berg herunter. Meine Tage auf dem Berg waren herrlich, ich glaube kaum, daß ich jemals einen schöneren Lagerplatz hatte als da oben unter den hohen Kiefern und den Espen, wo Schwärme von Schmetterlingen an der plätschernden Quelle saßen.

Von oben aus gesehen ist das Land zwischen hier und den beiden Flüssen San Juan und Colorado und jenseits davon das rauheste und unwegsamste, das ich je gesehen habe. Tausende von rosa Felskuppen und Sandsteintürmen ragen aus den blauen und lila Schatten heraus. Nach Osten hin säumen große Canyons die Wüste und schneiden hellrote Schluchten durch die graugrünen, mit Salbei bewachsenen Ebenen.

Den beschwerlichen Weg, der gegenüber von No Man's Mesa aus dem Copper Canyon herausführte, werde ich wohl so schnell nicht vergessen. Zwischen den Mesas liegt das weite, braune Land. Im Norden die stille, fast trockene Schlucht des San Juan, der von einem Streifen üppiger grüner Weiden gesäumt wird. Vor mir lag der Canyon, der eine Meile breit und von blaugrünen, graublauen und zarten lila Bändern durchzogen ist, durch die ein mattes Rot schimmert, das nach oben hin immer intensiver wird und schließlich so leuchtet, daß es fast in den Augen schmerzt.

Einen ganzen Monat lang hat es nun nicht geregnet, und die meisten Schluchten und Tümpel sind ausgetrocknet. Auf meiner Suche nach Wasser war ich immer sehr eifrig und erfolgreich. Die Esel bekamen mindestens jeden zweiten Tag zu saufen. Hier unter den Baumwollpappeln fließt frisches, klares Wasser, heute nachmittag habe ich schon ein wenig geplanscht und danach mein Hemd und meine Socken gewaschen.

Die safrangelben Wolken, die ganz niedrig am Himmel hängen, färben sich nun mit einem zarten Blaugrau. Die orangeroten Türme und Pyramiden vor mir glühen richtiggehend vor dem dämmernden Himmel.

Auf dem Berg habe ich noch einmal Dunsanys »Geschichten eines Träumers« gelesen und sie genossen wie nie zuvor. Wie schön Dunsany schreibt und welch brillante Vorstellungskraft er hat! Ich stimme mit ihm vollauf überein, was seinen Haß auf den Kommerz, das Häßliche und das Phantasielose angeht.

Ich hoffe, Ihr schickt »Don Quijote« und die Schokolade. Wenn Ihr mir das Päckchen für Juli schickt, so würde ich Euch bitten, mir robuste Shorts einzupacken, Größe 32; hier gibt es so etwas nicht, und die alten sind nur noch Fetzen. Auch wenn Ihr ein paar Pfund getrocknete Apfelringe finden könntet, würde ich mich sehr freuen. Damit kann man leckeres Apfelmus machen und mit ein wenig Zimt würzen. Auch Datteln wären mir recht, wenn Ihr leicht welche bekommen könnt.

Der letzte Händler, bei dem ich eingekauft habe, muß seine Waren 350 Meilen über sehr schlechte Straßen transportieren – Ihr könnt Euch vorstellen, welche Preise er verlangt!

In ein paar Wochen werde ich wohl zurück in Kayenta sein. Von dort aus geht es dann wieder nach Süden und nach Westen.

Viele Grüße
Everett

Bereits im Juni hatte Everett in Kayenta ein Expeditionsteam der University of California und des Museum of Northern Arizona kennengelernt. Damals mußte Everett seinen Eltern noch enttäuscht mitteilen, daß die Gruppe keine Teilnehmer mehr suche. Da ihn die Arbeit der Archäologen jedoch interessiert, folgt er dem Team Anfang Juli unaufgefordert ins Monument Valley, wo die jungen Wissenschaftler Anasazi-Ruinen erforschen. Gegenüber dem Expeditionsleiter Clay Lockett zeigt Everett großes archäologisches Interesse. Daß er schließlich doch noch einen Job im Team bekommt, verdankt er allerdings nicht seinen Kenntnissen der indianischen Kultur, sondern seinen Kochkünsten: Lockett engagiert Everett als Küchenhilfe.

Lasker Marker Cave, Skeleton Mesa,
Degosha Boko, 22. Juli

Liebe Mutter, lieber Vater,
zur Zeit bin ich in einer Felswohnung unterhalb der Skeleton Mesa und schaue hinaus auf die Canyons des Degosha Boko. Die Höhle liegt ein paar Fuß unterhalb der Kante des Navajo-Sandsteins. Ungefähr 300 Fuß weiter unten und 80 Fuß weiter hinten liegt die Felssiedlung von Twin Caves, aber diese Höhle finde ich interessanter. Die Kultur hier geht auf das erste Viertel der christlichen Zeitrechnung zurück und ist noch nicht vollständig erforscht.

Ich bin nun seit zwei Wochen in dieser Gegend und helfe bei einem Forschungsprojekt. Mit mir in der Höhle sind ein Archäologe, sein Assistent und ein Fotograf, der auch bei den Ausgrabungen hilft, unten im Canyon sind Ornithologen und Entomologen, Botaniker, Zoologen und Geologen und andere Wissenschaftler, die die vielen ungelösten Rätsel aufdecken wollen.

Seit vier Tagen sind wir nun hier in der Höhle. Der Abstieg über die Felswand ist sehr gefährlich, die Trittstufen im Stein sind jahrhundertealt. Das ist der einzige Weg, abgesehen von der Pferdeleiter sechs Meilen weiter oben in der Schlucht, über die wir mit den Packeseln gekommen sind – vorbei am Kadaver eines Pferdes, das abgerutscht ist. Zwei Tage lang wanderten wir oben auf der Mesa durch die pfadlosen Wälder und querten auf dem Weg hierher in einem schweren Wolkenbruch die nackten Felssimse.

Zwölf Gräber fanden wir hier, in zwei davon lagen noch gut erhaltene Mumien. Geheimnisvoll ist, daß allen Skeletten der Schädel fehlt; allerdings fanden wir zwei Unterkiefer. Offensichtlich wurden die Gräber ausgeraubt, wahrscheinlich von den Pueblo I, aber es ist schwierig, dies zu verifizieren. Es gibt Spuren von den Basketmaker III, Pueblo I und II.

Die Basketmaker sind das älteste Volk, das mit Sicherheit im Südwesten nachgewiesen werden kann. Sie jagten mit dem *atlatl*, der Speerschleuder, und bauten Mais an. Die Töpferkunst wurde erst von den Pueblo I erfunden, sie jagten mit Pfeil und Bogen. Später bauten sie Bohnen und Kürbisse an und zähmten den Truthahn. Die Töpferwaren der Pueblo II sind feiner, sie haben verschiedene Muster und sind bemalt.

Twin Caves wurde von einer weiteren Entwicklungsstufe der Pueblo III bewohnt. Im ganzen Tsegi Canyon gab es keine Spuren der Periode IV. Alle Bewohner der Felssiedlungen wurden von der achtzehn Jahre dauernden Dürre vertrieben, die 1290 begann.

Ich koche und kümmere mich um das Gepäck. Clayborn Lockett, der leitende Archäologe, ist ein junger Bursche, er ist schon etwas angegraut, sehr erfahren und ein wunderbarer Spaßvogel. Er ist nicht nur Ethnologe, sondern auch Künstler. Seine Gehilfen sind zwei Jungs von 19 und 20 Jahren von der Universität Berkeley. Wir haben hier oben viel Spaß zusammen, jeden Tag entdecken wir etwas Neues und können von unserer geschützten Höhle das ganze Land überblicken.

Ich steige jetzt ab, hole unsere Post und ein paar Köstlichkeiten aus dem Lager.

Grüße an alle
Everett

Einen Monat verbringt Everett mit dem Expeditionsteam im Monument Valley, dann zieht er weiter ins Land der Hopi-Indianer. Dort will er den jährlichen Schlangentanz sehen. Dieser wohl bekannteste Hopi-Tanz wird noch heute aufgeführt. Er soll dem Stamm alljährlich im August, also gegen Ende des langen, heißen Sommers, Regen bringen. Im Hopi-Reservat sieht Everett nicht nur den Schlangentanz, sondern auch andere rituelle Zeremonien und lernt einige Lieder. In Mishongnovi darf er schließlich sogar an einem Tanz teilnehmen, nachdem ihn befreundete Hopis bemalt haben – eine große Ehre für einen Weißen.

Hotevilla, Arizona, 25. August

Liebe Mutter, lieber Vater,
gestern war ich hier beim Schlangentanz, und jetzt fängt es an zu regnen. Es war großartig bei den Hopi, ich malte ein Bild vom Dorf. Die Kinder drängten sich um mich, manche halfen mir, andere behinderten mich. Ich habe eine Schale für Euch gekauft, sie hat ein schönes Muster, Ihr könnt sie

auf den Eßtisch stellen. Ich wollte eigentlich eine *kachina*-Puppe kaufen, aber von der Schale habt Ihr bestimmt mehr. Heute morgen habe ich ein Paket abgeschickt mit ein paar Gebetsstöcken der Hopi, der Scherbe einer prähistorischen Schüssel, einer Tonkuh und einem Kalb (als Ersatz für das chinesische Pferd, das zerbrochen ist – aber die Figuren sind noch zerbrechlicher, und Ihr müßt Euch gut überlegen, wo Ihr sie hinstellt). Ein kleiner Navajo-Junge hat sie gemacht. Ich verbrachte eine Nacht bei seiner Familie im Blue Canyon, und er breitete alle seine Spielsachen im Feuerschein vor mir aus. Er hatte eine ganze Herde Tonpferde, eines hatte sogar einen Sattel aus Ton, ein gegabelter Stock stellte den Reiter dar. Die Kuh und das Kalb sind wirklich sehr originell, sie werden Euch bestimmt gefallen.

Vor mehr als einer Woche habe ich mich von der Forschungsgruppe getrennt, nachdem ihre Arbeit beendet war. Es waren sieben Männer, ich kochte für sie und half bei den Ausgrabungen in einer Pueblo-II-Siedlung von 1127. Danach habe ich den Comb Ridge überquert und machte halt in White Dog Cave, wo ein Sandsteinquader heruntergefallen war und die Bewohner erschlagen hatte.

In Kayenta hatte ich nicht sehr viel Zeit. Ich machte eine Wanderung durchs Monument Valley und wollte dann über die Black Mesa zum Schlangentanz gehen. Im Mondschein stieg ich aus der Wüste auf die Black Mesa und schlief unter Pinien. Dann marschierte ich weiter nach Süden, wobei ich mich immer am Sonnenstand orientierte und einer Schlucht folgte, so weit es möglich war. Das ganze Land fällt nach Süden hin ab, es gibt keinerlei Orientierungspunkte und kaum Wasser. Bis zum dritten Abend traf ich keine Menschenseele. Danach kam ich an ein paar Navajo-Dörfern vorbei und quälte mich durch Unterholz und hohe Salbeistauden bis zum Dinnebito Wash (Navajo-Wort für »Wasser«). Im Morgengrauen des Tages, an dem der Tanz stattfinden sollte, kam ich zum Pueblo. Hier traf ich die

Wissenschaftler und andere Freunde wieder. Sie sind gestern abend abgereist, nur einer ist geblieben; er will morgen mit mir zum nächsten Tanz in einen anderen Pueblo gehen. Er heißt Vernon DeMars und ist aus Berkeley. Er zeichnet, arbeitet als Architekt und führt indianische Tänze auf. Heute nachmittag hat er Schildkrötenpanzer und Papageienfedern gegen Rasseln aus Kalebassen, Lendenschurze und anderen Schmuck der Hopi-Tänzer getauscht.

Wahrscheinlich braucht dieser Brief eine Weile, bis er bei Euch ist, die Post wird hier nur unregelmäßig abgeholt. Meine nächste Adresse ist Cameron in Arizona.

Grüße
Everett

Drei Wochen lang zieht Everett von Indianersiedlung zu Indianersiedlung, dann beschließt er, nach Flagstaff zu wandern. Clay Lockett, der Leiter der Anasazi-Expedition, hatte Everett eingeladen, ihn dort zu besuchen, sollte er in der Gegend sein. Lockett hatte jedoch nicht damit gerechnet, daß sein Team-Koch tatsächlich schon kurz nach dem Ende der Expedition vor der Tür stehen würde.

Everett quartiert sich Mitte September bei Lockett und seiner Frau Florence ein. Und provoziert damit eine ernste Ehekrise. Denn das junge Ehepaar hat nur wenig Geld, und Everett ist ein guter Esser – was dazu führt, daß Florence ihren Mann nur eine Woche nach Everetts Ankunft vor die Wahl stellt: Entweder er geht oder sie.

Mit viel Diplomatie gelingt es Lockett, Everett davon zu überzeugen, es sei für ihn an der Zeit, den Oak Creek Canyon zu erkunden. Auf seinem Rückweg von dort besucht Everett die Locketts noch einmal kurz und übergibt beiden wertvolle Geschenke.

Flagstaff, Arizona, Grand Canyon,
27. September

Lieber Ned [Frisius, ein Freund aus Los Angeles],
eine freudige Überraschung, gestern in Grand Canyon Deinen Brief zu erhalten! Letzte Woche habe ich Urlaub gemacht. Ich ließ meine Esel Cockleburrs und Chocolate bei einem Künstlerfreund in Desert View und kam über die Landstraße hierher, um einen Freund zu besuchen, dem ich diesen Sommer bei archäologischen Ausgrabungen half. Es war eine faszinierende Arbeit und viel interessanter als die Sierras – wir mußten fast senkrechte Sandsteinfelsen erklimmen und uns an jahrhundertealte, ausgetretene Trittstufen und an schmale, bröckelnde Felsbänder klammern.

Von Flagstaff ging ich zum Oak Creek Canyon, wo ich ein paar leuchtendrote Felsen malte, die vor dem stürmischen, schwarzen Himmel standen. Als ich zurückkam, sah ich den ersten Schnee auf den San Francisco Mountains, die Berghänge mit den herbstlichen Espen leuchteten golden.

Offensichtlich hast Du von meinen Abenteuern mit meinen Indianerfreunden erfahren. Es war sehr interessant bei ihnen, vor allem bei den Navajo. Einmal war ich drei Tage lang in einem Wüstental, wo ein Navajo für eine kranke Frau sang. Ich half ihm und vertrieb unzählige Horden von bösen Geistern, doch nachdem ich aufgebrochen war, starb das Mädchen. Die Sandbilder, die Weiße nur selten zu Gesicht bekommen, sind phantastisch.[16]

Dieses Jahr bin ich auf meinen Wanderungen mehr Risiken eingegangen und hatte wildere Abenteuer als je zuvor. Was für ein wundervolles Land – wildes, weites Ödland, einsame Hochebenen, blaue Berge, die sich aus zinnoberrotem Wüstensand erheben, Canyons, die unten nur fünf Fuß breit und Hunderte Fuß tief sind, Wolkenbrüche, die über namenlose Schluchten toben, und Hunderte von Felswohnungen, die schon vor tausend Jahren verlassen wurden.

Ich wünsche Dir einen guten Start im College.

Dein Freund
Everett

Flagstaff, Arizona, September 1934

Liebe Mutter,
gestern kam ich vom Malen aus dem Oak Creek Canyon zurück. Nun besuche ich einen Freund in Flagstaff, der als Archäologe für das hiesige Museum arbeitet. In ein, zwei Tagen gehe ich zurück nach Desert View am Grand Canyon.

Im Oak Creek Canyon habe ich ein paar Bilder von Felsen gemalt, die leuchtend in den stürmischen, schwarzen Himmel ragten, und einen massiven Turm, der in gelassener Schönheit unter den dunklen Wolken stand.

Cockleburrs neuer Gefährte heißt vorläufig Chocolate. Es ist ein junger, kräftiger Esel, gutmütig und unerfahren, doch er lernt von seinem erfahrenen Artgenossen. Ich habe ihn einer Navajo-Squaw für die riesige Summe von neun Dollar abgekauft, dazu bekam ich noch eine Kardätsche. Ich mußte diesem kleinen Barbaren erst beibringen, Getreide, Brotrinden und Salz zu fressen!

Von den Dingen, die ich verloren habe, habe ich einiges wieder ersetzt. Ich habe eine neue Packtasche gebastelt und beide Taschen von oben bis unten mit Piktogrammen aus den Felswohnungen bemalt. So etwas hat es bestimmt noch nie gegeben!

Vor kurzem konnte ich auch ein paar Bilder verkaufen, und Ihr müßt Euch keine Sorgen mehr machen. Ihr könnt die Schecks aussetzen, wann immer Ihr wollt. Anfang des Monats bekam ich den Scheck über 15 Dollar, seither kam aber nichts mehr.

Ich könnte Euch ein paar Indianerlieder aufschreiben, doch Rhythmus und Melodie sind dabei das wichtigste, und normalerweise können Weiße nicht in diesen hohen Tönen singen, wie es für die Navajo ganz natürlich ist. Eines meiner Lieblingslieder:

»Wey ah hah neyah heyah heya heyoh eh hijah
Yoh eh hyah, yoh eh hyah, heyah, heyoh oh o
Heyah heyoh heyanah hyah, heyah heyoh
Heyoh eh hayah, Yah eh hayah, yah eh hyoh yah.«

Ich habe natürlich keine Fotos von den Hopi-Tänzen gemacht, denn das wäre ungefähr so, wie wenn man in der Kirche beim Abendmahl mit Blitzlicht fotografieren würde.

Die San Francisco Mountains ragen hoch hinauf in die Nachmittagssonne. Die Hänge mit den herbstlichen Espen leuchten golden.

Viele Grüße
Everett

Desert View, Grand Canyon, 1. Oktober

Lieber Vater, liebe Mutter,
nun bin ich wieder am Canyon. Euren Brief vom Achtundzwanzigsten mit dem Scheck habe ich erhalten. Offenbar habt Ihr meinen letzten Brief noch nicht bekommen. Ihr müßt mir kein Geld mehr schicken, Ihr braucht es ja selbst, und ich komme ganz gut alleine zurecht. Jemand schuldet mir zwölf Dollar für ein Bild, das ich vor einer Weile gemalt habe.

Ich schicke Euch ein Ölbild von den Außengebäuden in Hotevilla. Es ist ziemlich groß, und wahrscheinlich könnt Ihr es nur ganz oben in den Flur hängen.

Morgen oder übermorgen schicke ich Euch eine Decke der Navajo.

Die Eselsglöckchen klingeln fröhlich. In ein, zwei Tagen gehe ich runter in den Canyon. Es sind nur zehn Meilen bis auf die andere Seite, doch wenn man mit dem Wagen fährt, sind es 350 Meilen und mit der Bahn oder dem Postzug sogar 1000 Meilen. Komisch. Die Eichhörnchen und die anderen kleinen Tiere haben auf jeder Seite verschiedene Arten herausgebildet.

Dieses Jahr hatte ich keine Sumach-Vergiftung. Die Medikamente habe ich im Tsegi-Land aufgebraucht und keine mehr besorgt. Deshalb wollte ich unbedingt neue. Im Oak Greek gibt es Giftsumach, aber ich habe mich ferngehalten. Wenn ich in tiefergelegenes Land gehe, wird es vielleicht wieder riskant.

Grüße an alle
Everett

Mitte Oktober verläßt Everett den Grand Canyon in Richtung Norden. Sein Ziel ist das südöstliche Utah, eine Region, in der Everett bislang noch nie war. Seine erste Station ist der Bryce Canyon, bekannt durch die märchenhaften Säulenlandschaften aus Fels. Im nahe gelegenen Tropic freundet er sich mit einer Mormonenfamilie an, bei der er fast eine Woche bleibt, dann zieht Everett weiter nach Osten.

Im November erreicht Everett das verschlafene Städtchen Escalante auf seine typische Art: auf einem Esel reitend, wobei die Beine fast auf dem Boden schleifen, den anderen Esel an der Leine. Der Ort liegt am Rande eines weitverzweigten Canyon-Areals, das Everett erkunden will. Nachts campt er am Escalante River.

Seine zwei letzten Briefe gehen an seine Eltern und an seinen Bruder. Er habe vom Leben in der Wildnis noch lange nicht genug, schreibt er. Und wie nach seiner ersten einsamen Wanderung im Jahr 1930 erklärt er, zum jetzigen Zeitpunkt käme eine Rückkehr einem Antiklimax, einem Abstieg, gleich. Zu fremd sei ihm das städtische Leben. Ihn ziehe es weiter hinaus ins Unbekannte – in die überwältigende Schönheit und Erhabenheit der Canyons.

Am 12. November 1934 bricht Everett von Escalante aus in Richtung Süden auf. Eine Woche später wird er zum letzten Mal gesehen.

Escalante, Utah, 11. November

Lieber Vater, liebe Mutter,
nach einer herrlichen Wanderung über die Berge abseits aller Wege bin ich nun in der Mormonenstadt Escalante. Da keine Post für mich hier war, vermute ich, daß mein Freund, der Ranger, vergaß, dem Postmeister zu sagen, er solle sie weiterleiten. Ich bin nun auf dem Weg durch wildes Land nach Süden in Richtung Fluß. Ich weiß noch nicht, ob ich über Smokey Mountains nach Lee's Ferry und weiter nach Süden gehe oder ob ich versuchen soll, den Fluß oberhalb des San Juan River zu überqueren. Der Wasserstand ist dieses Jahr sehr niedrig. Vielleicht komme ich auf dem Rückweg durch Boulder und werde für ein paar Monate keine Postadresse haben. Ich werde reichlich Vorräte mitnehmen.

Mit den Jungs aus der Stadt hatte ich viel Spaß. Wir ritten, suchten Pfeilspitzen und unternahmen alles mögliche. Ein paar von ihnen nahm ich gestern abend mit in den Film »Der Tod macht Ferien«; er hat mir genauso gut gefallen wie das Theaterstück, vor allem die Musik war gut. Dieses Jahr fiel die Ernte der Pinyonnüsse besonders reichlich aus, alle kauen in der Freizeit Nüsse. Die große Trockenheit und die Heuschrecken machten den Bauern jedoch schwer zu schaffen.

Ich habe Euch ja ein paar Bilder versprochen und schicke sie nun mit. Dadurch wird mein Gepäck leichter, und sie laufen nicht mehr Gefahr, auf der Wanderung fleckig zu werden. Alle Bilder haben ihre Fehler, doch am besten gefallen mir die von Betatakin, Short Cedars, The Pinnacle, Desert Light, Agathla und Desert Noon; ich

Bement Arch in der Nähe von Everetts letztem Lagerplatz hieß vorübergehend Ruess Arch

will sie später rahmen lassen und in meinem Zimmer aufhängen.

Vor kurzem konnte ich noch ein paar weitere Bilder verkaufen, aber ich hoffe, Euch gefallen die, die ich Euch schicke. Ich habe zur Zeit mehr Geld, als ich brauche, und schicke Euch zehn Dollar; die sollt Ihr Euch teilen und dafür kaufen, was Ihr wollt – Bücher oder vielleicht wollt Ihr einen Ausflug machen; jedenfalls sollt Ihr das Geld nicht für etwas ausgeben, was unbedingt notwendig ist. Dies soll die erste Anzahlung auf Euren Anteil sein, den ich Euch von meiner ersten Million versprochen habe.

Ich lege auch ein paar Zeitungsausschnitte bei, an denen Ihr bestimmt Spaß habt. Der über Dwight Morrow erinnert mich an Vater, aber Vater hat ihn bestimmt schon längst übertroffen.

Heute abend saß ich mit zwei Freunden am Feuer; wir aßen gegrilltes Reh und Kartoffeln aus der Glut. Chocolateros Glöckchen bimmelt fröhlich, während er Luzernen frißt. Gestern habe ich den Eseln die Hufeisen abgenommen. Chocolatero hat sich gemacht. Es war schwierig, ihn über die Hängebrücke am Colorado River zu treiben, weil er so scheute. Ein Viehtreiber zog ihn hinter seinem Maultier her, und er hinterließ auf dem ganzen Weg eine Blutspur. Auch ist er nicht gerne durch tiefes, schnell strömendes Wasser gewatet. Doch inzwischen macht ihm das nichts mehr aus.

Morgen mache ich mich wieder auf den Weg zu den Canyons im Süden

Grüße von
Everett

Escalante Rim, Utah,
im November

Lieber Waldo,
Deinen Brief vom 12. Oktober bekam ich vor einer Woche in Bryce Canyon. Seit ich Desert View verließ, hatte ich unzählige Abenteuer und merkwürdige Erlebnisse. Wenn ich mich zurückerinnere, so muß ich an die Hunderte Meilen denken, die ich durch die Wüste, durch Schluchten unter roten Felsen und durch dichte, fast undurchdringliche Wälder zurückgelegt habe. Und wie ich diese Strecken im Geiste noch einmal abwandere, denke ich auch an viele Menschen, die ich auf dem Weg traf.

Ich glaube, ich habe Dir nicht mehr geschrieben, seit ich im Navajo-Land war, doch mir würde schwindlig werden, wenn ich versuchen müßte, jemandem die einzigartige Zeit begreiflich zu machen, die ich dort auf den sonnenüberfluteten Mesas der Hopi verlebte. Ich glaube, es gibt vieles im Leben eines Menschen, das ein anderer nicht verstehen oder schätzen kann, wenn er nicht dieselben Erfahrungen gemacht hat, und die meisten Menschen haben dazu ja gar nicht die Gelegenheit.

Ein paarmal entkam ich den Klapperschlangen und den bröckelnden Felsen nur knapp. Das letzte Desaster passierte, als Chocolatero einen Schwarm wilder Bienen aufscheuchte. Noch ein paar Stiche mehr, und ich hätte es nicht überlebt! Drei, vier Tage lang konnte ich die Augen nicht öffnen und meine Hände nicht bewegen.

Ein paar Tage lang war ich in einer Mormonenstadt und frönte dem Familienleben, Kirchgang und Tanz. Wäre ich länger geblieben, so hätte ich mich sicher in ein Mormonenmädchen verliebt, aber ich denke, es ist gut, daß es nicht dazu kam. Ich bin eben so ganz anders als andere Leute.

Sag Deinem Freund K. O. Duncan, daß der Esel seit Jahrhunderten fast in jedem Teil der Welt als Reit- und Lasttier dient. Ich selbst bin Tausende von Meilen auf Eseln geritten. Meine beiden Esel, die ich den Navajo abkaufte, waren beides Reittiere. Im Winter nehmen sie nur Esel, denn die Pferde sind aus Futtermangel zu schwach.

Erinnerst Du Dich, daß auch Sancho Pansa einen Esel reitet? Und wenn Du noch ein bißchen in den Tiefen Deines Gedächtnisses stocherst, wirst Du herausfinden, daß auch Christus auf einem Esel ritt. Ich bin also nicht der einzige.

So bald werde ich wohl nicht in die Zivilisation zurückkehren. Ich bin der Wildnis noch lange nicht müde, im Gegenteil, ich genieße ihre Schönheit und mein Vagabundenleben immer mehr. Lieber sitze ich im Sattel als in der Trambahn, und den Sternenhimmel ziehe ich jedem Dach vor. Auch der unwegsame, beschwerliche Pfad, der an einen unbekannten Ort führt, ist mir lieber als jede geteerte Landstraße, und ich liebe den tiefen Frieden der Wildnis im Gegensatz zu der Unzufriedenheit, die in den Städten herrscht. Kannst Du es mir übelnehmen, daß ich lieber hierbleiben will, wo ich mich zu Hause fühle und eins bin mit der Welt um mich herum? Es stimmt, daß ich geistreiche Gesellschaft vermisse, aber es gibt sowieso so wenige Menschen, mit denen ich die Dinge teilen kann, die mir so viel bedeuten, und deshalb habe ich eben gelernt, darauf zu verzichten. Es genügt mir, von Schönem umgeben zu sein und diese Schönheit in Dingen bei mir zu tragen, die mir stete Freude machen, wie zum Beispiel meine wundervollen Navajo-Satteldecken und der Silberarmreif an meinem Handgelenk, dessen drei Türkise im Feuerschein glänzen.

Auch an Deiner nur flüchtigen Schilderung merke ich, daß ich diesen immer gleichen Trott und die Eintönigkeit eines Lebens, wie Du es führen mußt, nicht ertragen könnte. Ich glaube, ich werde niemals richtig seßhaft. Ich habe schon zu viele Geheimnisse des Lebens ausgelotet und würde alles andere diesem Antiklimax vorziehen. Deshalb will ich auch nicht in die Stadt zurückgehen. Da war ich schon und dorthin bin ich auch wieder zurückgekehrt; ich weiß, was mich erwartet. Um mich wieder in den alten Trott zurückzubringen, bräuchte es schon einen sehr viel stärkeren Anreiz als alles, was ich kenne.

Du sagst, Du wüßtest gar nicht, wovon Du mir schreiben solltest, ich aber könnte Dir jeden Tag ganze Seiten über mein Leben hier füllen.

Vor ein paar Tagen bin ich wieder zu den roten Felsen und in die Sandwüste geritten und hatte das Gefühl, nach Hause zu kommen. Ich traf ein paar umherziehende Navajo, wir plauderten fast die ganze Nacht, aßen gebratenes Hammelfleisch, tranken schwarzen Kaffee und sangen. Die Lieder der Navajo sind für mich viel ausdrucksstärker als andere Lieder. Und da ich nun die Sprache einigermaßen kann, unterhalte ich mich auch gerne in Navajo.

Zwei, drei Tage lang traf ich keine Menschenseele, und außer Eichhörnchen und Vögeln sah ich auch keine Tiere. Gestern war ein verlorener Tag, jedenfalls was die Wanderung angeht, denn ich geriet am oberen Ende eines Schluchtenlaufs in eine Sackgasse und mußte denselben Weg wieder zurückgehen. Gestern nacht schlief ich unter hohen Kiefern an einem Bach, der am Fuß eines orangegelben Felsens entlangfließt; er ragt hoch in den Himmel auf wie eine Wand und läßt die knorrigen Kiefern auf dem Gipfel sowie die geraden, hohen Bäume, die teilweise an den Flanken wachsen, ganz klein aussehen. Der Sonnenaufgang war eine Pracht. Heute ritt ich meilenweit durch wildes Land, kämpfte mich durch hohen Salbei und widerspenstiges Eichengestrüpp und führte die Esel über eine Wand in die Schlucht hinunter, die so steil war, daß sie fast hinuntergefallen wären.

Schließlich fand ich einen Pfad; ein wenig abseits, an einer Stelle, die einem wie das Ende der Welt vorkommt, schlug ich ein trockenes Lager auf. Genau dort ist der Scheitelpunkt, das Land fällt auf der einen Seite zum blauen Horizont nach Osten, auf der anderen Seite nach Westen ab. Die letzten Sonnenstrahlen am Abend und die erste Morgensonne erreichen diesen Punkt. Unten liegen die steilen Felsen, in die sich der Canyon hinauf zur Scheitelkante geschnitten hat, im Norden stehen die jähen hellroten Wände des Kaiparowits Plateaus mit ihrer weißen Kappe und dem bewaldeten Gipfel. Im Westen und im Süden liegen die Wüste und die fernen Berge. Die bleiche Sichel des Neumonds ging bei Sonnenuntergang auf und hing eine Weile ganz tief am Horizont. Auf meinen Wanderungen erlebe ich oft ein traumgleiches Prickeln, wenn das Leben so schrecklich eigenartig und unwirklich scheint. Ich glaube, daß die Sinne der meisten Menschen so abgestumpft sind, daß sie das gar nicht mehr wahrnehmen.

Ja, ich habe mich in letzter Zeit wirklich gut geschlagen. Es macht Spaß so viel Geld zum Ausgeben zu haben, feiern und Geschenke machen zu können, wann immer ich will. Ganz unerwartet habe ich eine ganze Reihe Bilder verkaufen können. Es war ein erfülltes, reiches Jahr. An abwegigen und auch schönen Dingen habe ich alles getan, was ich tun wollte, ich habe nichts ausgelassen.

Als mich ein befreundeter Mormone fragte, welcher Kirche ich angehöre, sagte ich ihm, ich gehörte zu den pantheistischen Hedonisten. Du und ich, wir waren immer Hedonisten und haben uns gegenseitig immer Glück gewünscht, wie ich es Dir jetzt auch wünsche.

Es kann ein, zwei Monate dauern, bis ich wieder eine Postadresse habe, denn ich will nach Süden Richtung Colorado in unbesiedeltes Land. Also, sei glücklich in Kalifornien!

Ganz herzlich
Everett

Das Lied der Wildnis

Ich, der ich die Wildnis liebte,
Wanderte und strich durchs Gebirg.
Ich, der ich dem Klang des Meeres lauschte,
Sang mein Lied, wenn der Wüstenwind pfiff.

Durch Schluchten blies der laue Abendwind,
Leise seufzte er in sternengesprenkelten Kiefern,
Das Wasser rauschte herab, gischtete an spitze Felsen,
Und ich wanderte versonnen hinter meinem lieben Esel.

Ich, der ich die wogende See gekannt,
Liebte roten Felsen, Krüppelbäume, wolkenloses Azur,
Sonnenhelle, langsame Wolken, wehenden roten Sand.
Ich spürte den Regen auf der Haut und schlief hinter
dem Vorhang des Wasserfalls.

In kühlem süßen Gras lag ich und lauschte
Dem unheimlichen Flüstern klagender Winde.
In Espenhainen raschelte das Silberlaub
Und wisperte seine Sorgen in das grüngoldne Ohr
der Einsamkeit.

Wenn schwarze Wolken hoch sich türmten,
Ritt ich singend in den brüllenden Sturm
Und kämpfte und focht ihn, bis die Nacht die Sonne
Verschluckte und der Blitz mein Lied erhört'.

Und wenn ich hungerte und wenn ich dürstete,
Schwach, verbrannt und blind von der Wüstensonne war,
Und wenn ich mich verirrte, fußwund und todkrank lag,
Und wenn ich allein war, naß und verfroren – meinem
  Traum, dem blieb ich treu!

Ich, ich werde die Wildnis immer lieben
Immer wandern und streichen durchs Gebirg,
Werde dem Klang des Meeres lauschen,
Und mein Lied singen, wenn der Wüstenwind pfeift.

Auf Spurensuche

Der 11. November ist einer der ersten kühlen Tage des Jahres 1934 in Süd-Utah. Die Straßen der kleinen Mormonensiedlung Escalante sind deshalb an diesem Sonntag noch leerer als sonst: Vormittags ist die Gemeinde ohnehin zum Gottesdienst versammelt, nur ein paar Kinder und drei Navajo-Indianer treiben sich in den stillen Straßen rund um das Kirchengebäude herum. Den Nachmittag verbringen die Frauen mit kleinen Arbeiten im Haus, die Männer bereiten den Garten auf den Wintereinbruch vor.

Nur selten finden Fremde den Weg in das verschlafene Örtchen. Deshalb hat jeder der strenggläubigen Bewohner von dem seltsamen Zwanzigjährigen gehört, der seit ein paar Tagen in der Nähe campt. Er kommt tagsüber in die Stadt, denn dort hat er sich mit einigen Gleichaltrigen angefreundet. Am Samstag ist er mit ihnen in einer Filmvorführung, später lädt er sie zum Essen an sein Lagerfeuer ein. Der Fremde nenne sich Everett Ruess, erzählen die Jungen danach zu Hause, und er sei Künstler.

An diesem Sonntagnachmittag bleibt Everett jedoch nur kurz in Escalante. Im Postamt gibt er einen Brief an seine Eltern auf, dann verabschiedet er sich von seinen neuen Freunden. Gegen Abend kehrt er zurück zu seinem Rastplatz am Rande der Stadt, um sich auf seinen Aufbruch am nächsten Morgen vorzubereiten.

Wachposten der Wildnis

Er wolle nach Süden ziehen, hatte Everett seinem Bruder Waldo geschrieben, dorthin, »wo niemand lebt«. Everetts Sehnsucht nach Einsamkeit wird Waldo kaum überrascht haben. Schon zwei Jahre zuvor hatte Everett ihm einmal geschrieben: »Der einsame Weg ist am Ende der beste Weg. Und wenn meine Zeit gekommen ist und ich sterben muß, werde ich mich auf das wildeste, einsamste und verlassenste Fleckchen in dieser Wildnis zurückziehen.«

Im ganzen Südwesten hätte sich Everett dafür kaum einen besseren Platz aussuchen können als die Region zwischen Escalante Canyon und dem Kaiparowits Plateau.

Südlich von Escalante breitet sich ein imposantes Labyrinth von Schluchten und Bergrücken aus, und ihre Namen sprechen für sich: Todessattel, Schreckensgraben, Skelett-Canyon. Die Vegetation ist spärlich, das Gelände unwegsam, viele Monate im Jahr führen die Seitenschluchten des Escalante Canyons kein Wasser. Wer die Region durchqueren will, muß Trinkwasser und Proviant für viele Tage mitnehmen.

Im Westen wird das Canyon-Gebiet von der Mondlandschaft des schwer zugänglichen Kaiparowits Plateaus eingerahmt. Etwa sechzig Meilen südlich von Escalante durchschneidet der Colorado das Land von Ost nach West. Jenseits des Flusses beginnt Navajo-Land. Der Colorado ist Everetts erstes Etappenziel. Ob er es je erreicht hat, ist unbekannt.

Everett ist bereits acht Tage unterwegs, als er am Rande des Soda Canyons, zehn Meilen oberhalb des Colorados, zwei Schafhirten trifft. Clayton Porter und Addlin Lay laden ihn ein, mit ihnen zu campen. Everett nimmt das Angebot an und bleibt zwei Nächte. Er war dem Lauf des Escalante Rivers gefolgt, nun will er weiter zum Hole-in-the-Rock-Trail, dem alten Mormonenpfad, der zum Colorado führt.

Am 21. November 1934 belädt Everett seine Esel, übergibt den Schäfern einen Brief an seinen Bruder Waldo und bittet sie, ihn im Postamt von Escalante aufzugeben. Die Männer bieten dem Jungen etwas Fleisch als Vorrat für die Reise an, doch Everett lehnt ab. Er habe genug Proviant und wolle seine Packtiere nicht zusätzlich belasten, erklärt er. Nach einem kurzen Abschied treibt Everett seine Esel in Richtung Süden. Porter und Lay sind die letzten Menschen, die ihn gesehen haben. Seit dem 21. November 1934 gilt Everett Ruess als verschollen.

Es könnten Monate vergehen, bis er wieder an einer Poststation vorbeikäme, hatte Everett seinen Eltern am 11. No-

vember 1934 geschrieben. Deshalb machen sich Stella und Christopher Ruess zunächst keine Sorgen, als sie im Dezember und Januar nichts von ihrem Sohn hören. Drei Monate nach seiner letzten Mitteilung erhalten sie allerdings ein Bündel ungeöffneter, an Everett adressierter Briefe. Die Post von Marble Canyon, Arizona, hat sie nach Los Angeles zurückgeschickt, denn Everett hätte die Stadt schon längst passieren sollen.

Everetts Eltern sind alarmiert. Sie fragen Freunde und Bekannte ihres Sohnes, ob sie etwas von ihm gehört hätten – nichts. Am 14. Februar erscheint im Los Angeles Evening Herald *eine kurze Notiz über das rätselhafte Verschwinden des jungen Ruess – keine Reaktion. Besorgt wenden sich Everetts Eltern an die Behörden von Escalante und bitten um Hilfe. Dort organisieren die Männer der Stadt kurzentschlossen einen Suchtrupp und machen sich am 1. März 1935 auf den Weg zu dem Ort, an dem Everett das letzte Mal gesehen wurde: das Hirtenlager am Soda Canyon. Everett habe sich vor allem nach den umliegenden Schluchten erkundigt, erklären die Schäfer Porter und Lay, nach den Canyons der Bäche Willow und Davis.*

Wer in die tief ausgewaschene Schlucht des Davis Creek hinabsteigt, taucht ein in eine fruchtbare Oase inmitten von nacktem Fels und rotem Sand: Auf den Felsvorsprüngen wächst saftiges Gras, Espen spenden selbst in der Mittagszeit ausreichend Schatten für einen Rastplatz. Seit jeher haben die Bewohner der Region hier ihre Tiere weiden lassen. Und auch Everett hat die Vorteile der schmalen Schlucht offenbar entdeckt: Am Grunde des Davis-Canyon sehen die Männer des Suchtrupps Everetts Esel, friedlich grasend. Mit Gestrüpp und Ästen hat Everett einen Pferch improvisiert, der den Tieren Zugang zum Bachlauf und zu ausreichend Weidefläche läßt.

Einige Meilen stromabwärts findet die Suchexpedition außerdem Hinweise auf einen Rastplatz: Unter einem Fels-

vorsprung sind zahlreiche Fußspuren erhalten geblieben, im Sand liegen leere Milchkonserven und Bonbonpapier, deutlich zeichnen sich Abdrücke von einem Schlafsack ab. Ohne Zweifel: Hier hat Everett übernachtet. Doch von ihm und seiner Ausrüstung fehlt jede Spur. Die Männer feuern Schüsse ab und entzünden Signalfeuer. Everett taucht nicht auf. Sie suchen die Schlucht nach Everetts Habseligkeiten ab, ohne Erfolg. Der Schlafsack bleibt verschwunden, genauso die schweren Vorratssäcke, die Malutensilien und der Geldbeutel.

Nur eine letzte Nachricht hat Everett hinterlassen: Am Fuße eines Felsbogens, dem LaGorce Arch, entdecken die Männer eine Ruine der Anasazi-Indianer. Dort hat Everett zwei Worte in den Stein geritzt: NEMO 1934. *Vier indianische Töpfe stehen aufgereiht daneben. Weitere Spuren von Everett finden die Männer nicht. Entmutigt kehren sie nach Escalante zurück.*

Nicht nur für die kommenden Wochen und nicht nur in Escalante sollte der Fund der zwei Esel und die fehlende Ausrüstung für Diskussionen sorgen. Noch heute rätseln Bergführer, Rancher und Wanderer, wie und vor allem warum Everett ohne Packtiere, aber mit seinem Gepäck die Davis-Schlucht verlassen haben könnte. Daß er sich einfach ohne seine Esel, aber mit all seinen Habseligkeiten auf den weiten Weg nach Süden gemacht hat, ist schwer vorstellbar. Es ist auch nicht bekannt, daß Everett seine Tiere je zuvor für mehrere Tage allein ließ, um die Umgebung – bepackt mit seinen Besitztümern – zu erforschen. Dazu wäre seine Ausrüstung auch zu schwer. Everett kann die Schlucht also kaum mit seinem Gepäck verlassen haben.

Auch eine zweite Suchexpedition, die wenige Wochen später von Escalante aufbricht, findet weder Everetts Ausrüstung noch frische Spuren von ihm. Allerdings stoßen die Männer etwas tiefer in der Davis-Schlucht auf eine zweite Inschrift – wieder NEMO 1934, *von Everett in den Stein ge-*

kratzt. Er selbst bleibt verschwunden. Auch seinen Leichnam können die Männer nicht finden. Sie nehmen deshalb an, daß er die Schlucht ohne Esel verlassen hat, um wie geplant nach Süden zu ziehen.

Die Truppe durchkämmt also den Südzipfel des Kaiparowits Plateaus. Kurz vor dem Zusammenfluß von Escalante und Colorado River trifft sie auf einen Mann, der hier seit Monaten campt. Er versichert, daß er jeden Wanderer bemerkt hätte, der über diese Route den Colorado überqueren wollte. Doch gesehen habe er niemanden. Everett kann den Fluß hier also nicht gekreuzt haben. Erfolglos bricht auch das zweite Expeditionsteam die Suche ab und reitet zurück nach Escalante.

Dort hat man sich unterdessen längst Erklärungen für das Verschwinden Everetts zurechtgelegt. Die einfachste: Everett ist verunglückt und beim Klettern abgestürzt. Für diese Theorie spricht, daß Everett ohne Zweifel ein waghalsiger Kletterer war. Freunden und seinem Bruder schrieb er mehrfach, daß er auf seinen Touren das eine oder andere Mal in brenzlige Situationen gekommen sei. Und Clay Lockett, der Leiter des Archäologenteams, für das Everett gekocht hatte, erinnert sich, er sei »entsetzt« gewesen »über die unbekümmerte Art, mit der Everett an den gefährlichen Steilhängen herumturnte«. Dazu kommt, daß der Sandstein der Region um Escalante als besonders brüchig bekannt ist.

Aber wenn Everett bei der Suche nach Motiven für seine Malerei oder beim Erforschen von Felsruinen abgestürzt ist, warum hat man dann nie seine Leiche gefunden? Und wo ist seine Ausrüstung geblieben?

In Escalante wird gemurmelt, einer der Männer des Suchtrupps hätte Everetts Gepäck an sich genommen. Lange wird Gail Bailey verdächtigt, der Mann des Trupps, der Everetts Esel aus der Schlucht zurück nach Escalante führte. Doch der streitet zunächst alles ab. 1997 erklärt

Bailey dann überraschend in einem Fernsehinterview, er hätte damals auch Everetts Ausrüstung in die Stadt gebracht. Wenn es wirklich so war, warum hat Bailey so lange gelogen? Und warum ist bis heute kein einziger Gegenstand aus Everetts Ausrüstung aufgetaucht?

Sollte Everett tatsächlich beim Klettern abgestürzt sein, so ist sein Leichnam bislang nicht entdeckt worden. Allerdings gilt die Region südlich von Escalante noch heute als eines der einsamsten und unzugänglichsten Areale der USA. Jahrzehnte können vergehen, ehe ein Toter hier von Touristen oder Farmern gefunden wird. Dazu kommt: 1963 wurde der Colorado zum Lake Powell gestaut. Everetts letzter Rastplatz und seine beiden Nemo-Inschriften sind längst vom Wasser des riesigen Stausees überspült. Sein Leichnam auch?

In Escalante glauben die meisten Menschen ohnehin, Everett sei gar nicht abgestürzt, sondern liege – hastig verscharrt – irgendwo da draußen. Ihr Verdacht: Cowboys haben Everett ermordet. Tatsächlich machen in den 30er Jahren Viehdiebe die Region um Escalante unsicher. Es ist also durchaus möglich, daß Everett einen von ihnen überrascht hat, als dieser eine Kuh töten und das Kalb stehlen wollte. Der Täter könnte den Jungen ermordet haben, um einen Zeugen zu beseitigen, vermuten einige.

Die Beweise sind spärlich: Zum einen hat ein Mitglied des ersten Suchtrupps im Escalante Canyon angeblich eine verblutende Kuh gesehen – angeschossen, aber noch nicht tot. Ein Cowboy sei nicht in der Nähe gewesen. Zum anderen ist bekannt, daß drei Männer aus Escalante oberhalb der Canyons Schafe und Kühe hüteten, als Everett das Gebiet durchquerte. Einer von ihnen soll sich während der Suchexpedition auffällig benommen haben, wurde aber nie ausführlich befragt. Ein anderer soll sich mit dem Verbrechen gebrüstet haben, wenn er betrunken war. »Ich habe das gottverdammte Künstlerkind erschossen und die Lei-

che in den Colorado geworfen«, habe er mehr als einmal gebrüllt, erzählt man sich in Escalante. Für eine Anklage reichen diese Verdächtigungen nicht.

Andere Bewohner der Canyons glauben, Everett sei zu den Indianern gezogen. In Escalante haben mehrere Menschen gesehen, daß er sich mit drei Navajos unterhalten hat, die zur selben Zeit wie er in der Stadt waren. Seinem Bruder Waldo hatte Everett außerdem geschrieben, daß er auf seinem Weg zum Colorado mit Navajos gecampt hatte. Einige behaupten, Everett habe sich in ein Navajo-Mädchen verliebt und sei zu ihm gezogen. Selbst der Leiter der ersten Suchexpedition ist im Sommer 1935 überzeugt, Everett sei bei den Navajos im Süden des Colorados – schließlich hätten er und seine Männer die Nordseite des Flusses so gründlich abgesucht, daß sie Everett hätten finden müssen, tot oder lebendig.

Für die Theorie, daß Everett mit Indianern in Richtung Navajo-Land gezogen ist und den Colorado überquert hat, sprechen Mokassinspuren, die der Suchtrupp auf dem Weg zur Davis-Schlucht und am Hole-in-the-Rock-Trail entdeckt hat. Daß Everett den Indianern große Bewunderung entgegenbrachte, ist ohnehin bekannt.

Allerdings läßt sich in der Davis-Schlucht selbst kein einziger Mokassinabdruck finden. Hat Everett sich erst nach seinem dortigen Aufenthalt einer Gruppe von Indianern angeschlossen und sein Gepäck auf eines ihrer Pferde geladen?

Zwei Männer sind dieser Theorie im Jahr 1935 nachgegangen: Ein zwielichtiger Typ namens Neal Johnson, über den niemand in Escalante etwas weiß, und der Journalist John Upton Terrell von der Salt Lake Tribune.

Johnson hatte Everetts Eltern in Los Angeles mit dem Vorschlag überrumpelt, er werde Nachforschungen in Navajo Country anstellen, wenn sie ihm ausreichend Geld zahlten. Die Familie läßt sich auf den Handel ein, muß aber schnell feststellen, daß Johnson wenig Erfolg, aber offenbar große Phantasie hat: Regelmäßig schreibt er nach Los Angeles, er sei sich ganz sicher, auf eine heiße Spur gestoßen zu sein. Nur Beweise liefert er nie.

So kennt er angeblich mehrere Indianer, die Everett getroffen haben. Die Navajos würden Everett »Yabitoch« nennen, was in etwa »Gute Laune« oder »Spaß« bedeute, schreibt Johnson Everetts Eltern. Und im August meldet er, daß »in der Umgebung des Navajo Mountain ein Junge mit einer Gruppe Navajos lebt. Er soll eine Stammeshochzeit gefeiert haben. Ich bin fast sicher, daß es Everett ist.« Für weitere Nachforschungen brauche er allerdings noch etwas Geld.

Zu diesem Zeitpunkt stößt John Terrell, Star-Reporter der Salt Lake Tribune, *zu Johnson, um über die Suche nach dem vermißten Jungen zu berichten. Im Navajo-Reservat befragt Terrell Indianer, Händler und Sheriffs nach Everett. Auf die Frage, ob Everett sich unerkannt im Reservat aufhalten könnte, erhält er immer nur eine Antwort: nein. Die Indianer müßten ihn längst entdeckt haben, so die einhellige Antwort. Ein Händler erklärt dem Reporter: »Sie können das Land durchqueren, ohne einen einzigen Indianer zu sehen. Aber seien Sie sicher: Die Indianer sehen Sie!« Außerdem sei es unmöglich, in dem kargen Landstrich ohne Proviant zu überleben. Lebensmittel verkaufen aber nur die wenigen lizensierten Händler. Und die hätten sich gemeldet, wenn Everett bei ihnen aufgetaucht wäre.*

In der Nähe von Kayenta besucht Terrell daraufhin den Medizinmann Natani, um ihn zu bitten, seine Götter nach Everett zu befragen. Terrell darf der geheimnisvollen Zeremonie beiwohnen und schreibt darüber später:

Der Gesang brach plötzlich ab. Natanis Frau saß da mit gesenktem Kopf, schwer atmend, als ob sie sehr müde sei. Es hörte auf zu regnen, die Wolkenbänke brachen auf und trieben langsam über den Himmel.

Natani sagte: »Geh zur Gabelung der Flüsse.«

Mein Dolmetscher fragte: »Lebt er dort?«

Natani: »Er war dort. Er campte in der Nähe. Ihr werdet den Feuerplatz finden.«

Dolmetscher: »Hast du ihn gesehen?«

Natani: »Er ist von dort weggegangen.«

Dolmetscher: »Er ist tot?«

Natani: »Er ist gegangen und will nicht zurückkommen.«

Dolmetscher: »Er ist ohne seine Ausrüstung gegangen?«

Natani: »Das sehe ich nicht deutlich. Da ist ein Schatten. Nur einige Gegenstände sind bewegt worden, andere sind noch da, an einem anderen Ort. Ich sehe ihn, er spricht mit zwei Freunden. Sie sind Navajos. Junge Männer wie er. Sie singen und essen zusammen. Dann ist da ein Schatten. Er ist verschwunden. Die Navajos haben den Rastplatz verlassen. Sie sind nicht länger bei ihm. Sie sind zusammen gereist. Er hat sich unseren Göttern angeschlossen. Er hat uns in seine Arme genommen und will zu uns kommen.«

Dolmetscher: »Ist er ins Navajo-Land gekommen?«

Natani: »Nein, er verschwand dort, wo er campte.«

Auch wenn Terrell unsicher ist, was er von dieser Vision halten soll, beschließt er, mit Johnson dorthin zu ziehen, wo die letzten Spuren von Everett entdeckt wurden: in die Davis-Schlucht. Sie werden begleitet von Dougeye, einem Navajo-Führer und Spurenleser, der außerdem zu den drei Indianern gehört, die Everett in Escalante getroffen hat. Allerdings haben Dougeye und seine Freunde die Stadt zwei Tage vor Everett verlassen, um ins Reservat zurückzukehren.

Dougeye sucht die Davis-Schlucht zwei Tage lang gründlich nach Spuren von Everett ab. Dann erklärt er Terrell ungläubig: »Weißer Junge kam hierher, ging aber nicht.« Everett habe den Canyon weder zu Fuß noch mit einem Pferd verlassen, ist sich Dougeye sicher. Auf die Frage, ob

Everett hier verscharrt sei, antwortet er verängstigt: »Kein Grab. Hätte ich gefunden.«

Gemeinsam inspizieren die drei Männer schließlich den Uferabschnitt des Colorados, an dem Everett den Fluß überquert hätte, wenn er von der Davis-Schlucht gekommen wäre. Doch dort lassen sich nur die Fußabdrücke von sechs Menschen finden, ausschließlich Indianern. Die sechs können sogar identifiziert werden: Es sind Dougeye und seine zwei Begleiter, sowie drei Navajos, die Dougeye auf seinem Rückweg von Escalante zum Reservat getroffen hatte. Diese drei seien auf dem Weg nach Escalante gewesen, erklärt Dougeye.

Auf die Frage, ob Everett den Colorado River denn unerkannt überquert haben könnte, um ins Navajo-Land zu gelangen, versichert auch Dougeye, kein weißer Mann könne Navajo-Land betreten, ohne daß es alle Navajos wüßten – derartige Neuigkeiten verbreiteten sich im Reservat binnen weniger Tage. Doch der weiße Junge sei nicht zu ihnen gekommen.

Und so brechen auch Johnson und Terrell ihre Tour ohne Ergebnis ab. Terrell ist überzeugt, Everett sei umgebracht worden, von einem »bösen Weißen oder einem Indianer«. Seine Artikelserie beendet er mit den Sätzen: »Everett Ruess ist in der Gegend um den Davis-Canyon ermordet worden. Seine wertvolle Ausrüstung wurde gestohlen. Er hat den Colorado River nie erreicht.« Die Frage, warum die Täter Everetts Gepäck mitnahmen, nicht aber die Packesel, kann allerdings auch Terrell nicht beantworten.

Seine Erklärung für Everetts Verschwinden erhält jedoch einige Jahre später neue Nahrung: Im September 1941 wird in Arizona Jack Crank verhaftet, ein ausgestoßener Navajo, der mehrere Weiße ermordet haben soll. Christopher Ruess vermutet sofort, daß auch Everett unter den Opfern gewesen sein könnte. Zwei Indianer sagen aus, Crank habe sie in ein Verbrechen verwickelt. Im »Land oberhalb der

Rainbow Bridge« habe Crank einen allein reisenden weißen Mann umgebracht, weil er für eine Zeremonie den Skalp eines »Blutfeindes« brauchte, und weil er alle weißen Männer hasse. Nach dem Mord habe Crank den Körper und die Ausrüstung des Weißen vergraben, so die zwei Indianer weiter.

Dougeye hatte Terrell die Namen der drei Navajos, die er auf seinem Rückweg von Escalante traf, nicht genannt. Waren es Crank und die zwei angeblichen Zeugen? Waren sie vielleicht die Indianer, mit denen Everett kurz vor seinem Verschwinden gecampt hatte? Und haben sie Everett später ermordet und seine Ausrüstung an sich genommen? Im Untersuchungsgefängnis prahlte Jack Crank mit Details zum Mordfall, ein Geständnis unterzeichnete er jedoch nie. Und für eine Mordanklage gegen ihn waren die Beweise zu schwach. Everetts Eltern jedoch waren überzeugt, in Crank den Mörder ihres Sohnes gefunden zu haben. Für tot erklären ließen sie Everett jedoch trotzdem nicht. Sie hofften wohl bis zu ihrem Lebensende, er tauche eines Tages doch noch auf. Bis dahin wandere er weiter durch die rosa schimmernde Steinwüste, immer auf der Suche.

Familienfreunde berichten, Stella und Christopher Ruess hätten in den Jahren nach seinem Verschwinden regelmäßig von Everett geträumt. In dem Traum sei Everett plötzlich durch die Hintertür ihres Hauses in Los Angeles spaziert, habe sein Gepäck fallen lassen und gerufen: »Hey, da bin ich!«

Allein in der offenen Wildnis

Ein Mensch verschwindet und hinterläßt Rätsel. NEMO *1934 ritzt Everett Ruess in den Fels der Davis-Schlucht, bevor er in die Wildnis von Süd-Utah aufbricht, um nie mehr zurückzukehren. Die Männer der Suchmannschaft, die die Inschrift drei Monate später entdecken, können mit dem Wort »nemo«, lateinisch für niemand, nichts anfangen und sind ratlos. Doch Everetts Vater, Christopher Ruess, telegrafiert nach Escalante:*

Everett las in Wildnis griechisches Gedicht Odyssee, übersetzt von Lawrence von Arabien. Darin Odysseus griechisches Wort für niemand, Nemo lateinisches Wort für niemand. Odysseus von einem menschenfressenden Riesen in einem Käfig gefangen, rettet Leben durch Trick, sich Nemo zu nennen. Everett mochte es nicht, seinen eigenen Namen an öffentlichen Plätzen zu hinterlassen.

Erst ein Familienfreund weist Christopher Ruess wenig später darauf hin, Everett habe mit seiner Inschrift auch auf Jules Vernes Buch »Zwanzigtausend Meilen unter dem Meer« anspielen können. Everett hatte es mehrfach und mit Begeisterung gelesen.

In Vernes berühmtem Roman flieht der gescheiterte Romantiker und Einzelgänger Kapitän Nemo vor der Zivilisation auf sein U-Boot Nautilus, um fortan nach eigenen Regeln zu leben. Sein Leitspruch: Mobilis in mobile, *mobil innerhalb eines flexiblen Systems, oder: frei in einer freien*

Everetts Felsinschrift

Welt. »Ich bin nicht das, was ihr einen zivilisierten Menschen nennen würdet«, erklärt Kapitän Nemo einmal. Deshalb habe er beschlossen, alle Bande zur Gesellschaft zu kappen. Vernes Roman endet mit dem Verschwinden des Kapitäns: Die Nautilus gerät in einen Mahlstrom, und Nemo entläßt seine Mannschaft, damit die Männer sich retten können. Er selbst aber taucht mit der Nautilus ab und wird nie wieder gesehen.

Auch Everetts letzte Nachricht, die Nemo-Inschrift, begreifen viele als Abschied für immer. Seine Lan-Rameau- und Evert-Rulan-Phase liegt drei Jahre zurück, als er im November 1934 plötzlich wieder einen neuen Namen annimmt – den Namen Kapitän Nemos, eines Außenseiters wie ihm. Ihn kratzt Everett nach fünf Jahren einsamer Wanderschaft an einem abgelegenen Ort in den Stein. Das letzte Lebenszeichen eines Unverstandenen: Ich bin niemand.

War Everett wie Kapitän Nemo überzeugt, zu viele Enttäuschungen erlitten zu haben? Fühlte er sich tatsächlich als »niemand«, als gescheitert, und beging Selbstmord?

Oder hatte er nach idyllischen Tagen in der einsamen Davis-Schlucht beschlossen, der Zivilisation für immer den Rücken zu kehren und sich wie Kapitän Nemo zurückzuziehen – absichtsvoll, geplant, inszeniert?

Die rätselhaften Hinweise in der Davis-Schlucht bleiben seine letzten Lebenszeichen. Alle Spuren, die danach entdeckt und ihm zugeschrieben werden, stellen sich schnell als falsche Fährten heraus. Meldungen, Everetts Ausrüstung oder seine Leiche seien gefunden worden, füllen zwar immer wieder die Spalten der Zeitungen von Utah und Arizona, erweisen sich jedoch als unhaltbar.

So finden Rancher im Jahr 1953 circa vierzig Meilen südlich von Tropic Campingutensilien und Konserven. Die Dosen sind schon stark durchgerostet, deshalb schätzt man ihr Alter auf etwa zwanzig Jahre. Die Salt Lake Tribune *schließt daraus, man hätte endlich Everetts letzten Rastplatz entdeckt. Doch die Rancher haben auch einige Kleidungsstücke gefunden. Und die weisen eindeutig auf einen kleiner als Everett gewachsenen Besitzer hin. Außerdem liegt der Fundort an der Westseite des Kaiparowits Plateaus – Everett hätte nur via Escalante hierher gelangen können, wäre also in der Stadt bemerkt worden. Die Sensationsmeldung der* Salt Lake Tribune *ist eine Ente.*

Vier Jahre später, im Sommer 1957, stoßen Archäologen in einem zehn Meilen von der Davis-Schlucht entfernten Canyon auf ein lange verlassenes Lager. Neben verrosteten Pfannen, Töpfen und Besteck liegt dort auch eine Schachtel Rasierklingen von der Owl Drug Company, Los Angeles, Everetts Heimatstadt. Die Klingen werden Everetts Mutter zur Identifizierung geschickt – sie bezweifelt, daß sie ihrem Sohn gehören.

Im Jahr 1976 entdeckt man am Südufer des Colorados schließlich ein männliches Skelett mit Einschußloch im Schädel. Analysen ergeben, daß die Gebeine aus den 20er oder 30er Jahren stammen. Everetts Überreste seien gefun-

den worden, jubeln daraufhin einige Journalisten voreilig. Doch Untersuchungen der Knochen lassen auf einen Mann von kräftigerer Statur als Everett schließen. Der Tote sei außerdem größer als Everett gewesen, so Experten.

Auch angebliche Begegnungen mit dem Vermißten können nie belegt werden. In mehreren Städten entlang der Canyons soll er aufgetaucht sein, Medizinmänner haben noch Jahre nach seinem Verschwinden Visionen vom »weißen Jungen«. Doch die Meldungen halten keiner Überprüfung stand. Zwei der glaubwürdigsten Berichte: In den späten 30er Jahren trifft ein Ehepaar in der Nähe von Moab, Utah, einen jungen Mann, der jedes Gespräch vermeidet, so, als habe er etwas zu verbergen und wolle eine Enttarnung verhindern. Die beiden Reisenden sind überzeugt, es handelt sich dabei um Everett. Auf einem Foto identifizieren sie Everett als den Mann, den sie getroffen haben.

Im Jahr 1939 berichtet außerdem die Zeitschrift Desert Magazine *über den Fall Ruess. Kurz darauf meldet sich eine Frau bei der Redaktion. Sie ist überzeugt, Everett Ruess im Jahr 1937 in Mexiko getroffen zu haben. Der junge Mann, mit dem sie sich in Monterrey kurz unterhalten habe, hätte ihr erzählt, daß er für einige Zeit mit den Indianern gelebt und daß er in Chicago Kunst studiert habe. Nun verdiene er sich seinen Lebensunterhalt durch die Malerei. Auch sie erkennt Everett auf einem Foto wieder. Der Unbekannte wird jedoch nie wieder ausfindig gemacht.*

»Wenn ich gehe, hinterlasse ich keine Spuren«, hatte Everett seinem Freund Bill geschrieben, bevor er in die Schluchten Utahs abtauchte. Er hat seine Ankündigung wahr gemacht. Weder sein Tagebuch von 1934 ist aufgetaucht, noch andere Gegenstände seiner Ausrüstung. Alles, was wir heute von ihm haben, sind seine Texte. Und sie sind das Wertvollste, was Everett uns hinterlassen konnte.

Im Familienalbum steht unter diesem Bild: »Everett marschierte weiter – und vergaß umzukehren.«

Als Siebzehnjähriger hatte er notiert: »Die Zeit fern von der Stadt war wohl die glücklichste in meinem Leben. Eine Liebe für alles und jeden ist in mir gewachsen, die nur in meinen Bildern ihren Ausdruck findet. Musik war in meinem Herzen und Poesie in meinen Gedanken. Alleine, in der offenen Wildnis, habe ich Lieder voll wilder, ergreifender Freude und Melancholie geschrieben. Die Welt erschien mir schöner als je zuvor. Ich liebe die roten Felsen, die knorrigen Bäume, den roten Sand, den der Wind mit sich führt, die langsam dahinziehenden Wolken, die in der Sonne schimmern, den Mondschein auf meinem Lager. Ich war eins mit der Welt.«

Wer heute durch Escalante fährt, dem kleinen Ort, in dem Everett zuletzt gesehen wurde, sieht auf den »Welcome«- und »So long«-Schildern Bilder von ihm: Mit zwei Eseln zieht er gen Horizont. Über achtzig Jahre alt wäre Everett Ruess heute. Vielleicht wandert er noch immer durch die Wälder, Täler und Schluchten, die er so liebt – mobilis in mobile.

Anmerkungen

1 Harry ist der Sohn des Schriftstellers Harry Leon Wilson, des Autors von »Ruggles of Red Gap« und »Merton of the Movies«. Er war ein enger Freund von Edward Weston, der 1937 Wilsons Tochter Charis heiratete.

2 Indianische »cliff dwellings« lassen sich fast im gesamten Südwesten der USA finden. Sie wurden von der heute erloschenen Indianerkultur der Anasazis um etwa 900 n. Chr. an den Steilhängen der Canyons errichtet.

3 John Wetherill, ein in den Canyonstaaten sehr bekannter Händler, galt als Experte für Touren durch die Täler und Ebenen – die Mesa Verde hat er allerdings nicht entdeckt.

4 Während ihres Aufenthalts am Salt River Canyon schliefen Everett, Bill und Clark bei einem Farmer namens Wilson, dem sie bei der Arbeit halfen. Auch mit anderen Bewohnern der Region freundeten sich die drei an. Die im folgenden Textabschnitt genannten Personen können aber im einzelnen nicht mehr identifiziert werden.

5 Everett hatte sein Pferd Pacer gegen zwei Esel verkauft: Peggy und Wendy.

6 Tom Reed, ein Rancher, bei dem Everett fast drei Wochen bleibt. Bill ist sein Sohn.

7 Everett litt offenbar an einer Mangelkrankheit, hervorgerufen durch Vitamin-B12-Mangel und heute leicht zu behandeln. In den 30er Jahren war das Vitamin noch unbekannt.

8 Reserve Officers Training Corps, eine militärische Grundausbildung an amerikanischen Colleges.

9 Lemuel Garrison, ein Rancher im Sequoia Park, mit dem sich Everett angefreundet hatte.

10 Pop Myers, ein Schullehrer aus Visalia. Everett freundete sich mit der Familie an; in Pops Tochter Doris scheint er verliebt gewesen zu sein.

11 Everett hatte die Nächte zuvor mit zwei Jungen gecampt, die ihn beim Abschied gebeten hatten, einen Teil ihrer Ausrüstung mit den Eseln zum nächsten Camp mitzunehmen.

12 Adams zählt zu den bekanntesten amerikanischen Landschaftsfotografen. Everett lernte ihn kurz darauf tatsächlich in San Francisco kennen.

13 John Muir, amerikanischer Naturforscher und -schützer, setzte sich Ende des 19. Jahrhunderts für die Gründung der Yosemite und Sequoia National Parks ein und gilt als Begründer des Nationalpark-Gedankens.

14 Everetts Schulfreund Cornel Tengel lebte 1933 ebenfalls in San Francisco.

15 Everett hatte die Familie Ormond im Yosemite Valley kennengelernt und sie während seiner Zeit in San Francisco häufig besucht.

16 Zu einer traditionellen Heilungszeremonie der Navajos gehörten neben Tänzen und Gesängen auch die Sandgemälde. Dazu wird mit unterschiedlich gefärbtem Sand ein spirituelles Bild auf den Boden eines Hogans gezeichnet.

ESCALANTE
UT
TROPIC
ESCALANTE RIVER
ZION
NATIONAL
PARK
BRYCE
CANYON
NAT'L. PARK
DAVIS
GULCH
KAIPOROWITS PLATEAU
MOUNT CARMEL
KANAB
NAVAJO MOUN
ARIZO
GRAND CANYON
NATIONAL PARK
COLORADO RIVER
TUBA
CITY
CAMERON
LITTLE COLORAD
WILLIAMS
FLAGSTAFF

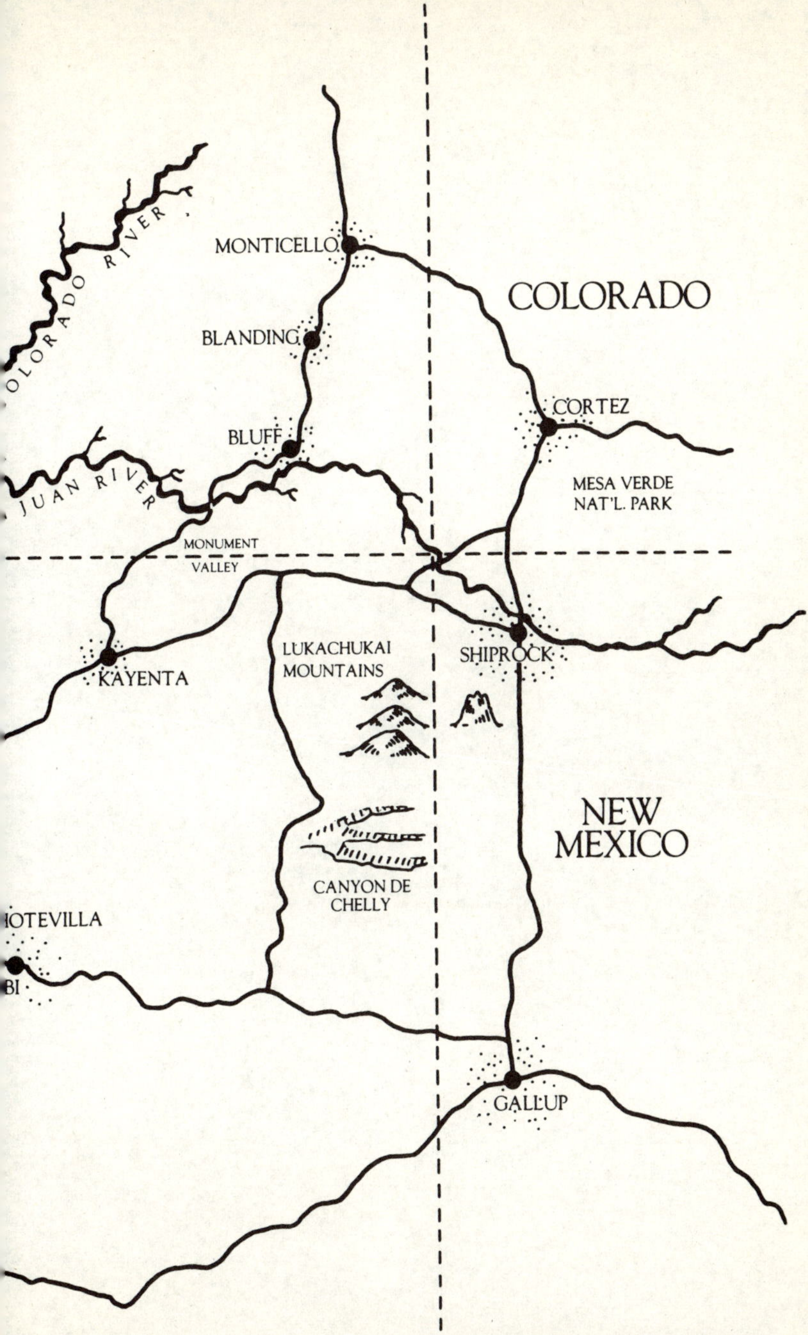
COLORADO RIVER
MONTICELLO
COLORADO
BLANDING
CORTEZ
BLUFF
JUAN RIVER
MESA VERDE
NAT'L. PARK
MONUMENT
VALLEY
KAYENTA
SHIPROCK
LUKACHUKAI
MOUNTAINS
NEW
MEXICO
CANYON DE
CHELLY
OTEVILLA
BI
GALLUP

Pam Houston

Die Wildnis im Herzen

Aus dem Amerikanischen von Ulrike Wasel und Klaus Timmermann. 284 Seiten. Serie Piper

Pam Houston ist süchtig nach Abenteuern. Kein Fluß ist ihr zu reißend und kein Berg zu hoch auf ihrer Suche nach den extremen Seiten des Lebens. Stets zieht es sie in die entlegensten und unberührtesten Gegenden der Erde: in die Berge Colorados, auf die Stromschnellen wilder Flüsse oder in die Einsamkeit Alaskas. Sie fühlt sich dort am wohlsten, wo nur noch Steinböcke, Bären, Kojoten und Krokodile leben. Packend, unerschrocken und voller Humor erzählt sie von der Faszination der Wildnis, die sie in ihrem Herzen trägt.

»Das Buch liefert tiefenscharfe Erkundungen einer passionierten Beobachterin. Es sind Botschaften aus dem Herzen einer romantisierten Wildnis, die sich unterm Strich als kaum verstellte Liebesgeschichten einer Erotikerin des Natürlichen offenbaren.«

Gary Paulsen

Iditarod

Das härteste Hundeschlittenrennen der Welt. Aus dem Amerikanischen von Brigitte Jakobeit. 255 Seiten mit zehn Farbfotos. Serie Piper

»Der helle Wahnsinn!« – das bekommt Greenhorn Gary Paulsen zu hören, als er beschließt, am Iditarod teilzunehmen, dem härtesten Hundeschlittenrennen der Welt. Die Strecke führt quer durch Alaska, von Anchorage nach Nome: zweitausend Kilometer durch Eis und Schnee, über menschenleere Ebenen und durch dichte Wälder. Siebzehn Tage jagt Gary Paulsen mit seinen fünfzehn Hunden durch die oft mondähnliche Landschaft, übersteht blutige Auseinandersetzungen im Hundegespann, Schneeblindheit, lebensgefährliche Zusammenstöße mit Elchen, Schlaflosigkeit und Halluzinationen – und erreicht schließlich das Ziel. Die wunderbar lakonische Sprache Gary Paulsens, sein Humor, seine grandiosen Naturschilderungen und die bewegende Beschreibung seiner Liebe zu den Hunden machen das Buch zu einem einzigartigen Leseerlebnis.

SERIE PIPER

Bob Brier

Der Mordfall Tutanchamun

Aus dem Amerikanischen von Wolfgang Schuler.
Mit 33 Abbildungen.
351 Seiten. Serie Piper

Er wurde keine 20 Jahre alt – und doch ist kaum ein Pharao bekannter als Tuchanchamun. Warum mußte der Gottkönig so jung sterben? Der Ägyptologe Bob Brier hat den größten Kriminalfall des Altertums mit modernsten technischen Methoden untersucht und kann eine aufsehenerregende These aufstellen: Tutanchamun wurde ermordet – und Brier schildert auch, von wem und warum.

»Das Buch ist ein spannender Blick zurück ins Pharaonenreich – Sachbuch und Krimi in einem. Ein Mordsbuch, dem der Rezensent viele Leser wünscht.«
Bild der Wissenschaft

Claus Richter, Bruno Baumann, Bernd Liebner

Die Seidenstraße

Mythos und Gegenwart.
Vorwort von Klaus Bresser.
Mit 34 Farbfotos.
317 Seiten. Serie Piper

Abenteuer und Legende eines Handelsweges. Zwei Jahrtausende lang verknüpfte die Seidenstraße die Kulturen Chinas und Zentralasiens mit denen des Abendlandes. Zeitgleich mit den Dreharbeiten zur spektakulären ZDF-Serie »Die Neue Seidenstraße« haben Claus Richter, Bruno Baumann und Bernd Liebner ein nicht minder spannendes Buch geschrieben. Es verbindet persönliche Erlebnisse und fundierte Informationen zu den historischen Hintergründen der Seidenstraße mit dem aktuellen politischen Konzept eines gigantischen Freihandelskorridors zwischen Ost und West.

Bettina Selby

Himalaja

Mit dem Fahrrad durch Nepal, Kaschmir und Sikkim. Aus dem Englischen von Jürg Wahl. 298 Seiten mit 22 Farbfotos. Serie Piper

Eine Frau um die fünfzig fährt mit ihrem Fahrrad 8000 Kilometer von Karatschi Richtung Himalaja, durch Indien und Nepal bis nach Katmandu. Immerhin, wenigstens das Fahrrad ist eine Spezialanfertigung – zum Nachbauen gibt's die genauen Anweisungen. Das ist aber auch der einzige Luxus auf der fünfmonatigen Tour, die Bettina Selby mitten hineinführt in die Fremde, die sie konfrontiert mit unabwägbaren, manchmal auch gefährlichen Situationen, mit Neugier und Gastfreundschaft, mit Zudringlichkeit und Zuneigung, vor allem aber mit dem intensiven Erleben einer atemberaubenden Landschaft.

Timbuktu!

Eine Frau in Schwarzafrika allein mit dem Fahrrad unterwegs. Aus dem Englischen von Jürg Wahlen. 285 Seiten mit 21 Farbfotos von Bettina Selby. Serie Piper

Mit ihrem roten Fahrrad bricht die Autorin auf, um ein Stück Schwarzafrika – von Niamey bis Timbuktu – zu erkunden: vorbei an Lehmhütten und Reisfeldern, durch die Wüste und durch den Urwald, immer entlang dem Niger. Auf ihrem abenteuerlichen und strapaziösen Weg, den sie mit erfrischender Selbstironie schildert, erlebt sie Menschen und Landschaft in einer Unmittelbarkeit, wie sie nur die Reisegeschwindigkeit des Fahrrads erlaubt. Sie stößt auf verloren geglaubte Kulturen und liefert Momentaufnahmen einer fernen Welt, die vom Untergang bedroht ist.

Ah Agala!

Mit dem Fahrrad durch Afrika. Aus dem Englischen von Jürg Wahlen. 338 Seiten mit 19 farbigen Abbildungen und 4 Karten. Serie Piper

Ah Agala! – so der Ausruf des Erstaunens und der Begeisterung der Ägypter, wenn das exotische Fahrrad mit seiner nicht minder exotischen, alleinreisenden Besitzerin auftaucht. Im Sudan und in Uganda wechselt die Sprache, aber das Aufsehen bleibt: Bettina Selby durchquert mit dem Fahrrad alleine die afrikanische Wüste. Ihre Erlebnisse und Eindrücke lesen sich spannender als jeder Roman.

Lieve Joris

Mali Blues

Ein afrikanisches Tagebuch. Aus dem Niederländischen von Ira Wilhelm und Jaap Grave. 313 Seiten. Serie Piper

Was macht Lieve Joris' Erzählungen über fremde Länder so besonders berührend? Sie *lebt* mit den Menschen an den Orten, bevor sie über sie schreibt. Die Afrikaner, die sie auf ihren Reisen trifft, sind Überlebenskünstler, die Zauberei, Tradition und Moderne zu vereinbaren wissen. Der politischen Unfähigkeit ihrer Regierungen bewußt, nehmen sie mit Mut und viel Humor ihr Leben selbst in die Hand – wie der junge Amadou aus einer kleinen Stadt am Ufer des Senegal, der sich als einziger Besitzer eines Fernsehapparats in seiner Nachbarschaft eine gute Einnahmequelle verschafft hat. Oder der Schulinspektor Sass, mit dem die Autorin die Wüste Südmauretaniens durchqueren will und der erst einmal warten muß, bis ein paar pfiffige Automechaniker auf Kamelen angeritten kommen und seinen Toyota reparieren. Lieve Joris schildert die Hoffnung und die Poesie dieses Kontinents.

Lieve Joris

Die Tore von Damaskus

Eine arabische Reise. Aus dem Niederländischen von Barbara Heller. 301 Seiten. Serie Piper

Wie ein Roman liest sich die Geschichte der jungen syrischen Soziologin Hala, die mit ihrer Tochter Asma allein in Damaskus lebt. Zwölf Jahre zuvor hatte die Geheimpolizei bei einer Razzia Halas Wohnung gestürmt und ihren Mann Ahmed verhaftet – er war Marxist. Halas Leben wird nun bestimmt von der konservativen Familie ihres Mannes, der wechselhaften Tagespolitik und ihrem eigenen Wunsch nach einem selbständigen, unabhängigen Leben. Lieve Joris begleitet sie auf ihren Fahrten kreuz und quer durchs Land, wo sich karge Wüstenlandschaften und üppige Oasen abwechseln, modernste Großstädte und kleine Dörfer. Hinter dieser farbenprächtigen Welt verbirgt sich jedoch Halas Lebenstragödie, denn längst hat sie aufgehört, ihren Mann zu lieben. Nun aber steht eine Amnestie bevor und damit auch die Rückkehr von Ahmed …

Antje Windgassen

Alexandra David-Néel

Auf der Suche nach dem Licht. Biographischer Roman. 246 Seiten. Serie Piper

Als Dreiundzwanzigjährige machte sie sich 1891 das erste Mal auf in das Land ihrer Träume, nach Asien. Schließlich verbrachte sie ihr halbes Leben dort und wanderte durch Indien, Sikkim, Nepal, China und Tibet. Begegnungen mit dem Dalai Lama und mit Mahatma Gandhi machten sie weltberühmt. Als eine der ersten Frauen studierte Alexandra David-Néel an der Sorbonne, mit dreiundzwanzig Jahren unternahm sie 1891 ihre erste Reise nach Asien, in das Land ihrer Träume – allein! Als bekannte Orientalistin und Schriftstellerin verbrachte sie schießlich ein halbes Leben dort.

»Es gab rasante Abenteuerinnen, die auf Kamelen Afrika erkundeten, in langen Röcken den Mont Blanc bezwangen und in unsicheren Flugkisten mit offenem Cockpit flogen. Eine von ihnen und die wohl berühmteste ist Alexandra David-Néel.«
Emma

S.O.S im Nordmeer

Dramen, die die Welt bewegten. Ein GEO-Buch. Herausgegeben von Peter-Matthias Gaede. 367 Seiten mit sechs Karten. Serie Piper

Eine sternklare Nacht am 15. April 1912 im Nordmeer: Die Titanic, das angeblich unsinkbare Schiff, füllt sich lautlos mit Wasser. Nichts hat als Zeichen und Mahnruf die Menschen im noch jungen 20. Jahrhundert so sehr bewegt wie der Untergang der Titanic. Viele Dramen, die die Welt bewegten, sind bis heute nicht vergessen – wie die Tragödie des Luftschiffes Hindenburg, die Odyssee von Apollo 13 im Weltraum oder das Bergsteigerdrama in der Eiger-Nordwand. Mythen, Legenden und Anekdoten ranken sich um solche Ereignisse – denn immer handeln sie auch von Grenzerfahrungen des Menschen. Namhafte Journalisten haben für die Zeitschrift GEO sachlich und kompetent sechzehn Dramen der Weltgeschichte in spannenden Reportagen nachgezeichnet.